第2辑 开国英模 100位少年版

为新中国成立作出突出贡献的英雄模范人物

对信念的坚定追求
对祖国深深的热爱
对崇高的景仰与渴望
是我们战胜一切困难的巨大力量

天津教育出版社
TIANJIN EDUCATION PRESS

主编：庞世烨
编委：张 剑 沈 强 成 黎 周浩平

图书在版编目(CIP)数据

开国英模. 第2辑 /《开国英模》编委会编. —天津:天津教育出版社, 2011.1 (2011.9重印)
ISBN 978-7-5309-5902-2

Ⅰ.①开… Ⅱ.①开… Ⅲ.①英雄模范事迹—中国—现代—青少年读物 Ⅳ.①K820.7-49

中国版本图书馆CIP数据核字(2009)第239384号

作者声明:本书作者在编写过程中,选用了一些图片资料,由于客观原因,未能与相关作者取得联系。为尊重和维护作者权益,特此声明:当您看到本书时,请与我们联系,我们将按国家规定向您支付稿酬。

开国英模 第2辑

出 版 人	胡振泰
选题策划	王轶冰
作 者	《开国英模》编委会
责任编辑	张 洁
装帧设计	郭亚非
出版发行	天津教育出版社(www.tjeph.com.cn)
	天津市和平区西康路35号
	邮政编码:300051
经 销	全国新华书店
印 刷	天津金彩美术印刷有限公司
版 次	2011年1月第1版
印 次	2011年9月第2次印刷
规 格	16开(787×1092毫米)
字 数	160千字
印 张	17.25
书 号	ISBN 978-7-5309-5902-2
定 价	36.00元

目 录

邓中夏（1894-1933） ……………………………………… 1

陈树湘（1905-1934） ……………………………………… 19

邓　萍（1908-1935） ……………………………………… 31

瞿秋白（1899-1935） ……………………………………… 48

方志敏（1899-1935） ……………………………………… 58

钱壮飞（1896-1935） ……………………………………… 83

谢子长（1897-1935） ……………………………………… 94

聂　耳（1912-1935） ……………………………………… 104

刘志丹（1903-1936） ……………………………………… 116

董振堂（1895-1937） ……………………………………… 129

吴焕先（1907-1935） ……………………………………… 145

刘伯坚（1895-1935） ……………………………………… 154

卢德铭（1905-1927） ……………………………………… 162

江上青（1911-1939） ……………………………………… 176

李硕勋（1903-1931） ……………………………………… 186

赵一曼（1905-1936） ……………………………………… 195

八女投江 …………………………………………………… 211

杨靖宇（1905-1940） ……………………………………… 225

李　林（1916-1940） ……………………………………… 240

左　权（1905-1942） ……………………………………… 250

邓中夏
(1894–1933)

荣　　　誉：	早期中国共产党领导人之一 中国工人运动领袖
出　生　地：	湖南省宜章县
民　　　族：	汉族
诞　　　辰：	1894年10月5日
逝世纪念日：	1933年9月21日
牺 牲 年 龄：	39岁

青年毛泽东的挚友

邓中夏,又名邓康,1894年10月5日出生在湖南宜章县一个官僚地主家庭。他自幼学习用功,天资聪慧。在家乡读了6年私塾,又以优秀的成绩从县阖邑高等小学堂毕业,后前往临近的郴县联合中学求学。

1915年,因不满郴县中学的陈腐,邓中夏毅然考入湖南高等师范学

在湖南高等师范学校读书时的邓中夏

在北京大学读书时的邓中夏

校（现湖南师范大学）文史专修科学习。在高师邓中夏结识了蔡和森，并与之成为挚友。正是蔡和森的介绍，使邓中夏对正在湖南高师和省立第一师范任教的杨昌济先生的学识、思想和为人非常崇敬。他和蔡和森经常在周末到杨昌济家里，听杨先生讲解新知识，传授新思想。

就在杨昌济的家里，经蔡和森介绍，邓中夏认识了与他年龄相仿的毛泽东。毛泽东当时在省立第一师范读书，是杨昌济的得意门生，也常去杨昌济的家里。邓中夏与毛泽东一见如故，一起聆听杨先生的教诲，共同探讨治学的方法和救国救民的道路，两人很快成为挚友。他和毛泽东、蔡和森等一些有志青年，积极参加了反对袁世凯卖国行径和阴谋复辟帝制的斗争。

1917年6月，邓中夏以优异的成绩从

1918年10月，北京大学成立了国民杂志社，成员达100多人，其中有邓中夏、高君宇、黄日葵、许德珩等。

湖南高师文史专修科毕业,考入北京大学中文系,后转入哲学系。此时,毛泽东仍在湖南一师求学,邓中夏多次将北京最新出版的书报寄给毛泽东,并经常将北京讨论的热点问题写信告诉毛泽东。

五四运动排头兵　最早的中国共产党党员之一

1918年春,在俄国十月革命和李大钊的影响下,邓中夏开始接受马克思主义。同年10月,他参与发起成立进步社团国民杂志社,并出版《国民》杂志月刊。

1918年8月15日,毛泽东等23名热血青年为组织赴法勤工俭学的事来到北京。这时杨昌济应蔡元培校长邀请来到北大任教,邓中夏与毛泽东常在杨昌济家见面畅谈。

不久,在杨昌济的介绍下,毛泽东认识了时任北大图书馆主任的李大钊,李大钊安排他到图书馆当一名助理员。邓中夏常去红楼李大钊处,因此与毛泽东见面的机会多了起来。邓中夏是北京大学哲学研究会的会员,毛泽东也参加了这个团体。这一切使邓中夏与毛泽东的关系极为密切,他们不但在一起交流读书体会,探讨救国救民的真理,而且一起进行社会调查活动。1919年春,邓中夏和毛泽东一起前往长辛店考察铁路工人的生活状况。

1919年3月,邓中夏发起成立"北大平民教育讲演团",并先后担任总务干事和编辑干事之职,团结爱国青年,向群众进行爱国主义宣传。在演讲团,他讲过《家庭制度》《青岛交涉失败史》《国事不可谈吗》诸题目。

1919年初夏,五四运动爆发,关注社会现实问题、立志为唤醒民众而奋斗的邓中夏,满腔热情地投入了这场伟大的爱国主义运动中,积极组织、领导学生游行、罢课。五四运动爆发的当天,各校游行队伍集会于天安门。北京大学学生出发时,受到北洋军阀政府的无理阻拦,邓中夏

1919年5月6日,由邓中夏任总干事的北京中等以上学校学生联合会成立。同时定于19日起全市总罢课,直至北洋政府答应能免曹、章、陆三个卖国贼为止。

1920年,由邓中夏在北京发起的"北大平民教育讲演团"在街头讲演。

少年中国学会部分成员于1920年7月在北京岳云别墅合影。右起第三人为李大钊,左起第二人为邓中夏。

等和他们展开了一场激辩,据理力争,挫败了反动当局的阻挠和破坏,游行队伍浩浩荡荡来到了天安门。邓中夏参与火烧赵家楼的行动,险遭逮捕。不过反动当局还是抓去了一些学生。为了营救被捕的学生,当晚成立了北京大学学生干事会,邓中夏参加了文书股工作,负责编辑小报。

5月6日,北京中等以上学校成立学生联合会,邓中夏担任总务干事,参与组织领导北京学生的爱国斗争。五四运动中,邓中夏是站在学生队伍最前列的杰出代表之一。

5月中旬,邓中夏代表北京学生联合会前往长沙,和毛泽东携手点燃了湖南五四运动的烽火。

同年7月,邓中夏经李大钊介绍加入了少年中国学会,并被选为庶务股主任,不久他又被选为学会执行部副主任,后任代理主任。邓中夏主持学会工作后,致力于把学会改造成马克思主义团体。

1920年秋,邓中夏以最优等毕业生完成了北京大学的学业。10月,北京共产主义小组成立,邓中夏是重要的成员,积极协助李大钊开展革命运动。11月,邓中夏负责编辑出版北京共产主义小组创办的《劳动音》周刊。

1921年6月,上海共产党早期组织

通知各地共产党早期组织派两名代表到上海参加党的第一次全国代表大会,邓中夏是北京共产主义小组的重要成员,同志们都推选他到上海参加党的一大,但当时正忙于筹备在南京召开的少年中国学会第二次年会,北京共产主义小组最后推选张国焘和刘仁静出席党的一大。7月4日南京的会议结束后,邓中夏受李大钊嘱托匆匆赶往上海,参加了中共一大的筹备工作。由于此前已应重庆各中学夏令营学术讲习会之约,需定期前往讲课,邓中夏还没来得及参加一大,就赶赴重庆……

1920年1月,邓中夏(右四)和毛泽东(左四)、罗章龙(左六)在陶然亭合影。

1921年5月31日,少年中国学会部分会员合影,邓中夏(后排右一)、李大钊(后排右三)。

中国工人运动开拓者 早期工人运动领袖

从1920年4月起,邓中夏长期在北京长辛店从事工人运动,主办工人劳动补习学校,建立工会,为北方工人运动培养了大批骨干力量。

1921年7月,中国共产党成立后不久,为加强对工人运动的领导,在上海成立了全国职工运动组织——中国劳动组合书记部,邓中夏担任负责人之一。同年,北京社会主义青年团成立,他担任第一任书记。

1922年5月1日,邓中夏被选为长辛店工人的代表,出席在广州召

中共二大会址——上海南成都路辅德里625号（今成都北路7弄30号）。

邓中夏

1922年3月18日，瞿秋白和邓中夏一起创办的上海大学旧址。

开的第一次全国劳动大会，同时当选为中国劳动组合书记部主任。

不久，中国劳动组合书记部由上海迁往北京，拟定了《劳动法大纲》并在工人中广泛宣传，成为即将到来的罢工高潮的斗争纲领。

7月，邓中夏出席党的二大，参与了二大宣言和党的民主革命纲领的制定，当选中共中央执行委员会委员。

同年8月，邓中夏领导长辛店三千多工人举行大罢工。10月，领导了开滦煤矿工人大罢工。邓中夏南北奔走，总结长辛店的经验，帮助并指导北方铁路工人的斗争。邓中夏开创了北方职工运动的先河，推动了全国首次罢工斗争高潮的到来。

1923年2月，京汉铁路工人大罢工失败，邓中夏随同中国劳动组合书记部由北京迁往上海。他受李大钊推荐参加创办国民党和共产党合办的上海大学，任总务长。在上海大学任职的两年中，他聘请了蔡和森、瞿秋白、恽代英、张太雷、任弼时、李达、萧楚女、李立三等一大批共产党员到校任教，为党团结和培养了大批人才。

6月，在党的第三次全国代表大会上，邓中夏被选为中央候补委员，担任中共上海地方兼区执行委员会委员长。8月，中国社会主义青年团在南京召开第二次全国

1923年8月,邓中夏、恽代英、阮啸仙等中国社会主义青年团"二大"代表合影。

代表大会,邓中夏当选为团中央执行委员、委员长,参加创办团中央机关刊物《中国青年》。

1925年2月,邓中夏领导上海二十二个日本纱厂的四万余工人举行反日罢工。在此次罢工中邓中夏被捕,警察用麻绳捆住他的双手,押着他从大街上走过。他昂首挺胸,并对同他一起被捕的工人讲:"帝国主义关我们,是因为他们害怕我们,他们关了我们的人,关不住我们斗争的决心。"在声势浩大的罢工运动压力下,当局不得不释放了邓中夏和其他被捕工人。

4月,邓中夏前往广州,担任中共广州区委委员。5月,参加了全国第二次劳动大会。会上,成立了中华全国总工会,邓中夏当选为执行委员、秘书长兼宣传部长。

为了打击"五卅惨案"制造者英帝国主义,6月,邓中夏来到香港,与苏兆征共同发动和领导省港大罢工。邓中夏任罢工

《中国青年》

邓中夏在省港大罢工工人代表大会上讲演。

邓中夏(中)与省港大罢工纠察队队员合影。

1924年，国共第一次合作时期，国民党上海执行部成员合影。前排左一为邓中夏，右一为向警予，后排左二为毛泽东，右三为恽代英。

这张被人们熟悉的邓中夏照片是从左图中截取的。

委员会总顾问兼中共党团书记，他以严密的组织、出色的宣传、灵活的策略、卓越的领导让众人折服，他带领罢工工人与帝国主义英勇斗争长达16个月。

1927年6月，邓中夏在武汉出席了全国第四次劳动大会，参与宣言和决议的起草工作。

最早主张南昌起义　　反王明种祸莫斯科

1927年7月，在大革命失败的危急关头，中央派遣邓中夏于7月20日到九江，与李立三、谭平山、叶挺、聂荣臻等一同召开紧急会议，在会议上，李立三、邓中夏最早提出发动南昌暴动的建议。随后，邓中夏又参加了党的八七会议，并坚决拥护会议确定的土地革命和武装反抗国民党反动派的总方针，被选为中央临时政治局候补委员。

会后，邓中夏任江苏省委书记兼中共中央机关刊物《布尔什维克》编委，并曾兼任中央军事部代部长。在大革命失败后的白色恐怖中，他受中央派遣来到上海，恢复党的组织，传达八七会议精神，领导开展武装斗争，部署宜兴、无锡、海门、江阴、崇明等地农民暴动，恢复上海工人运动，建立城市工人秘密武装"打狗队"。

1928年2月，邓中夏任广东省委书记，赴香港、广州等地恢复和发展广州起义失败后受到严重摧残和打击的党组织，在险恶的环境中艰难地开展工作。

1928年5月，邓中夏出席了在莫斯科召开的中国共产党六大，当选为中央委员。会后又出席赤色职工国际第四次代表大会，当选为赤色职工国际执行委员。在莫斯科，他总结中国职工运动初期的经验，撰写了《中国职工运动简史》。

莫斯科中山大学是一所共产国际为培养中国革命干部而创办的学校。在共产国际东方部负责人、中山大学校长米夫一手扶植下，于1927年下半年兴起的王明集团控制着中山大学党支部。为了巩固在中山大学的权势，扩大在中国共产党内的影响，他们打着拥护共产国际的旗号，利用苏联共产党内部斗争的政治形势，大肆开展派系活动，打击异己。

王明集团的做法，引起中山大学广大中国学生的不安和愤怒，纷纷写信向中共中央和中央代表团申诉。为了澄清事实真相，中国共产党代表团团长瞿秋白特派邓中夏、徐飞前往中山大学进行调查。

在调查处理中大学生问题的过程中，邓中夏、瞿秋白等察觉到米夫培植王明集团夺取中国共产党领导权的野心，为了维

1927年，由李立三、邓中夏等建立的全国总工会从广州迁至武汉后的机关旧址。

大革命时期的邓中夏

《中国职工运动简史》——我国第一部较系统的近代工运史著作

小故事

邓中夏两难贺老总

1931年,红二军团驻扎在湘鄂边五峰地区的枝柝坪,面临的最大困难是物资缺乏。

一次,贺龙提出要带红二军去搞粮食。红二军团政委邓中夏想故意难为一下贺龙,说:"你去搞粮食只能带一个班。"

"一个班就一个班。"贺龙走出指挥部,像他在洪湖出去钓鱼似的向警卫员吆喝一声,带着一个班上路了。说来也巧,贺龙顺着山间小路向鹤峰方向没走多远,迎面便碰到一支马帮,足足300多匹骡子,鼓鼓囊囊地满载着布匹、棉线、鞋袜等货物。马帮的主人叶光吉正是贺龙在川军共事多年的老朋友。

两人惊喜之余,顾不上叙旧,贺龙就直话直说了:"老弟呀,你这回得帮我一下子啊,我现在正愁衣服、粮食,你借点给我如何?"

"总指挥你客气什么事啊?"叶光吉说,"连我都交给你算了。这个

红军时期的贺龙

护党的独立自主和团结统一,他们与米夫、王明等人的宗派活动进行了公开斗争,曾向共产国际东方部部长提出撤换米夫中山大学校长职务的建议。

中共代表团坚持原则、实事求是的做法,触怒了米夫和王明等人,他们把中国共产党代表团视为夺取中国共产党中央权力的首要障碍。1929年秋,他们利用苏共"清党"之机,把大批反对过他们的中山大学学生诬蔑为参加"第二路线联盟"的反党分子,而把邓中夏、瞿秋白等人打成中山大学"反党第二条路线联盟"的支持者。

1930年,共产国际作出了《因中山大学派别斗争关于中共代表团行动问题决议案》,指责瞿秋白、邓中夏等人领导和支持了中山大学的派别活动,要求中共中央更换代表团成员。不久邓中夏等奉党中央命令,相继离职回国。

蒙冤湘鄂西　坦荡面对

1930年7月,邓中夏回国到达上海,被派往湘鄂西苏区担任特委书记和红二军团政委。

邓中夏于1930年9月上旬到达洪湖苏区后,与贺龙一道,呕心沥血,领导军民进行了艰苦卓绝的武装斗争,为巩固和发

邓中夏 (1894-1933)

展湘鄂西根据地,做了大量有益的工作。

当时由于执行李立三"左"倾冒险主义要求攻打中心城市的影响,结果湘鄂西根据地遭受了重大损失。

邓中夏长期从事工人运动,搞武装斗争对他来说是一个崭新的课题,因为缺乏经验而盲目执行中央的错误指示,导致工作中出现了一些失误。对于出现的问题,他毫不推卸责任,他曾说,"对于湘鄂西苏区,特别是对于二军团政治领导的错误,无疑由我负主要责任,虽然我在第二军团没有决定权,然而不论任何同志的意见,经过前委的决议,我就应该负责。"

早已对邓中夏怀恨在心的王明一伙,虽然知道邓中夏对红二军团没有下达作战指令的决定权,仍然对邓中夏抓住不放,蓄意进行报复。

王明控制下的党中央,先是在《关于1929-1930年中共中央驻共产国际代表行动问题的决议》中,指责邓中夏在莫斯科期间犯了反共产国际的严重错误,回国后又没有认错改错的表现,不该重用。接着又致函湘鄂西特委和红二军团,除了指责邓中夏执行了"立三路线"外,还由于邓中夏出生官僚地主家庭,硬说他犯了"富农路线"。南征受挫,邓中夏为了保存红二军团实力,带领余部退回湘鄂西根据地,又

鬼打架的骡子客,我早就不想干啦。"

贺龙带着叶光吉和马帮回到枝柘坪。驮铃叮当,蹄声杂沓,似来了千军万马。邓中夏颇感怪异,走出门一看,大吃一惊,捋着胡须直乐:"胡子,你还真有板眼啊,你会变魔术么?"

当时部队待在山里,邓中夏老想着去打大城市。贺龙说:"中夏啊,我想过了,我们在这山窝窝里,宜静不宜动,宜守不宜攻。仗是有得打的,敌人不会放过我们,会找上门来的。"

"是么?"总想出山打硬仗的邓中夏对此付之一笑。

果然,川军的一个师来了。

"我们有险关要塞,宜守不宜攻,一个团够了吧?"邓中夏问贺龙。

贺龙知道邓中夏又是故意出难题,但想想拿下这一仗还是有把握的,便带着一个团轻装上阵了。

邓中夏自己掌握主力部队,进入战斗状态,准备随时接应,在关键时刻搭救贺龙。

谁知贺龙并不是摆好阵势,等着敌人来打,而是将这个团隐蔽在敌人必经的险要处所。敌人走进埋伏圈后,贺龙率领一团战士居高临下,猛烈射击。一师之旅的川军拥挤在狭窄的山沟里如圈羊躁动,根本无法展开攻势,死伤狼藉,只得鸣金退去。

鄂西苏维埃政府旧址，位于鄂西北房县城内西街天主堂，邓中夏、贺龙、柳克明等曾在此办公。

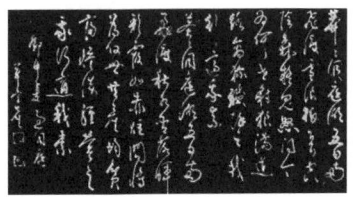

邓中夏《过洞庭》手迹

莽莽洞庭湖，五日两飞渡。雪浪拍长空，阴森疑鬼怒。问今为何世？豺虎满道路。禽狝歼除之，我行适我素。莽莽洞庭湖，五日两飞渡。秋水含落晖，彩霞如赤炷。问将为何世？共产均贫富。

被视为"上山逃跑"，要求立刻撤销邓中夏"机会主义者"的领导权。

遭到王明集团无情打击的邓中夏，被撤销了一切领导职务，并强迫他接受所有的罪名，尽管对那些罪名无法接受，但是为了遵守党的纪律，他还是表示服从党中央的处分决定，表现出一个共产党员的坦荡胸怀。

1931年10月起，邓中夏本着从严要求自己和实事求是的原则，对到湘鄂西苏区一年多的工作进行了全面系统地回顾与反思，写出了一份长达七万多字的报告送交检查。在报告中，他没有因为遭受诬陷而回避自己的错误，对工作中的失误勇敢地承担了责任，他希望党给他深刻的教育，并按所犯的错误程度给予应有的处分。

然而，忠于执行王明一伙旨意的红二军团新政委夏曦，为了达到彻底打倒邓中夏的目的，竟于1931年12月9日，做出了《对邓中夏同志的决议》，除重申邓中夏所犯的严重错误外，还以认错态度不好为由，决定给邓中夏严重警告处分，并要求党中央讨论他的党籍问题。

遭难大上海 逆境之中显情操

1931年12月中旬的一天清晨，在一

名交通员的带领下,邓中夏满腹辛酸地离开了英勇奋斗了一年多的湘鄂西苏区,登上了前往上海的一只小船,准备接受最后的处理。然而等待他的是更不公平的待遇,既不给他做出审查结论,又不给他安排任何工作,甚至还停发基本生活费,身患疟疾的邓中夏陷入了极其艰难的境地。

正在上海党部负责情报工作的邓中夏妻子李瑛,得知丈夫的处境后,便向组织申请,要求与邓中夏住在一起,以照顾他的生活。可得到的回答是:不行,邓中夏犯了路线错误。李瑛不甘心,再次向组织声明:"只要他还是一个共产党员,他就是我丈夫!我要和他一起生活。"最后,组织上同意了她的要求,却将她调离了情报机关,安排到一个日本纱厂做群众工作。

他们夫妻居住在一间十分简陋的房子里,靠李瑛每月7块钱的微薄工资来维持连稀饭都吃不饱的困苦生活。

邓中夏不忍心看着妻子一个人肩负生活重担,便主动承担起琐碎的家务。为了使怀有身孕的李瑛吃饱一点,他经常忍饥挨饿。就是在这样一贫如洗、含冤受屈的日子里,邓中夏丝毫也没有动摇对革命事业的坚定信念,更没有流露半点消极悲观的情绪。

过了一段日子,李瑛因为劳累过度和

小资料

王 明

王明(1904—1974)原名陈绍禹,安徽六安金寨县人。1925年加入中国共产党,同年去莫斯科孙中山大学学习,不久回国。

大革命失败后,王明留在苏联莫斯科中山大学任教。在这期间,他搞宗派斗争,打击异己,逐渐取得政治上的优势,其思想"左"倾、教条主义严重。

1929年回国。1930年9月,借批立三路线,提出一个比立三路线更"左"的政治纲领。在共产国际代表米夫的支持下,1931年1月中共六届四中全会上被选入中央政治局、任书记处书记,使以他为代表的"左"倾冒险主义路线取得了中央领导权。

1931年6月,王明去苏联任中共驻共产国际代表,仍通过临时中央推行继续执行"左"倾冒险主义,给革命带来很大的危害,直到遵义会议才得到初步纠正。

1937年抗日战争爆发后回国,王明任中共中央长江局书记,期间推行右倾投降主义路线。

新中国成立后,任政务院政法委员会副主任,第七、八届中央委员。1956年去苏联就医,后留在苏联。

营养不良早产了,当她从昏迷中醒来得知孩子死亡的消息时,悲痛欲绝。李瑛前后生了四个孩子,除了第二个孩子留在苏联外,其余三个都不幸夭折。邓中夏强忍失去爱子的痛苦,并积极地安慰李瑛。在邓中夏的耐心开导下,李瑛心情逐渐平静下来,又全力投入了工作。

白色恐怖之下　毅然挺身而出

1932年,在邓中夏的一再请求下,他被派到中共沪东区委宣传部刻钢板、印传单,不久又被调编油印小报《先锋》。对组织上分配的这份与自己才能、声望极不相称的工作,邓中夏从未表现出有所怨言。

他负责编辑的《先锋》报,富有战斗性,又生动活泼,在上海党组织内部影响很大。许多同志都知道沪东区委有个很会写文章的干部,纷纷前来求援。1932年"三八"妇女节前夕,上海地下党准备开展反日游行,正在沪西区工作的帅孟奇,负责起草"三八"宣言,因为写得不够好,领导便要她去沪东区委找那位善于写作的干部帮助修改。帅孟奇按照约好的联络暗号见面后不禁大吃一惊,原来站在她面前的竟是邓中夏。

帅孟奇在莫斯科学习的时候,就认识了邓中夏。在她心目中,邓中夏是党内的高级干部、国际上的知名人物,怎么如今却在一个基层组织干杂事?邓中夏看出了帅孟奇的困惑,连忙笑着说:"共产党员嘛!哪里需要就到哪里。"

同年秋,邓中夏担任中国革命互济总会主任兼党团书记。互济会是党领导的一个重要的外围组织,它的任务是发动组织社会各方面力量营救被捕同志。互济会的工作,需要抛头露面,与各方人士接触,而敌人对这个组织也是一直监视和打击,这对曾经多次在上海领导革命斗争的邓中夏来说,很不适合。尤其是在党中央政治局委员、中央特科负责人顾顺章叛变投敌,特务正在大肆追捕中共领导人的时候,邓中夏的处境更是凶险。邓中夏对此心知肚明,但他早已置个人生死于度外,毫不畏惧,坚持秘密斗争。

邓中夏上任后,与三位党员组成中共党团,立即开展恢复互济总会的各项工作。邓中夏不辞辛苦地四处奔波,进行联络,还常常化名"施义"参加一些群众集会。这种抛头露面的活动对邓中夏来说是相当危险的,因为上海很多工人和敌特务机关的人员都认识他,随时都有暴露身份的可能,特别是在他的妻子被敌人逮捕后。

有一次,邓中夏化名"老杨"参加一个工人座谈会被一名老工友认出之后,同志们都劝他再也不要参加公开群众集会了,可邓中夏却不同意这样做,他说:"我们要善于隐蔽,但不能为了安全起见而失去与群众的联系,假如我们不与群众联系在一起,我们便毫无作为,敌人也用不着害怕我们了,我们也失去了一个革命战士的作用了。"

正是在他大无畏革命精神的教育和鼓舞下,互济总会的工作在白色恐怖笼罩的上海很快十分活跃地开展起来。

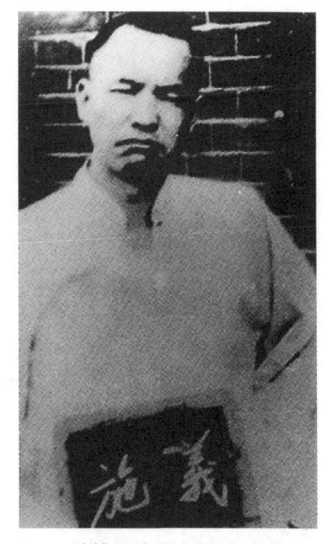

被捕后的邓中夏,化名施义。

意志坚定 坚持信仰

1933年5月15日晚,邓中夏到法租界找互济会总会救援干事林素琴研究工

小故事

夫妻不相认

邓中夏的妻子李瑛是在邓中夏被捕前被敌人逮捕的,敌人为了证实施义就是邓中夏,将李瑛与邓一起带上法庭。

"李瑛,你认识这个男人吗?"法官问。

李瑛见到自己朝思暮想的亲人,不禁激动起来,她没有想到中夏也落入了敌人的魔掌。当她看到邓中夏被惨无人道地打得遍体鳞伤,恨不得立刻扑上去为亲人擦干血迹,包好伤口。这时,她突然看到了中夏冷漠的表情和坚定的目光,猛然醒悟过来,心想:"为什么要将我拉来与中夏对质?肯定他的身份还未暴露。我万万不能有丝毫夫妻感情的泄露。"

法官见她不做声,再次问道:"你认识这个男人吗?"

"我不认识这个女人!"邓中夏大声抢答。

法官气得暴跳如雷:"我没问你,你为什么回答?闭嘴!"

李瑛听到邓中夏的回答,懂得了丈夫的暗示,也证实了自己想法的正确。所以她仔细看了看邓中夏,冷冷地说道:"没见过这个男人。"法官反复盘问,李瑛的回答都只有三个字:"不认识。"

法官没辙了,只好宣布退庭。

李瑛在法庭上(绘画)

作时,两人同时被法租界巡捕房逮捕,关进监狱。第一次审讯后,邓中夏没有暴露自己的身份,敌人没有抓住任何把柄,只得判他50天监禁。

不料,林素琴叛变,供出了化名"施义"的就是大名鼎鼎的工人运动领袖邓中夏,并供出已被敌人逮捕的李瑛就是邓中夏的妻子。为了证实林素琴的口供,设在法租界的敌人法庭把李瑛带来与邓中夏对质,不论敌人怎样追问,李瑛一口咬定不认识邓中夏。

敌人仍不死心,派出大量特务,多方查证,终于确认施义就是邓中夏。国民党中央党部调查科如获至宝,立即报告了蒋介石。闻讯后的蒋介石大喜过望,密令立即以1万块现大洋的代价将邓中夏"引渡"到南京国民党宪兵司令部看守所。

被押到南京国民党宪兵司令部看守所后,邓中夏公开了自己的身份。敌人用尽花招想使邓中夏叛变,以便取得共产党的机密情报。

这天,一位国民党中央委员来劝降。他别有用心地对邓中夏说:"你是共产党的老前辈,现在受莫斯科回来的那小字辈(指王明)的欺压,我们都为你不平。中共现在已不是政党了,已日暮途穷。你这样了不起的政治家,何必为他们牺牲呢?"

邓中夏看透了敌人挑拨离间的阴谋，当即痛斥说："我要问问你们，一个害杨梅大疮到了第三期已不可救药的人，是否有权讥笑那些偶感伤风咳嗽的人？我们共产党人从不掩盖自己的缺点与错误；我们有很高的自信力，因此我们敢于揭发一切缺点与错误，也能克服一切缺点和错误。我们懂得：错误较诸于我们的正确主张，总是局部的，有限的。你们呢？背叛革命，屠杀人民，犯了人民不能饶恕的罪恶，你们还有脸来说别人的缺点与错误，真是不知人间还有羞耻之事！"

位于宜章太平里乡邓家湾村的邓中夏故居

还有一个国民党理论家、中央委员要和邓中夏谈理论，在激烈的两三个小时的争辩中，被邓中夏驳得瞠目结舌，最后不得不连称"钦佩，钦佩"，败下阵来。

位于南京的革命烈士雕塑群

邓中夏最后对他说："你告诉你们的中央委员会，假如你们认为你们有理，我中夏有罪，你们可以在南京公开审判我，我可与你们订一个君子协定。你们全体中央委员都可以出席，我连辩护律师也不要，最后谁情亏理输就自动向对方投降。"

"这个，这个，我只能转达转达。"那个"名牌党棍"结结巴巴地回答。

邓中夏说："量你们的蒋委员长不敢这样办！"

监狱里的同志见到他接连几天都以

位于宜章的邓中夏铜像

邓中夏塑像

"贵宾"的身份被反动当局"请"去,便以监狱党组织的名义,通过一位难友对他说:"同志们都很关心你,问你有什么打算?"

他听了激动地说:"问得好!应该问,一名革命者到了这个时候,同志们都应该关心他的政治态度的。请你转告大家,就是把邓中夏骨头烧成灰,我邓中夏还是共产党员。"

敌人诱降不灵,企图用种种酷刑使他屈服。面对酷刑,邓中夏咬紧牙关,誓不舍弃自己的信仰。在牺牲前几天,他还给狱中的同志写信,并委托交给党中央,"同志们,我快要到雨花台去了,你们继续战斗吧!最后胜利终究是属于我们的。"

1933年9月21日,邓中夏在南京雨花台英勇就义,年仅39岁。

邓中夏名言警句

■看呀!世界不是劳动的艺术品吗?没有劳动就没有世界。

■哪有斩不掉的荆棘?哪有打不死的豺虎?哪有推不翻的山岳?你必须奋斗着,勇猛地奋斗着,胜利就是你的。

■一个人不怕短命而死,只怕死得不是时候,不是地方。中国人很重视死,有重于泰山,有轻于鸿毛。为了个人升官发财而活,那么苟且偷生的活,也可以叫做虽生犹死,真比鸿毛还轻。一个人能为了最多数中国民众的利益,为了勤劳大众的利益而死,这是虽死犹生,比泰山还重。

■人只有一生一死,要死得有意义,死得有价值。

陈树湘
(1905—1934)

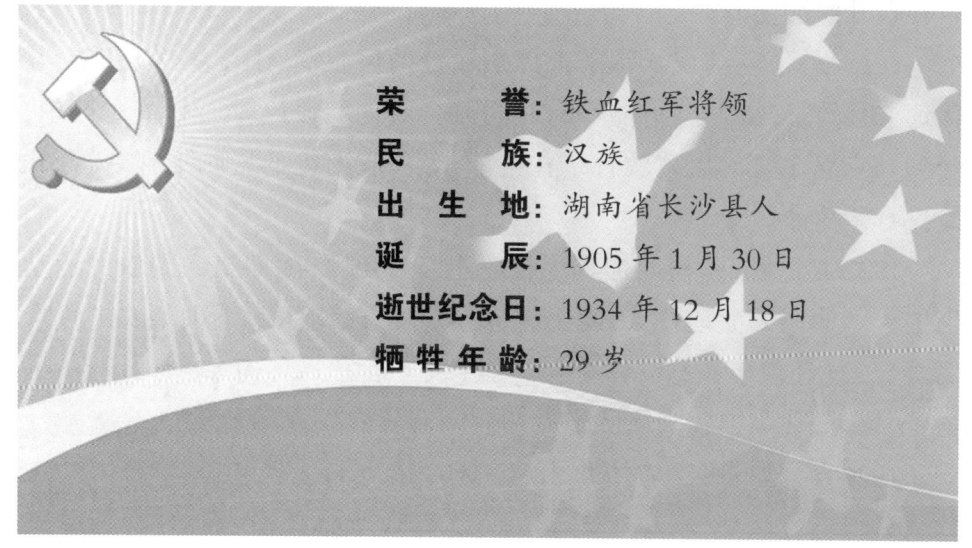

荣　　　誉：铁血红军将领
民　　　族：汉族
出　生　地：湖南省长沙县人
诞　　　辰：1905年1月30日
逝世纪念日：1934年12月18日
牺 牲 年 龄：29岁

逃荒菜农入革命

陈树湘,又名陈树香,原名陈树春。1905年1月30日出生于湖南长沙县福临铺。父亲是个佃农,5岁时,母亲因病去世。他8岁就到一个地主家当小长工,放牛、割草,农活样样都做。1914年大旱,田里颗粒无收,他随父亲流落到长沙县小吴门外陈家垅。父子俩相依为命,以种菜、

宰猪、帮厨为生,日子过得十分艰难。

陈树湘每天卖完菜后,经常挤时间去听学生的街头演讲,看学生的各种反帝爱国的新剧演出。14岁那年参加了新民学会发起的长沙反日爱国运动。

1921年在长沙,陈树湘结识了从事党的秘密工作的毛泽东、杨开慧夫妇,受到马列主义启蒙教育。陈树湘的家与毛泽东夫妇的住地清水塘仅一岭之隔。因为他每天都路过那里,便与毛泽东熟识,而且深受毛泽东和杨开慧的喜爱。

在这里,他还结识了常来毛泽东住处的何叔衡、李维汉、周以栗、滕代远、毛泽覃等人。陈树湘一有时间就会听他们谈论时局和革命道理,受到马克思主义的启蒙教育。在毛泽东、何叔衡等的影响下,陈树湘开始投身于革命。

1922年深秋,陈树湘加入了社会主义青年团,随即投入到农民运动当中去。他白天下地种菜,晚上挨家挨户串联,组织起不少菜农加入农民协会。他还编了这样一首歌谣:"做长工,做短工,一年到头两手空;挑担子,拉车子,一年到头饿肚子",用它来启发农民兄弟的觉悟。

1926年,他同一批农协骨干建立起了农民自卫武装。

钢铁之师　　打狗队长

1927年,长沙"马日事变"发生后,为了反抗国民党反动派的屠杀,陈树湘不顾个人安危,前去市郊东乡参加农军反攻长沙的战斗。当这一作战计划被取消后,他带领一批农军战友秘密赶到武昌,进入卢德铭任团长的武汉政府警卫团,先后担任班长、排长,并随团乘船东下,准备参加南昌起义,但未赶上。

1927年9月,陈树湘参加了毛泽东领导的湘赣边界秋收起义,他所在的警卫团改编为中国工农革命军第一军第一师第一团,随部队上了

陈树湘 (1905—1934)

井冈山。

到井冈山不久，由于机智灵活，作战勇敢，陈树湘先后担任红军第四军三十一团七连连长、红四军特务连连长、特务营党代表、红二纵队四支队政治委员、第三纵队大队长，参加了井冈山和赣南闽西地区的游击战。

1930年6月，陈树湘任红一军团总指挥部特务队队长，8月任红一方面军司令部特务队队长，负责毛泽东、朱德的警卫工作。

1931年后，历任红十二军团长、红十九军第五十六师师长、红五军团第三十四师第一〇一团团长、第三十四师师长，率部参加了中央苏区历次反"围剿"作战。在创建井冈山革命根据地和中央苏区的斗争中，陈树湘身经百战，屡建战功，逐步成长为红军的一位优秀指挥员。

陈树湘打了许多硬仗和胜仗。1933年7月，他奉命率部参加红军东征福建首役——攻打宁化重镇泉上土堡。

泉上土堡有国民党的307团和当地的地主武装驻守，囤积了大批粮食、食盐等物资，对附近苏区威胁极大。当红五军团的进攻战打响后，他率团在雾阁地区设伏，全歼增援的敌309团，保证了泉上土堡守敌的就歼。后又阻击了敌308团。转至马屋附近，再将连城出来增援的敌第19路军

宁化革命纪念馆

小知识

宁化与红三十四师

陈树湘率领的红三十四师前身为福建独立七师，绝大多数是宁化子弟。

福建宁化县是红军长征四大出发地之一。据资料介绍，从宁化境内出发长征的中央红军各部队达14000人，约占当时中央红军总兵力的16%。在红军长征途中，每前进10公里，宁化籍的红军战士约有3个人倒下……

土地革命时期，13万人口的宁化有2万多人参加红军，男性每5人中就有1人参加红军，青壮年中不到2人就有1人参加红军，加上地方赤卫队员，青壮年几乎全部上了前线。

当时宁化是中华苏维埃中央政府粮源、财源、兵源保障最有力的地方，被誉为中央苏区的"乌克兰"，毛泽东曾先后三次入宁。

湘江战役中，为了掩护主力红军，宁化籍红军将士所在的红五军团三十四师几乎全部壮烈牺牲。

新中国成立时健在的宁化籍老红军仅为35人。

宁化籍红军用自己的生命和鲜血在中国革命史上写下了光辉和悲壮的一页。

宁化革命纪念园

宁化革命纪念碑

军号嘹亮雕塑(宁化)

高虎垴战役(油画)

78师的一个团击溃。他对泉上土堡之战做出了巨大贡献。1934年3月，陈树湘被任命为红五军团第三十四师师长。

在红军指挥员里，陈树湘善守也是出了名的。他担任三十四师师长后，奉命坚守福建泰宁。他将部队布置在山头阵地上，凭借修筑的掩体工事和阵前设置的障碍物，冒着国民党飞机的狂轰滥炸，多次打退汤恩伯部88师和89师3万余众的进攻。虽因寡不敌众，泰宁失守，却赢得了牵制敌军进攻的时间。

福建泰宁与建宁交接的梅口防御战也是他的得意之笔。梅口是通往中央苏区宁都与瑞金的大门，战略地位十分重要。陈树湘到梅口后，会同当地政府、军民一起沿梅口河滩挖掘了许多战壕掩体，以备急用。当国民党军周浑元部抢渡时，遭到陈树湘的有力还击，敌兵死伤甚众。他就这样在梅口坚持7天6夜，阻滞了敌人进攻的步伐。

1934年4月18日，他率部前往建宁接替红十五师防务，阻击敌人十多天。他按照彭德怀军团长的部署，集中火力猛袭敌军后续部队，在高虎垴将敌击退，使得国民党军前线总指挥陈诚被撤职。陈树湘因此被彭德怀称为"打狗队长"。红三十四师曾被中央苏区机关报《红色中华》誉为"钢铁之师"。

1934年10月18日，陈树湘移师于都，掩护中央军委两支纵队和五支主力军团渡过于都河，然后随同部队进行长征。

长征初期的全军总后卫

1934年10月，陈树湘率红三十四师参加中央红军长征，担任全军总后卫，同国民党追兵频繁作战，掩护红军主力和中共中央、中央军委机关连续突破敌人在赣、粤、湘边设置的三道封锁线，于11月初进入湘南。

中央军委11月25日向全军发布了抢渡湘江的战斗命令，全军准备从广西兴安、全州间抢渡湘江。

11月26日，红五军团军团长董振堂、参谋长刘伯承，在道县仙子脚单独召集正在潇水的红三十四师团以上干部会议。董振堂表情严峻地说："同志们，蒋介石在得知我军要强渡湘江，到湘西与我红二、六军团会合的意图后，匆忙任命何健为追剿军总司令，调集五路中央军，共26个师30万人，在潇水至湘江这个盆地上，布下一个袋形阵地，形成第四道封锁线，企图在湘江以东地区，彻底消灭我军！"会上决定，红三十四师为全军最后的总后卫队，在广

珍藏在宁化革命纪念馆中的国宝级文物——全国唯一完整的《中国工农红军军用号谱》

血战湘江(绘画)

渡过湘江(绘画)

小知识

湘江战役

1934年10月,中央红军从瑞金出发,连续突破三道封锁线后,一路西进。此时,蒋介石调动40万兵力,分五路布成前堵后追、左右侧击的态势,要在湘江东岸构筑第四道防线与红军决一死战。

11月27日,红军先头部队红一军团第二、四师各一部渡过湘江,迅速控制全州脚山铺至界首间30公里的湘江两岸渡口,并与红三军团在左右两翼掩护中央纵队渡江。

11月28日,中央红军在新圩、古岭头、界首、脚山铺等地与之展开激战,阻止敌军的轮番攻击。

在这场事关红军生死存亡的战斗中,红军勇士用血肉之躯硬是在狭窄的地域中堵住了数倍于己的国民党军的围攻,血战3天3夜,直至12月1日,中共中央、中

西灌阳县水车一带阻击敌军,掩护主力红军抢渡湘江。

刘伯承拍拍师长陈树湘的肩膀,取下眼镜擦了一下双眼,又用衣角擦了擦眼镜戴上,充满深情地叮嘱:"你们既要完成军委赋予的光荣任务,又要有万一被敌人截断后,孤军作战的准备。"陈树湘带领全师与会干部庄严宣誓:"请军团首长转告朱总司令、周总政委,三十四师坚决完成军委交给的任务,为军团争光!"

散会后,陈树湘在路上就布置了阻击任务。

水车阻击战 血染湘江

11月28日,天气异常阴冷。陈树湘指挥红三十四师所辖的第一〇〇、一〇一、一〇二团在湘江东岸水车至文市一带山上刚建立起阵地,国民党军分别从北、东、南三个方向向陈树湘指挥的红三十四师阵地潮水般地尾随蜂拥而来。面对数十倍于己的敌人,陈树湘镇定自若地指挥红三十四师将士沉着应战,奋勇作战,打退了敌人一次又一次的冲锋。但敌人兵力雄厚,弹药充足,每当进攻被打退后,就以强大的炮火对红军阵地猛烈轰击,然后再派出步兵进行集团冲锋。

陈树湘 (1905-1934)

红军长征突破湘江烈士纪念碑园
（1996年1月在广西兴安县建成）

周浑元部,是蒋介石嫡系,更是红三十四师的老对手,在梅口之战就吃过陈树湘的败仗。这次,周浑元认为红军兵败如山倒,决心一洗往日的耻辱,在蒋介石面前邀功请赏。

水车阻击战空前激烈。仅在第一天,红三十四师就打退了敌人的七次进攻。黄昏,激战了一天的阵地突然安静下来。夜幕降临的时候,敌人又集结了大量兵力向红三十四师的阵地发起了全线进攻。猛烈的炮火和一颗颗照明弹把阵地映得如同白昼,山上的树木被炮火烧灼得只剩下枯焦的树干。守在前沿阵地上的一〇〇团二营打得尤为惨烈。弹药打光了就用刺刀、枪托与冲上来的敌军厮杀,始终没从阵地

央军委和主力红军渡过湘江。

湘江一战,中央红军付出了空前惨痛的代价,由从苏区出发时的8.6万人锐减至3万多人(后据准确考证,中央红军过前三道封锁线损失2万人,整个湘江战役损失3万人)。担任后卫的红五军团第三十四师和红三军团第六师第十八团被隔断在湘江东岸,全军尽没。红八军团第二十一团完全损失,第二十三师严重减员,整个军团不足2000人,被迫撤销建制。

从军史而言,这是人民军队创建以来受创最重、牺牲最大的一次战役;从党史说,它以残酷的事实表明错误路线的领导使党和红军濒临绝境,为召开遵义会议并确立毛泽东在党中央和红军的领导地位,奠定了最重要的干部思想基础。

红军突破湘江之界首渡口

新圩酒海井烈士纪念碑，近前的井曾经是一百多名红军战士的埋骨之地！

灌阳县革命烈士纪念塔

过湘江(漫画　黄镇作)

上后退半步。从龙岩入伍的一营的詹连长，被炮弹横飞的弹片炸断了肠子，可他把肠子塞进腹腔，仍然指挥全连继续战斗。

30日午夜，敌人暂时停止了进攻。红三十四师接到了中央军委的急电，命令他们迅速摆脱敌人，去接替在新圩枫树脚红三军团六师十八团防务，在主力红军过湘江后转为运动防御，跟上全军主力。并命令他们从接到这封电报起，直接归中央军委指挥，一小时报告一次情况。

军令如山。天亮后，陈树湘组织部队进行了反冲锋。随着嘹亮的军号，战士们跃出阵地向山脚下的敌军阵地冲去。在敌人密集的火力下，这种冲锋有时近乎悲壮。但这猛烈的突袭还是奏效了，敌人一线的部队开始向后溃退。红三十四师的官兵们不敢恋战，急忙撤出兵力，越过灌江

湘江之战(影视画面)

便桥向红十八团的防御地带行进。

12月1日上午,当红三十四师冒着敌机的轰炸翻越了海拔上千米的观音山时,官兵们全都痛苦地垂下了头,红十八团阵地已是一片死寂。援兵未到,红十八团官兵已经全部壮烈牺牲。

山下的公路上黄尘滚滚,西面桂军正大踏步东进,即将与从东面向西进攻的湘军四个师汇合,南面的周浑元部队迅速调整了部署,重新向红三十四师合围过来,红三十四师随即陷入了孤军奋战的险恶境地。红军弹药不足,四面受敌,在极度疲劳的情况下与敌人展开血战。桂军发动一波又一波的攻击,战斗场面非常惨烈,第一〇二团政委蔡中在此遇难,师政委程翠林在电台旁边中炮牺牲,红军伤亡惨重。

战斗夜以继日,与敌人鏖战数昼夜的红三十四师官兵,付出重大牺牲,全师由6000余人锐减至不足1000人,终于掩护中央机关、军委纵队和主力红军渡过了湘江。这时是12月1日17时30分,最后一支部队红八军团也已经渡过湘江。湘江以东,只剩下没能渡过湘江的红三十四师,但是,三十四师的阻击阵地距离湘江渡口至少有75公里以上的路程,且通往湘江渡口的道路已经被敌人完全封锁。

最后的命令:不要管我

陈树湘指挥红三十四师完成掩护中央红军主力渡过湘江后,下令全师立即转入渡江的紧急准备工作。官兵们掩埋好战友的尸体,疏散安置了重伤员,派出先头部队前往湘江边侦察敌情,确定渡河地点。但此时北起湖南东安、南至广西兴安的整个湘江沿岸都被国民党军重兵封锁。

12月2日,陈树湘率部翻越海拔1900多米的宝盖山,欲从凤凰嘴强行徒步涉水渡过湘江,追赶主力,遭桂敌43、44两师猛烈阻击。徒涉未果。

面对严重的形势,陈树湘向上级报告了当前情况并请示行动方向。

韩 伟

小知识

红三十四师一〇〇团团长韩伟

韩伟（1906-1992），湖北省黄陂县人。

1926年入党，参加过北伐战争和湘赣边秋收起义并跟随毛泽东上井冈山，曾担任毛泽东警卫排第一任排长。

长征开始前任红三十四师一〇〇团团长。湘江战役后一〇〇团损失惨重，在掩护师主力突围后，全团最后仅剩30人化整为零。后因叛徒出卖韩伟在武昌被捕。

抗战爆发后，被营救至延安，曾任晋察冀军区九分区司令和雁北分区司令。

解放战争期间韩伟曾任热河军区司令、六十七军军长。

新中国成立后，历任军事师范学校校长、华北军区副参谋长、北京军区副司令兼参谋长等职。

1955年，韩伟被授予中将军衔。

1992年在北京逝世。

不久，中央军委电令红三十四师退回湘南地区，发动群众，坚持游击战争。陈树湘接令后立即召集师团干部开会，布置了突围方案。宣布：第一，寻找敌兵薄弱的地方突围，到湘南开展游击战争；第二，万一突围不成，誓为苏维埃流尽最后一滴血。

按照计划，陈树湘和师参谋长王光道率领主力400人，经湖南道县进入江华境内。

陈树湘命令一〇〇团掩护，他和王光道率仅剩下400多人的一〇一、一〇二两团，奋力突出重围。负责掩护的一〇〇团只有300多人，实际上已不足一个营的兵力，红军官兵用大刀抵挡着敌人的冲击，最后全团只剩下30多人。于是，韩伟命令化整为零，争取人人突围出去。

12月9日，陈树湘带领红三十四师余部200多人，辗转湖南道县境内的空树岩村，在村里进行了短暂的休整，并开大会，写标语，动员青年参加红军。

第二天，大批广西民团从灌阳方向追来。陈树湘避开敌人，沿都庞岭山麓向南退却时，在道县清塘镇小坪村附近，遭到保安团的截击，激战半日将敌人打退后，部队沿湖南江华、永明(江永)、道县三县边界继续前进。

12月12日，红三十四师来到江华桥

陈树湘 (1905—1934)

头铺附近的牯子江渡口,抢渡牯子江。当船行到江心时,埋伏在对岸的敌人开枪了。陈树湘站在船头上,指挥部队快速抢渡。激战中,陈师长腹部中枪,身负重伤。

陈树湘忍痛指挥部队抢渡牯子江后,战士们扎起一副简易的担架抬着身负重伤、流血不止、脸色惨白的陈师长,由江华向道县四马桥方向退却。

12月14日,当红三十四师余部100余人来到道县四马桥附近的早禾田时,遭到道县保安团一营的伏击。激烈的枪声,惊醒了昏迷多时的陈树湘。陈树湘对参谋长王光道说:"我把这支队伍交给你,你一定要将他们带出去!"王参谋长哽咽着说:"师长,我们一起走!"

陈树湘勉强笑笑,说:"环境这么恶劣,我这个样子,能冲出去吗?你带队突围,我掩护。冲出一个算一个,决不能让敌人的阴谋得逞!"

陈树湘伤口的鲜血,浸透了皮带与衣服。红军战士且战且走,陈树湘见此情景,再三挣扎着要下来,并说:"你们抬着我,是冲不过敌人封锁线的,不要作无谓的牺牲了,要服从命令,冲出去,不要管我。"

大家不由分说强行把陈树湘按在担架上,抬着就走。行进中,陈树湘发现敌人集中对左侧部队扫射,为了减少战友们的

陈树湘画像

《湘江之战》 黎汝清 著

五岭之一——都庞岭
(湖南道县境内)

危险,陈树湘叫警卫员一起举枪,向敌人射击,吸引敌人火力,这样90多名战士们在王光道参谋长率领下安全脱险,后来在道县、蓝山、宁远县保安军的合击下,多数光荣牺牲,只有少数将士隐姓埋名藏入民间。

为了拖住敌人,陈树湘用绑腿死死地扎紧伤口,毅然决然地挣扎着站起来,端起一挺机枪,带着两个警卫员和一个修械员,且战且退至银坑寨附近的洪都庙,利用有利地形,继续向敌人射击,直到子弹打完了,修械员牺牲了。敌人叫嚣着扑向洪都庙,随着一声沉闷的爆炸声,整个阵地便沉寂了。

陈树湘在昏迷中失去了意识。一阵颠簸使他又一次睁开了眼睛,朦胧中他听到几个人的说话声:"快走,快走,趁现在还活着,能赏十两黄金哩。"陈树湘打了个哆嗦,他意识到自己成了敌人的俘虏。

掏腹断肠保气节　流尽最后一滴血

敌人为抓到一名红军师长而欣喜若狂,在四马桥坐镇指挥的道县保安团一营营长何湘,命令将陈树湘抬到四马桥的药店,要给他上药,又要请他吃饭,企图从陈树湘口中得到红军的情报。陈树湘面对敌人的威胁利诱,毫不动摇,拒医绝食,坚持抗争。

何湘无奈,只好于12月18日拂晓,派上士兵卫士,叫人抬着陈树湘,往道县县城保安司令部走去,向上司邀功。上午8时许,当行至道县蚣坝石马神附近的将军塘自然村时,陈树湘为了保持革命的气节,使共产党员的人格不受敌人侮辱,乘敌不备,咬紧牙关,忍着剧痛,将手从伤口伸入腹部,抠出肠子,使尽全力,大叫一声,绞断肠子,壮烈牺牲。时年29岁的陈树湘实践了"为苏维埃流尽最后一滴血"的豪迈誓言!

陈树湘牺牲后,敌人又惨无人道地将他的头颅割下在道县示众三天后又送到长沙,悬挂在小吴门外中山路口的石灯柱上示众。

群众将陈树湘的无头遗体与一同牺牲的警卫员,葬于潇水之滨,道县县城内的飞霞山上。

邓 萍
(1908-1935)

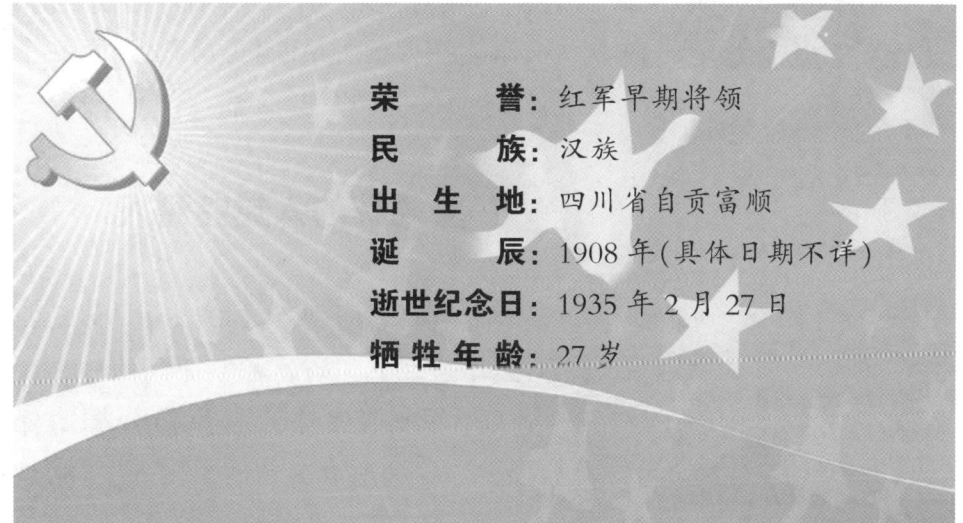

荣　　　誉：红军早期将领
民　　　族：汉族
出　生　地：四川省自贡富顺
诞　　　辰：1908年(具体日期不详)
逝世纪念日：1935年2月27日
牺 牲 年 龄：27岁

  1966年4月的一天上午，一辆小轿车自北向南行驶在内江至宜宾的公路上，车上坐着的是从成都前往宜宾视察工作的西南三线建设委员会副主任彭德怀。

  轿车驶入四川省富顺县境内时，彭德怀下令停车。他走下车来，举目远眺，只见沱江蜿蜒流淌，帆影点点，丘陵起伏绵延，一片碧绿，不由得感叹："地灵人杰啊！难怪英才辈出。30多年前，我有一位亲密战友，就是这里的人，可惜他早已在长征途中牺牲了！"说罢，神情凝重，沉默良

彭德怀元帅

小知识

彭德怀(1898—1974)

湖南湘潭人,原名得华,号石穿。中国无产阶级革命家、军事家,中国人民解放军的创建人和领导人之一,中华人民共和国元帅。

湖南陆军讲武学堂毕业。曾任国民革命军营长、团长。1928年加入中国共产党,同年7月领导平江起义,创建了中国工农红军红五军,任军长。年底率部到井冈山。后任红三军团总指挥、中国革命军事委员会副主席、中华苏维埃共和国执行委员,参与指挥中央苏区历次反"围剿"作战。1934年率部参加长征,出席遵义会议,拥护毛泽东的正确主张。

1937年"七七事变"后,红军改编为国民革命军第八路军,彭德怀任副总指挥、第十八集团军副总司令员。1940年8月,彭德怀主导发动、指挥了著名的"百团大战"。

解放战争时,彭德怀任中国人民解放军副总司令、西北野战军

久。彭德怀所说的亲密战友,就是红军高级将领邓萍,是长征中牺牲的红军最高级别指挥员。

"邓萍这个人是值得纪念的!"他深情地追忆道,"从平江起义到井冈山斗争,从江西苏区转战到长征途中,直到他牺牲前,我们一直在一起工作,互相配合得很好。邓萍对党和人民的革命事业忠心耿耿,作战指挥沉着果断,英勇顽强,是一个很有才干的优秀军事干部。"

彭德怀的入党监誓人

邓萍,原名邓少章,1908年(具体日期不详)出生在四川省富顺县凉高山一个盐工家庭。军阀混战时期,民不聊生,虽身处盐都,邓萍和所有穷苦的中国人一样,过着衣不蔽体,食不果腹的生活。

20世纪20年代初期,我党早期革命活动家恽代英来到川南,建立了川南第一个革命组织——社会主义青年团。青年团的成立,在川南和全川都造成了震动。年轻的邓萍受到影响,接受了革命思想。

1926年,刚满18岁的邓萍就毅然离家,奔赴武汉,考入黄埔军校武汉分校,在校期间加入中国共产主义青年团,不久转入中国共产党。

1927年蒋介石背叛革命，发动"四一二"政变后，武汉国民政府宣布开始第二次北伐，讨伐张作霖的奉系军队。邓萍参加了武汉革命政府举行的第二次北伐。

"七·一五"事变后，汪精卫公开反共。在白色恐怖下，一些人退党投敌，一些人悄然退出斗争。邓萍以其坚定的革命信念，继续坚持斗争。

1927年秋，邓萍受中共党组织的派遣，前往国民革命军湖南独立第五师第一团做兵运工作。当时的一团团长为彭德怀。

时年30岁的彭德怀出身贫苦，刚正不阿，疾恶如仇，早在北伐时期就结识了共产党员段德昌，并在其启发影响下，接受了马克思主义。蒋介石、汪精卫相继发动反革命政变后，彭德怀表示了强烈的义愤，而且就在这样的白色恐怖下，毅然递交了入党申请书。邓萍此行的目的，就是负责团部党的工作，代表党组织在思想上、政治上关心帮助彭德怀，在彭德怀的部队里建立起坚强有力的领导核心，促使一团今后成为一支革命生力军。

邓萍出发前，南华安特委已就此事与彭德怀衔接，彭德怀很高兴，决意把邓萍安插在团部作副官，以便就近请教和商议。在他眼里，邓萍决非下属，而是党组织为关心自己派来的使者，是党的化身。因此，彭

（后为第一野战军）司令员兼政治委员。

新中国成立后，彭德怀任中国人民志愿军司令员兼政委，率军入朝作战。后任国务院副总理兼国防部长，中共第六至八届中央政治局委员，中共中央军事委员会副主席。

平江起义纪念馆
（平江起义旧址天岳书院）

平江起义使用过的武器

彭德怀、滕代远、邓萍谋划起义（蜡像）

平江起义（雕塑）

德怀与邓萍一见如故，交谈得十分投机。亲切的交谈拉近了两人之间的距离。邓萍开始在该团秘密组织成立中共党支部和团委，并任书记。

1928年2月下旬，党组织秘密派人通知邓萍：中共湖南省委已批准彭德怀入党。在入党宣誓仪式上，悬挂着邓萍亲手绘制的马克思、恩格斯像。作为监誓人，他的工作并不仅仅限于仪式的各个环节，连彭德怀身着的呢军服、马靴、武装带、白手套都是他在事前细心准备的。

邓萍提出：以后上级来人，先由自己接应，辨别后，向彭德怀引见，以避免团长暴露身份，增添危险。邓萍的意见使彭德怀感到他是个考虑问题比较周到细致的人。

至此，独立一团已有了8名党员，正式成立了团党委，由彭德怀任书记。

平江起义出谋略

1928年初，国民党政府下令独立一团开赴平江"剿共"，6月中旬的一个晚上，在团部召开了团党委会，讨论如何制止反动派"清乡队"烧杀抢等恶行，减轻人民痛苦。会后，党员、积极分子立即分头到士兵中进行宣传，积极贯彻团党委的决定。因此，一团在"清剿"时，总是朝天放枪，还特意丢下一些子弹给游击队。"清剿"过后，游击队不仅未受打击，反而得到进一步的壮大，成为平江起义的一支重要力量。

在邓萍、彭德怀等共产党员的领导下，独立一团的党组织发展迅速，活动频繁，使一团官兵大多同情工农革命，为平江起义打下了坚实的基础。

1928年夏，由于武装斗争形势发展的需要，上级指示独立一团尽快举行起义。7月17日晚，中共湖南省委特派员滕代远以探亲之名来到平江，与邓萍接上了头，并带来了敌人将逮捕彭德怀部队中的共产党员黄公略等人的秘密消息。在这种情况下，彭德怀、滕代远、邓萍等紧急商定后，决定提前举行武装起义，时间定在7月22日上午10时。

当天晚上，他们利用邓萍为滕代远洗尘为名，召集部队中的共产党员召开了一个紧急会议。大家一致同意以闹饷为名举行武装起义。为了掩护准备起义的活动，彭德怀致电国民党省政府，汇报"剿匪"的成果，并要求增加枪弹和粮饷。

18日夜，在平江县城一家医院的病房里三人研究了起义的军事部署。邓萍对着军事地图说："平江县城内除警察局、民团外，再无其他兵力，我们放一个营绰绰有余，但出县城100公里，就驻有敌人正规军一个团，这是对起义最大的威胁。因此，我建议在起义开始前派小股部队占领电话局，截断电报、电话，以免敌人向外界呼救。再在离城30公里援敌必经的两个方向分别部署一个营的兵力，并将城内这个营的重机枪、迫击炮全部调拨给他们。明天，即可以训练为名将部队开赴目的地；同时，架通电话线。工兵连在援敌必经的两座大桥上预埋好炸药，接好引爆电线，这样就可断绝敌外援之路，确保城里举事成功。"

彭德怀不由得对邓萍的军事谋划才能刮目相看，连连赞叹："邓萍同志不愧是黄埔出身，比我这个讲武堂出来的丘八强多了！"

22日上午10时，一团一营在县城东门外天岳书院大操场举行起义

誓师大会。下午1时,彭德怀、邓萍率起义官兵向敌人发起了进攻。在起义官兵的猛烈进攻下,不足100分钟,敌人被全部解除武装,千余人成为俘虏。起义军打开牢门,释放了关押的我党干部和群众。

24日上午,起义部队改编为中国工农红军红五军,彭德怀任军长兼十三师师长,滕代远任军党代表。鉴于邓萍初次展露的军事才能,彭德怀提议并经省委批准,由邓萍担任红五军参谋长。从此,邓萍正式成为彭德怀的军事助手。同时成立了中共红五军委员会,邓萍任军委书记,参与领导和创建湘鄂赣革命根据地。

井冈突围打前锋

平江起义后,浏阳、醴陵、岳阳、通山、通城、修水、铜鼓等县,掀起了轰轰烈烈的工农运动,打土豪、分田地,建立工农政权,革命形势如火如荼,对长沙、武汉、南昌造成威胁,反动当局十分恐慌。湖南方面派出8个团的优势兵力,进攻红五军。敌人以5个团猛攻平江县城,3个团直捣长寿街,遏阻红五军退路。长寿街一战,红军失利,于7月30日黄昏被迫撤出平江县城,退往东乡龙门一带休整。

8月初,敌人开始实行三省"会剿",进攻红五军的兵力增至15个团。众寡悬殊,军委会决定红五军向江西修水转移,于8月6日攻占修水县城,九天后迫于敌人重兵压迫,撤回平江东乡,20日到达平江县黄金洞。9月1日,敌军猛攻黄金洞,红五军被迫退出,返回平江、修水、铜鼓三县交界的纸坊一带修整。军委会开会研究决定将部队改编为5个大队及一个特务连。会后,彭德怀、邓萍率4个大队向鄂南武宁、九宫山进发。由于未能与当地党组织接上关系,不得已,红军再度返回龙门、大坪一带。

9月17日,浏阳、平江、修水、铜鼓四县县委和红五军军委联席会议在铜鼓的幽居召开,会议由滕代远主持,邓萍作了重要发言。会议决定

红四军、红五军会师（绘画）

建立湘鄂赣边界特委,决定红军和地方游击队合编为11个大队,3个纵队,每个大队人数约150—180人,其余的组成地方游击队和赤卫队。遵照省委指示,彭德怀、滕代远、邓萍等红五军军委成员率四、五两个纵队向南突围,寻求与红四军会师。

红五军一路苦战,冲破重围,于1928年12月10日,与朱德、毛泽东领导的红四军在井冈山会师。从此,红四军和红五军一起,共同进行井冈山保卫战和创建中央苏区革命根据地。

彭德怀与毛泽东会师井冈山

会师后不久,为打破敌人对井冈山的"围剿"并解决部队过冬给养,红四军跳出井冈山向赣南进击,红五军留守井冈山。

在红四军下山后的第三天,敌人以十个团的重兵,向井冈山发起围攻。红五军

前委急忙召开紧急会议,研究敌我态势。

彭德怀对大家说:"这是我们红五军成立以来的第一次恶仗。现在进攻我们的敌军有14个团,而我们只有两千多人。刚才接到报告,黄洋界、八面山、白泥湖三处要隘已被敌人攻占。敌人正在进行短期的战场休整,之后将会对我们发起更猛烈的进攻。敌人的包围圈正在一步一步缩小,我们硬守是守不住的,只能当机立断,组织突围。下面,请参谋长讲突围作战部署。"

邓萍指着墙上挂着的大幅军事地图的一处说:"突围地点,选择在湘敌、赣敌结合部。集中我们现有的兵力、火力,形成相对优势,出其不意,猛打猛拼,撕开一条口子。同时,前沿各部不要与敌脱离接触,粘住他们,暗中抽出大部分兵力,参加突围恶战。由我带领特务连、机枪连、迫击炮连作尖刀,待缺口撕开后,一团、七团作左右翼,形成一条安全通道,政委带电话队、卫生队护送全部家属、伤病员快速通过,军长带四团殿后保护。"

彭德怀一听,连连摆手:"不妥!不妥!我从前在湘军当兵时就来过这里,要论作尖刀、打前锋,你没有我合适。"

邓萍坚决地说:"你是一军之长,责任重大,五军的发展,还要靠你。再说,还有那么多的伤病员和家属需要保护,这是朱、毛首长临下山时交给你的重任啊!军情紧急,莫再争论了。"

按照邓萍的这番部署,红五军冲出了重围,辗转江西兴国,突袭于

红三军团成立(绘画)

1930年7月27日,中国工农红军第三军团攻克长沙后召集群众大会。

都并取胜。但邓萍不幸负伤并因伤口感染高烧不退,只好留在于都疗伤。临走时,彭德怀留下缴获的药品、罐头,并向当地地下党赠送了一批枪支弹药,对其负责人千叮咛万嘱咐:"一定要保护好、照顾好邓萍同志!"

红三军团建军纪念馆
(湖北大冶市刘仁八镇刘仁八自然村)

三个月后,红五军会师井冈山路过于都,痊愈了的邓萍眼噙泪花,双手与彭德怀紧紧握在一起,"军长,这三个月我天天想你,想我们部队。现在我伤愈归队,向你报到。"彭德怀激动地说:"我断了的翅膀又重新长上了!"

邓萍与红三军团(绘画)

22岁的军团参谋长兼军长

1930年6月,红五军扩编为红三军团,彭德怀任总指挥,滕代远任政委,邓萍

中国工农红军学校校舍

中国工农红军学校学生在上课

小知识

中国工农红军学校

1931年10月,红一方面军将当时的红一军团和红三军团的随营学校合并,组建成中央军事政治学校。后更名为"中国工农红军学校",简称为"红军学校"或"红校"。这是红军培养军事和政治干部的最高级别的学校。

叶剑英、刘伯承、何长工等先后任校长,邓萍任教育长。

1933年10月,红军学校分为五所学校：红军大学、红军彭杨步兵学校、红军公略步兵学校、红军特科学校。原有高级班,改为红军大学。

1934年10月,五校合并组成中国工农红军学校。长征时,中国工农红军学校组建为干部团,随中

任军团参谋长。

7月,湖南军阀何键派3个旅分3个梯队进攻平江。邓萍提出的攻敌弱点,集中兵力,打敌先头部队的作战方案被军团长彭德怀采纳。红三军团在瓮江地区以伏击敌第1梯队将其大部歼灭,并乘胜追击,击溃敌第2、第3梯队,于27日攻克长沙城,邓萍任长沙警备司令。他组织部队镇压残余反动分子,迅速恢复了社会秩序,并宣布成立省苏维埃政府。在长沙期间,红军扩大七八千人,筹款40万元,解决了被服、医药等方面的困难。

由于敌人重兵反攻,红军为保持主动,于8月6日撤出长沙。随即,红三军团在平江长寿街整编,邓萍兼任红五军军长。

1930年8月23日,红三军团与红一军团在湖南浏阳会师后组建"中国工农红军红一方面军",邓萍仍担任三军团参谋长。此后,红一方面军的序列几经变更,但红三军团始终都是彭德怀任军团长,邓萍任参谋长,二人可谓"黄金搭档"携手并肩,率部参加了两次长沙战役、赣州战役、岳州战役、四次反"围剿"等战斗,并结下了深厚的战友情。邓萍杰出的军事才能、扎实的参谋业务功底和危险之际勇挑重担的革命精神,给彭德怀留下了深刻的印象。

在中央苏区,邓萍南征北战,战功卓著,成为红军的著名将领。期间,邓萍兼任红五军随营学校教育长,参与创建"中国工农红军学校",任副总队长兼教育长,培养了大批红军干部。

1933年6月7日,红一方面军实行新的编制,取消军一级编制,第三军团直辖四、五、六三个师,邓萍仍任军团参谋长。7月1日,红三军团与红七军团的十九师合编为"中国工农红军东方军",彭德怀为总指挥,滕代远为政委,邓萍为参谋长,东出福建,扩大中央革命根据地。

入闽以后,东方军连拔清流、归化、将乐、顺昌四城,不久又攻下连城,第五次反"围剿"开始后,东方军回师赣东北,参加了硝石等战役。当年12月,再次入闽作战。东方军两次入闽,击溃敌人8个团,俘敌6000余人,邓萍始终参与了历次战役的组织和领导工作。

1934年初,东方军会师江西,归还建制。邓萍参加了于1月22日至2月1日在瑞金举行的中华苏维埃第二次全国代表大会,当选为候补中央执行委员。

贬邓萍 彭德怀怒斥李德

1934年4月,敌人以7个师、1个炮

中国抗日军政大学

毛泽东在"抗大"讲课

央纵队一起行动。

中央红军长征到达陕北后,干部团和西北红军干部学校合并,组成中国工农红军学校,不久改称西北红军抗日大学。

1936年6月,西北红军抗日大学改名为"中国人民抗日红军大学",校长林彪,政治委员毛泽东(兼),教育长罗瑞卿。

1937年,中国人民抗日红军大学改名为"中国人民抗日军事政治大学",简称"抗大"。

抗大学员

中华苏维埃共和国第二次全国苏维埃代表大会主席团合影

兵旅的重兵在飞机的掩护下向中央苏区的北大门广昌发起猛攻。

军委命令：由红三军团防守广昌，并伺机对敌"短促突击"，不许放进一个敌人，违者军法从事。军令如山，彭德怀、邓萍不敢怠慢，忙组织全军团2万战士日夜抢筑工事。

当时，共产国际派来的军事顾问李德掌握着红军指挥大权。在军团部，彭德怀对前来视察的李德说："敌人有7个师和飞机大炮，火力凶猛，死守是守不住的，建议改为机动防御，留1个加强连吸引敌军进攻，待敌军蜂拥攻城时，伺机袭敌之侧翼。"然而，李德却不以为然。

彭德怀为增加进言效果，拿出了一张邓萍连夜绘制的地图，李德看了一会儿，说："我曾经批评过刘伯承同志，说他白在苏联上了几年伏龙芝军事学院。我听说邓萍是黄埔军校毕业的，但看了这份有许多常识性错误的地图后，我不得不遗憾地提出同样的批评：他的黄埔军校白上了！"

听到李德肆无忌惮地侮辱邓萍，彭德怀怒不可遏指着他说："邓萍同志和我并肩战斗了六年，给我出了多少好主意，谋划了多少战斗，你知道吗？三军团从平江起义时的2000多人发展到今天的一万多人，离不开邓萍同志。他的军事才华，岂是你李德能够比的？"

李德恼羞成怒，冲着彭德怀大吼："你们必须执行中革军委的命令，不准有一丝改动。否则，后果自负。"两人不欢而散。

邓 萍 (1908-1935)

在李德的强令下,红三军团与占绝对优势的敌人搞阵地对垒,伤亡日增,一天伤亡近100人,弹药殆尽,到后来,不得不退出战斗。刚一安顿下来,怒容满面的彭德怀带着警卫员,急急地朝10公里外的军委前敌指挥所奔去。

到了黄昏时分,彭德怀才赶回军团部,邓萍关切地问:"你不回来,我也吃不下饭。谈得怎么样?"

彭德怀说:"我和李德大吵了一架,我拍桌子,他砸杯子,他暴跳如雷,骂我贪生怕死,擅自撤退,把敌人放进苏区,扬言要对我执行军纪。"

邓萍说:"李德根本不懂在中国南方丘陵地带如何作战,飞扬跋扈!连身经百战、经验丰富的我军高级将领,也要被他讥讽斥骂。对这种人,你骂得好!也出了我长期憋闷的恶气!他瞎指挥,造成了那么大的恶果,全党全军早就怨声载道了,他还敢抓人?"

邓萍的支持、理解使彭德怀郁闷、沉重、委屈的心得到了很大的慰藉!

激战娄山关

1934年10月长征开始后,邓萍协助彭德怀指挥红三军团担任右路前卫,担负着斩关夺隘,为全军打开血路的重担,连

小知识
李德与第五次反"围剿"失败

李德,1900年生于德国慕尼黑,1974年卒于柏林。原名奥托·布劳恩。笔名华夫。第一次世界大战期间参加德国共产党。1918年参与创建巴伐利亚苏维埃。1926年被德国政府逮捕监禁。1928年越狱逃往苏联,入伏龙芝军事学院学习。1932年春毕业后,被苏联红军总参谋部派往中国东北收集日军情报。

1933年9月任中华苏维埃共和国中央军事委员会军事顾问。当时任临时中央书记的博古,排斥毛泽东,把军事指挥大权交给李德。他反对游击战,推行"短促突击"、"两个拳头作战"、"御敌于国门之外"、打阵地战等一套错误路线,使红军第五次反"围剿"遭致失败。

红军长征开始时,李德是军事最高领导三人团成员之一。1935年1月,在遵义会议上被撤销指挥红军的权利。后随红军长征到达陕北。

抗日战争初期,任中共中央军委军事研究编委会主任,延安抗日军政大学教授。1939年8月离开延安返回莫斯科。

第二次世界大战期间,曾加入苏联红军。1949年回德意志民主共和国定居,潜心著译。1973年出版《中国纪事(1932-1939)》。

遵义会议会址

娄山关

遵义战役纪念碑

续突破国民党军四道封锁线,尤其在突破湘江第四道封锁线时,在湘江边带领部队血战三天三夜,掩护中央红军主力、中共中央机关和中央军委机关顺利过江。

之后,红军向西渡过乌江进军敌人兵力空虚的贵州省的遵义城,1935年1月9日,红军占领遵义。1月15日至17日,中共中央召开了政治局扩大会议,史称"遵义会议"。当彭德怀、杨尚昆到遵义县城参加遵义会议时,邓萍充分发挥其卓越的军事指挥才能,成功地阻击南面来犯之敌,保证了遵义会议的顺利召开。

遵义会议结束了"左"倾盲动路线的统治,增选毛泽东为中央政治局常委,恢复了毛泽东对红军的统帅地位。

蒋介石发现红军在遵义休整后,急令其在云贵川湘的部队约40万大军,从贵阳、滇北、川南三个方向,向遵义开来,叫嚷"扑灭赤匪在此一举",企图歼灭已遭受严重削弱的红军。

在以毛泽东为核心的新的统帅部指挥下,红军主动撤出遵义,北上翻越大娄山,进入贵州与四川接壤的地区。1月19日,邓萍协助彭德怀指挥三军团一渡赤水河,进入川南地区。

2月23日,中央军委电令红三军团必须在月底前重占遵义,以调动敌人南返。

邓萍 (1908-1935)

24日，杨尚昆（接替滕代远任军团政委）、邓萍率部队从川南黔北向南急行军，扑向通往遵义的要隘——娄山关。

娄山关，位于大娄山山脉中段，群峰插天，主峰海拔1576米，自古为黔北咽喉，川黔两省往来必经之地。娄山关地势奇险，两侧群峰险峻，壑底山路陡立，易守难攻，素有"一夫当关，万夫莫开"之势，历来为兵家必争之地，要取遵义，必先攻克娄山关。

25日，当邓萍率部队到达娄山关下时，黔军的4个团已抢先占领了娄山关。这时，天空中飘起了阵阵雨加雪。彭德怀、杨尚昆、邓萍在警卫员撑起的油纸伞下，开起了紧急作战会。军团决定由邓萍亲临一线部署指挥这场攻坚战，邓萍受命后，到达前线指挥部。

按照两位首长的要求，邓萍作了部署并亲自指挥了这场战斗："十一团首先从娄山关左翼迂回到山后断敌退路，十三团、十团分别从正面和右翼进攻。"

邓萍集中了军团的全部迫击炮，向娄山关上的敌人阵地齐射。敌人凭借着一夫当关万夫莫开的险要关口，与红军反复争夺每一个山头。经过三小时的激战，守敌土崩瓦解，狼狈溃退，红军占领了娄山关的两个制高点——点金山和大小尖山，并

娄山关小尖山战斗遗址

小资料

忆秦娥·娄山关

毛泽东（1935年2月）
　　西风烈
　　长空雁叫霜晨月
　　霜晨月
　　马蹄声碎
　　喇叭声咽

　　雄关漫道真如铁
　　而今迈步从头越
　　从头越
　　苍山如海
　　残阳如血

毛泽东《忆秦娥·娄山关》手迹与绘画

这座雕塑记录了邓萍将军牺牲在张爱萍同志怀中的故事,基座上是张爱萍同志撰写的墓志铭。

遵义的红军烈士纪念碑,碑后是邓萍烈士墓

邓萍之墓

连续打退了敌人的4次反扑。娄山关之战歼敌600人,击溃敌人两个团。

血洒遵义城下

2月27日傍晚,红三军团在彭德怀、邓萍的率领下,一鼓作气抢占遵义新城及城边村落。

为了尽快攻占老城,夺取全胜,邓萍和担任前卫任务的红一团政委张爱萍,冒着敌人的枪弹,来到距城墙几十米的凤凰山下洗马滩前沿,隐蔽在一个土墩的草丛中观察敌情。突然,敌人一颗冷枪弹打中了邓萍的头部,他一下栽在张爱萍的怀中,殷红鲜血已染满了张爱萍的衣襟,年仅27岁的邓萍壮烈牺牲了。

彭德怀军团长闻讯赶到邓萍遗体前,含着眼泪俯下身,擦去邓萍脸上的灰尘和血迹,为其脱去血迹斑斑的征衣,换上一套新军装。

彭德怀泪流满面地向部队下达了攻城命令:"拿下遵义城,为参谋长报仇。"

红军攻下遵义城后,红十一团政治委员张爱萍挥笔写下一首挽诗:

长夜沉沉何时旦?黄埔习武求经典。

北伐讨贼冒弹雨,平江起义助烽焰。

"围剿"粉碎苦运筹,长征转战肩重担。

遵义城下洒热血,三军征途哭奇男。

这首诗不仅概括了邓萍短暂的革命一生,更情真意切地抒发了痛失战友的悲恸心情。

新中国成立后,遵义人民政府找到邓萍烈士的遗骸,1959年将其迁葬至碧水环绕的凤凰山上。当时发掘出来的邓萍同志的一些遗物,如毛衣碎片、锈迹斑斑的金属衣扣、皮带扣、鞋底等,被中国人民革命军事博物馆作为珍贵文物永久收藏。

1959年清明节,遵义地委、地区行署、遵义市委、市政府举行盛大的邓萍烈士遗骸迁葬仪式。图为送葬队伍在路上的情景。

1982年,张爱萍应遵义会议纪念馆请求,将挽诗重新书写寄给纪念馆收藏。1987年,四川人民出版社在出版张爱萍诗集《纪事篇》时,张爱萍又对该诗进行了修改,把第二句中的"求经典"改为"济国端",把最后一句中的"征途"改为"倚马",使整首诗更加完美。

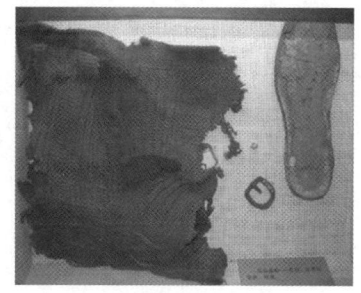

现珍藏在中国军事博物馆的邓萍遗物——毛衣、皮带扣、鞋底。

瞿秋白
(1899-1935)

荣　　　誉：早期中国共产党领导人之一
　　　　　　　理论家、宣传家
出　生　地：江苏省常州
民　　　族：汉族
诞　　　辰：1899 年 1 月 29 日
逝世纪念日：1935 年 6 月 18 日
牺 牲 年 龄：36 岁

　　瞿秋白是中国共产党早期领导人之一，伟大的马克思主义者，杰出的无产阶级革命家、理论家和宣传家，是中国革命文学事业的奠基人之一。在他短暂的 36 个春秋岁月里，他以"犬耕"精神，为中华民族的解放事业，生命不息，战斗不止。

赴俄寻找光明"火种"

　　瞿秋白，原名枫森，号熊伯，祖籍江苏宜兴。1899 年 1 月 29 日出生在江苏常州府城内东南角的青果巷(今82号)。瞿家是书香门第,世代为官,叔祖当时任湖北布政使。瞿秋白的父亲瞿世玮擅长绘画、剑术、医道,然而他生性淡泊,不治家业,寄居叔父家中,经济上依赖在浙江做知县的大哥瞿世琥的接济。母亲金璇,也是官宦之女,精于诗词。她的子女中长大成人的有5子1女,瞿秋白是家中的长子。由于瞿秋白头发上生有双旋,父母为其取名双(或同音字霜、爽)。

1903年,叔祖死在湖北任上,从此瞿家家道中落,一家的生活日益窘迫。

受家庭影响,他从小喜欢舞文弄墨、书法篆刻。1904年,5岁的瞿秋白进入私塾启蒙读书,次年转入冠英小学。

1909年春天,10岁的瞿秋白考入常州府中学堂(现江苏省常州市高级中学)。那时张太雷也在这个学校上学,两人遂成为同学和好友。

1915年冬,因交不起学费,瞿秋白被迫辍学。农历正月初五,母亲金璇服毒自尽。瞿秋白一家人分别投亲靠友,17岁的瞿秋白先在杨氏小学教书。1916年年底,瞿秋白得到表舅母的资助,西赴汉口,进入武昌外国语学校学习英文。

1917年瞿秋白考入北洋政府外交部办的学膳免费的北京俄文专修馆。在那

幼年瞿秋白与父亲合影

少年瞿秋白故居

张太雷在中学期间与瞿秋白交往甚密。他经常去庙沿河瞿秋白卧室长谈,共同探讨邹容的《革命军》等文章。这是当年瞿氏宗祠的秋白卧室。

里,瞿秋白孜孜不倦地学习,不仅很快掌握了俄文、法文和英文,还通过阅读了解当时社会的各种思潮。

五四运动期间,他以极大的热情投入北京爱国学生运动,被选为专修馆学生总代表,参加了北京大中学校学生联合会,成为北京学生爱国运动的领导人之一。

五四运动后,瞿秋白创办了《新社会》旬刊,主张改造社会,读者遍及四川、两广、东北等地,是五四时期重要的进步刊物之一,瞿秋白是该刊物的主要撰稿人和编辑。

1920年初,瞿秋白参加了李大钊组织的"马克思学说研究会",研究和讨论马克思主义和社会主义。同时,他也开始用白话文创作新诗和散文,翻译和介绍俄罗斯作家果戈理、托尔斯泰等人的作品。

1920年8月,俄文专修馆还没有毕业的瞿秋白被北京《晨报》和上海《时事新报》聘为特约通讯员,以记者身份赴苏俄实地采访,想"为大家辟一条光明的路"。

在苏俄采访的两年时间里,他做了大量考察、采访和写作工作,撰写了大量报道并完成《俄乡纪程》、《赤都心史》等著作。仅据1921年6月至1922年11月的《晨报》统计,瞿秋白就写了通讯35篇,共约16万字。他以自己的亲见亲闻,客观介绍俄国十月革命后苏俄的真实情况,告诉中国人民,十月革命是"20世纪历史事业之第一步",莫斯科已成为全世界无产阶级"心海中的灯塔"。

1921年5月,在莫斯科经张太雷介绍,瞿秋白加入联共(布)党组织。1922年2月转为中国共产党党员。这时,他还担任着莫斯科东方劳动者共产主义大学中国班教员,在中国班学习的有刘少奇、罗亦农、任弼时、萧劲光等人。

1922年11月5日至12月5日,瞿秋白和陈独秀、张太雷等出席了共产国际在莫斯科举行的第四次代表大会。瞿秋白为当时的中共总书记陈独秀作翻译,并把列宁在大会上的报告和重要文件翻译成中文,寄回国内,及时地指导了中国的革命斗争。

促成国共合作

1923年1月,瞿秋白回国,负责党的宣传工作,担任中共中央机关刊物《新青年》、《前锋》主编和《向导》编辑。他在这些刊物上发表大量政论文章,运用马克思主义分析中国国情,考察中国社会状况,论证中国革命问题,为党的思想理论建设做出了开创性贡献。

同年6月,他在中国共产党第三次全国代表大会上,坚持国共合作的正确主张,使大会通过了国共合作的决议。当时,大会上发生了不同意见的争论。瞿秋白和毛泽东等同志站在一起,坚持了建立革命统一战线的正确意见。瞿秋白还参加了《大会宣言》、《党章草案》的起草工作。

7月,他和邓中夏等一起筹办上海大学,任教务长兼社会学系主任,这所国共合办的大学,为中国革命培养了一大批人才。

10月,瞿秋白由上海来到广州,担任孙中山的苏联顾问鲍罗廷的助手和翻译。年底,又与李大钊、谭平山组成中共指导小组,帮助国民党改组,参与起草改组的一系列文件。瞿秋白帮助苏联顾问鲍罗廷做了

学生时代的瞿秋白

瞿秋白译词传谱《国际歌》

瞿秋白是《国际歌》中文歌词最早的翻译者之一。

从苏联回国后,瞿秋白于1923年1月15日下午,在高师大礼堂,由北京马克思学说研究会举行的大会上首次公开当众演唱《国际歌》。

为了使中国人民也能歌唱并广泛传播《国际歌》,同年五六月间,瞿秋白住在北京的堂兄瞿纯白的家里,按照《国际歌》原文(法文)的词曲,把它译配成汉语词曲。他在堂兄家的一架小风琴上,一面按谱弹琴,一面试唱汉语的译词。

《国际歌》法文歌词中的"国际"一词有五个音节,而中文只有两个音节了。两者相差了三个音节,唱起来就很不顺口。瞿秋白反复吟唱,再三琢磨,最后决定将其音译成"英德纳雄纳尔"(现译为"英特纳雄耐尔")。现在的《国际歌》的译词,虽已经过了多次的修改,且与瞿秋白当年的译文有较大的不同,但其中对"国际"一词的翻译,仍保留了瞿秋白的音译的手法。

1923年6月15日,由瞿秋白主编的《新青年》季刊创刊号出版,上面刊登了瞿秋白翻译的《国际歌》的歌词。

6月20日,中国共产党第三次全国代表大会全体与会代表到黄花岗烈士墓前举行悼念活动。由瞿秋白指挥,大家高唱会议期间学会的《国际歌》。中共三大在《国际歌》的歌声中胜利闭幕。

孙中山(前排中)、瞿秋白(后排左三)等在国民党"一大"的合影

小知识

瞿秋白拥有诸多第一

■第一个翻译《国际歌》歌词。
■第一个以文艺体裁向中国人描绘列宁风采。
■第一个系统译介马克思文艺理论和苏俄作品。
■第一个把新生的苏维埃共和国介绍到中国。
■第一个尝试用马克思主义研究中国社会政治经济、研究中国革命。

许多工作,特别是关于三大政策和三民主义内容的重新解释等问题,曾和鲍罗廷一起多次同孙中山商谈,他们所提的建议受到孙中山的重视和采纳。

1924年1月,中国国民党第一次全国代表大会在广州召开。瞿秋白和李大钊、毛泽东等人一起出席了大会。瞿秋白直接参加了大会宣言的起草,并当选国民党中央候补执行委员,后任国民党中央政治委员会委员,辅助孙中山规划政治方案,参与讨论设立军校统一训练处,设立大本营政治训练团和北伐等重大问题。

中共史上最年轻的28岁领袖

1925年1月当选为中共四大中央执行委员、中央局成员,参与领导了五卅反帝爱国运动。

瞿秋白 (1899—1935)

1927年4月和7月，蒋介石和汪精卫相继发动反革命政变，血腥屠杀共产党人和革命群众，轰轰烈烈的大革命惨遭失败。在中国革命生死存亡关头，瞿秋白和许多坚定的共产党员一起力挽狂澜，为拯救中国革命献计献策，奔走忙碌。5月在中共五大上当选为中央委员、中央政治局委员，同年7月接替陈独秀负责中央工作，28岁的瞿秋白成为中共历史上第二位主要领导人。

8月7日，瞿秋白在汉口主持召开了中共中央紧急会议，即"八七"会议。会议确立了开展土地革命和武装反抗国民党反动派的总方针，确定了在湘、鄂、赣、粤四省发动秋收起义的决定，为挽救党和革命作出重要贡献。会后，他担任中共中央临时政治局委员、常委、主席，主持党中央工作。

1928年，他赴苏联参加党的第六次全国代表大会，代表中央作政治报告，总结了大革命失败的沉痛教训，提出了新的斗争任务和方针。会后，瞿秋白留在莫斯科，担任中共驻共产国际代表团团长和共产国际执行委员，协助共产国际指导中国党的工作。

1930年8月，他同周恩来从莫斯科回国，主持召开中共六届三中全会，及时纠

1920年，瞿秋白（右一）和郑振铎（右二）等人在一起。

小知识

瞿秋白与汉语拼音

目前广为海内外汉族群众和汉语学习者使用的"汉语拼音方案"，其最早的创制者并不是语言学领域的专家学者，而是一些和语言学毫无关系的中共早期职业革命家——瞿秋白、吴玉章等。

1929年2月，瞿秋白在大家的协助下拟订了第一个中文拉丁化方案，并在10月写成《中国拉丁化字母》一书。这是后来汉语拼音方案的雏形。

在这个方案的基础上，吴玉章、林伯渠、萧三等中国专家和苏联专家一起经过反复研究和比较，拟定了"中国的拉丁化新文字方案"。

1958年2月11日，中华人民共和国第一届全国人民代表大会第五次会议通过《全国人民代表大会关于汉语拼音方案的决议》。决定批准汉语拼音方案，在全国范围内逐步推行，并在实践过程中继续求得方案的进一步完善。自此，在新中国半个世纪语文生活中占有重要地位的汉语拼音方案诞生了。

正了李立三的"左"倾冒险错误。不久,他被共产国际指责为犯了"调和主义"错误。

鲁迅的"知己"

1929年瞿秋白和夫人杨之华、爱女独伊在莫斯科的合影

1929年瞿秋白和夫人杨之华在苏联合影

1931年1月,在中国共产党六届四中全会上,受到共产国际代表和王明等人的诬陷和打击,瞿秋白被解除中央领导职务后,他到了白色恐怖笼罩的上海,和鲁迅并肩战斗,结下深厚友谊,一起领导左翼文化运动。期间,他创作和译著了大量文艺理论和文学作品,开辟了无产阶级革命文学的道路,并取得了辉煌的成就!茅盾曾说过:"左翼文艺运动的蓬勃发展,促其由前期向成熟期转变,应该给瞿秋白记头功。"

"谁是鲁迅的'知己'?"答案只有一个:真正成为鲁迅"知己"的,只有一个人,这个人就是瞿秋白。

理由有二,第一是在鲁迅的一生中,给别人写过1300多封信,而称对方为"同志"的,只有1封。而这个被鲁迅称为"同志"的人,就是瞿秋白。第二是鲁迅看了瞿秋白编的《鲁迅杂感选集》及序言后,录写了一个条幅,送给瞿秋白。条幅的内容是:"人生得一知己足矣,斯世当同怀视之。"意思是说,只要有一个充分理解自己的真朋友就可以了。这说明,在艰难困苦之中,

瞿秋白和鲁迅在一起(雕塑)

瞿秋白治印:
　　得趣书室

两个人心灵深处的纽带已经牢固地连在一起,心心相印,患难相扶。

1932年初夏的一天,瞿秋白在冯雪峰的陪同下,来到鲁迅家拜访。他们的第一次会面,就像久别重逢的朋友那样的自然和亲切。两个人畅所欲言,从政治谈到文艺,从理论谈到实际,从希腊谈到莫斯科。甚至日常生活中的琐事,他们也谈得津津有味、妙趣横生。

此后的两年中,鲁迅曾先后三次接纳瞿秋白夫妇到自己的寓所避难。和瞿秋白在一起,鲁迅就像见到自己的亲兄弟一样,有说不完的话。瞿秋白常把自己的构思讲出,征求鲁迅的意见,修改补充后,再执笔创作。两位好友无论观点还是风格都非常接近,有时连鲁迅自己也分不清到底是谁写的文稿了。

1934年新年伊始,瞿秋白奉命踏上赴江西瑞金的艰险征程。临行前,他来向鲁迅辞行。这天晚上,他们彻夜长谈,一直到第二天晚上,瞿秋白才回到家。他满面笑容地告诉夫人杨之华:"要见的都见到了,要说的话也说了。大先生和许广平身体都好,小海婴也很可爱。"

瞿秋白英勇就义两个多月后,由于消息阻塞,鲁迅还在设法营救他。噩耗传来,鲁迅万分悲痛,执笔写字都振作不起来。后来,鲁迅化悲痛为力量,投入几个月的时间,整理出瞿秋白六十多万字的遗文,定名为《海上述林》出版。他认为,这是对瞿秋白的最好的纪念,"倘其生存,见之当亦高兴,而今竟已归土,哀哉"。《海上述林》是"对于先驱者的爱的大纛,也是对于摧残者的憎的丰碑",也是鲁迅和瞿秋白的真挚友谊的见证。

从容就义　杀身成仁

1934年2月,瞿秋白到达中央革命根据地瑞金,任中华苏维埃共和国中央执委会委员、人民教育委员会委员、中华苏维埃共和国中央政府教育部部长等职,并兼管艺术局和苏维埃大学的工作。虽然当时执行

"左"倾路线的中央领导人仍排挤瞿秋白,但他照样尽心尽力做好每一项工作,并给同志们留下了深刻的印象。

徐特立回忆说:"秋白对文化教育工作十分热情负责。苏维埃大学直接负责人是我,但秋白对政治教育的每一门课程,每一次学习的讨论题目,都给予原则指示。当时的生活条件是十分艰苦的,他的身体又很衰弱,但秋白把一切困难都忘却了,一心认真工作,精神十分愉快。"

同年 10 月,主力红军长征后,他被留在南方坚持游击战争,任中共苏区中央分局宣传部部长。

1935 年 2 月初,国民党调集 110 万兵力,对江西瑞金、会昌一带,进行疯狂围剿。留驻苏区的红军终因寡不敌众,造成很大伤亡,只得向福建省长汀县以南山区地带转移。2 月 26 日,红军队伍行进到福建长汀县濯田区水口镇小径村时,突遭国民党江西保安 114 团包围。身患重病的瞿秋白,在突围中精疲力竭,不得不躲藏在灌木丛中,最后被搜山的国民党军发现俘获。

瞿秋白被捕后,化名"林琪祥",当时敌人还不知其真实身份,但又不相信瞿秋白供词,只得叫他发函到上海,索要一份证明书,或找人保释。就在瞿秋白之妻杨之华和鲁迅等人想方设法筹集款项时,意

就义前的瞿秋白

瞿秋白就义地——福建省长汀县罗汉岭

瞿秋白烈士纪念碑

安置瞿秋白灵柩

位于八宝山革命公墓的瞿秋白烈士墓

想不到的事情发生了——4月10日,叛徒供出瞿秋白的真实身份。

敌人得知他的身份后如获至宝,采取各种手段对他利诱劝降,但都被他严词拒绝。他对劝降者说:"人爱自己的历史,比鸟爱自己的翅膀更厉害,请勿撕破我的历史。"

1935年6月17日,在劝降无效的情况下蒋介石电令"着将瞿秋白就地处决具报"。

6月18日临刑前,他神色不变,坦然走向刑场,沿途用俄语唱《国际歌》,还唱《红军歌》。到刑场后盘足而坐,回头微笑着对刽子手说:"此地甚好",高呼"中国共产党万岁"、"共产主义万岁"等口号,饮弹洒血,从容就义,时年36岁。

1950年12月31日,毛泽东为《瞿秋白文集》题词,高度赞扬他说:"在革命困难的年月里坚持了英雄的立场,宁愿向刽子手的屠刀走去,不愿屈服。他的这种为人民工作的精神,这种临难不屈的意志和他在文字中保存下来的思想,将永远活着,不会死去。"

1955年6月18日,即瞿秋白英勇就义二十周年纪念日这一天,中共中央在北京八宝山革命公墓,举行了隆重的安葬仪式。瞿秋白同志的陵墓前立着一座高大的汉白玉石碑,其上刻着周恩来同志题写的"瞿秋白同志之墓"七个大字。

方志敏
(1899—1935)

荣　　誉：无产阶级革命家、军事家
民　　族：汉族
出 生 地：江西省弋阳县
诞　　辰：1899年8月21日
逝世纪念日：1935年8月6日
牺 牲 年 龄：36岁

　　方志敏，中国无产阶级革命家、军事家、杰出的农民运动领袖，赣东北和闽浙赣革命根据地的主要创始人。他把马克思主义普遍真理与赣东北实际相结合，创造了一整套建党、建军和建立红色政权的经验，毛泽东称之为"方志敏式"的根据地。他是共和国36位军事家中唯一被俘后牺牲的一位。他面对敌人的酷刑和诱降，大义凛然，坚贞不屈。在狱中，他写下了《可爱的中国》、《清贫》、《狱中纪实》等十多万字重要文著，体现了中国共产党人的崇高品格和浩然正气，点燃了亿万进步青年心

中的圣火,去继承他的遗志,建设一个"可爱的中国"。

初恋般爱国　"社会主义"绰号

方志敏故居——弋阳漆工镇湖塘村

1899年8月21日,方志敏出生在江西弋阳九区漆工镇湖塘村一个大农户家,祖父有七男二女。方志敏的姐姐方荣婢,大革命时期为保护革命同志,作出过重要贡献;弟弟方志慧,早年从事革命工作,曾任红十军战斗模范团团长,后在江西贵溪县宛港桥战斗中不幸牺牲。方志敏的叔伯和堂兄弟姐妹中,为革命献身的还有方高显、方远辉、方远杰等人。

少年方志敏

方志敏从小勤劳好学,7岁开始放牛、捡野粪、割草。8岁入塾就读。随着年龄的增长,知识的增多,方志敏对老八股不感兴趣了,功课之余,阅读了一些传播改良主义和民主思想的文章。

方志敏14岁时,祖父病逝,叔伯们各立门户,他不得不辍学,在家一边劳动,一边自学。这期间,方志敏对社会的黑暗和农民的痛苦有了切身的感受,他常常自问:村里农民一年到头,拼死苦做,为什么还是过着不得温饱的生活?

青年方志敏

1916年秋天,17岁的志敏在弋阳县高等小学校读书。在新文化运动的影响下,

各地青年学生和知识分子常常集会结社，方志敏也参加了"九区青年社"，利用课余和假日与大家共同阅读进步书刊，谈论国家大事，探讨社会问题。

五四运动爆发后，方志敏发起组织同学在县城集会游行，张贴从北京寄来的《告青年学生书》《告各界同胞书》，带头抵制日货。他虽然是个穷学生，但为了唤起群众的爱国心，当众砸碎、销毁了自己日常用的搪瓷脸盆、牙刷、牙粉、席子等日货。当时的爱国热情，用方志敏自己的话来说，"真有如一个青年姑娘初恋时那样的真纯入迷"。

1919年夏，方志敏满怀"实业救国"的抱负，以全县第一名的成绩顺利考入位于南昌的江西省立甲种工业学校机械制造专业。和当时许多爱国的热血青年的想法一样，他认为国家要兴旺，就要振兴落后的民族工业。

在校期间，他不但努力学好数学、物理，而且用心苦读英语。他因学习成绩出色闻名全校，一年后，获得免交学费的奖励，同时升入应用机械科学习。

方志敏在"甲工"时，在南昌青年学生中有了一定影响，被选为南昌学联的负责人之一。1921年春天，他参加了由南昌二中学生组织的"改造社"，并参与社刊《新江西》的编辑工作。方志敏关心的不仅是个人的学业，更关心社会的进步和民族的复兴。

1921年秋天，方志敏来到九江南伟烈大学（原为同文书院）求学。这所教会学校的图书馆有很多英语书籍可以外借，方志敏在此阅读了英

江西省立甲种工业学校

文版的《共产党宣言》《资本论》和《共产主义ABC》等马克思主义著作以及很多进步报刊。通过学习和思考，方志敏开始怀疑"实业救国"的道路是否能走得通，转而向往像十月革命那样的社会主义革命在中国实现。

方志敏还发起成立了"读书会"和"马克思主义研究小组"。"读书会"和"研究小组"成员经常共同研读马克思主义著作。平时，他经常和同学讲国内外大事，讲俄国十月社会主义革命，讲《共产党宣言》和《资本论》所阐述的革命道理。由于方志敏思考得最集中的问题是"社会主义"，和同学谈论最多的也是"社会主义"，所以，同学们善意地给他取了个绰号叫"社会主义"。

1922年7月，方志敏为寻求革命真理，来到了上海。他原想谋个半工半读的差事，暂且栖身，但到处碰壁。不久，他找到了《先驱》报编辑部，见到了恽代英、向警予等人。在团组织的关怀帮助下，方志敏在法租界与人合租了一间亭子间住下，并在《民国日报》担任校对工作，月薪20元。他晚上在报社上班，白天到大学里旁听，其他空闲时间就与一些进步青年一起针砭时政，研究马克思主义，探索中国革命的道路。不久，方志敏加入了社会主义

江西省九江市同文书院（南伟烈大学）旧址前的方志敏塑像。

小资料

南伟烈大学

前身为1867年美国传教士创办的"埠阆小学"，是美国基督教会在中国创办的第一批教会学校。1881年，扩建为同文书院。

1906年，同文书院设置了高等教育课程，更名为南伟烈大学。

1917年停办大学，集中精力专办九江南伟烈中学。

1929年，原"南伟烈中学"更名为"九江同文中学"。

1951年合并为"省立浔阳中学"，后更名"九江市二中"。

2002年，恢复"同文中学"校名。

小故事

黄维:方大哥引导我考入黄埔军校

黄维,1948年在淮海战场上以国民党第12兵团司令官的身份被解放军俘虏,1975年3月被特赦后任全国政协常委。

黄维出生于1904年,江西省贵溪县盛人。1918年,年仅14岁的黄维考入江西省立第四师范学校。开学不久,黄维在校园里遇上了同是来自赣东北的老乡方志敏。

方志敏比黄维长四岁,对初次远离家乡的黄维,方志敏像亲哥哥一样从学习到日常生活都时时处处关心照顾得无微不至,两人兄弟相称,结下了深厚的情谊。1923年初,毕业后在家乡贵溪任职的黄维收到广州同学来信,说孙中山要在广州开办黄埔校,上海设有招生点。让黄维先去南昌找方志敏再一同报考,在1924年初,黄维来到南昌找到方志敏后二人立即赶赴上海。

初来大都市,如果没有方志敏陪同,黄维简直寸步难行了。在方志敏的带领下,报考地点很快就找

黄埔军校时期的黄维

青年团。

同年9月,方志敏考虑到此时"革命思想,在江西传播不广",便要求回江西,做一些传播马克思主义的实际工作。不久,方志敏与几位进步青年一道离沪返赣,积极进行马列主义宣传活动。

1924年3月,方志敏在南昌加入了中国共产党,他激动地写道:"共产党员——这是一个极尊贵的名词,我加入了共产党,做了共产党员,我是如何的引以为荣啊!从此,我的一切,直到我的生命都交给党去了。"

不久,方志敏根据组织的决定,以个人名义加入了国民党,积极从事国民党改组工作。

江西"农王"

1925年7月,国民党江西省党部成立,方志敏当选为执行委员兼农民部长,同时担任中共江西区委工委书记、中共江西省委农民协会秘书长。

"五卅"运动爆发后,江西人民在党的领导下,组织了反对帝国主义惨杀上海同胞江西后援会(以后改为沪案交涉江西后援会),方志敏是"后援会"的组织领导者之一。他积极组织募捐队、演讲队,奔走于学

校、工厂，领导罢课、罢工，举行示威游行，因此，方志敏受到了北洋军阀江西督办方的通缉。

1925年冬，党派方志敏回家乡弋阳开展农运工作。这时，方志敏于1917年在弋阳高小时发起组织的九区青年社，已发展成为具有民主革命思想的反帝、反封建的战斗团体，改名为"弋阳革命青年社"。方志敏回乡以后，即领导弋阳革命青年社开展各种斗争。

为了宣传革命思想，方志敏在湖塘创办了旭光义务小学。白天免费为贫困失学的小学生上课；晚上开办贫民夜校，教贫苦农民识字，灌输革命思想，使贫民夜校逐渐成了培养农民运动骨干、筹建农民协会的秘密场所。

与此同时，党和农民组织在漆工镇一带也得到建立和发展，赣东北第一个中共小组在漆工镇诞生。第一个农民协会也在湖塘秘密成立。

1926年4月底，方志敏被推选为江西代表，赴广州参加第二次农民代表大会。会议期间，方志敏第一次见到了毛泽东和彭湃，并学到了许多农民运动的方法。

10月底，他抱病到南昌、新建等县建立农民协会，组织了数千农民为北伐军探送情报，带路筹粮，洗衣做鞋，慰劳伤员，有

到了。但不巧的是，他们来得太早了，报名还没开始。黄维所带钱不多，方志敏托关系让黄维到上海三星制铁厂干活等消息。

三个月后，黄维与方志敏一同报考黄埔军校，又一同被录取。但就在接到录取通知书的第二天早晨，方志敏突然告知黄维，自己有些事情没办完，不能与他一同到广州参加复试了，让黄维先去广州复试。

二人只好深情道别，但谁也没想到此别竟成永久。

黄维来到广州参加复试。1924年4月28日，黄埔一期复试发榜，方志敏、黄维都考上了黄埔军校。开学那天，黄维却没有看到方志敏的身影。

1977年10月，73岁的黄维来到了方志敏烈士墓地。望着"方志敏烈士"几个大字，黄维的眼睛湿润了，他深深地三鞠躬。伫立在墓碑前良久，良久。

黄维缓缓迈步离开方志敏烈士陵园时，走走停停，几步一回头，直到再也望不见……

江西农民协会旧址

吉安农协会员徽章

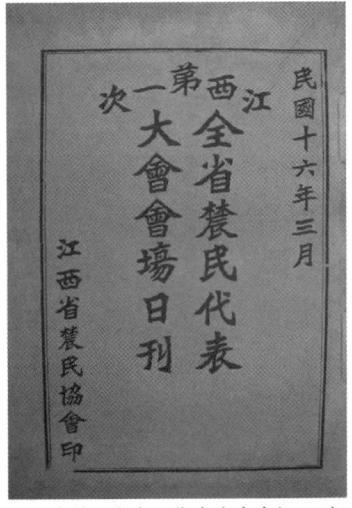

江西省第一次农民代表大会会场日刊

的直接参战,配合攻城,有力地支援了北伐军攻占南昌城。

北伐军占领南昌后,农民协会的活动由秘密转向公开。1926年11月19日,江西农民协会筹备处在南昌成立,方志敏任筹备处负责人。省农协筹备处在赣东、赣西和赣南三地设立了办事处,派出大批干部,以特派员的身份,分赴各县具体指导农运工作。顿时,农民协会如雨后春笋一般涌现。仅一个月的时间,全省农协会员由原有的六千多人,骤增到五万多人。到1927年2月,农协组织遍及54个县,农协会员发展到三十多万。

1926年冬,方志敏家乡漆工镇农民协会遵照方志敏的指示,举行了著名的漆工暴动,夺取了派出所的枪支,其中包括一条汉阳造,一条双套筒,一条截去枪托的九响毛瑟。这就是在赣东北地区广为流传的方志敏"两条半枪闹革命"的由来。

1927年1月,国民党江西省第三届代表大会第一次会议在南昌召开,方志敏被选为大会临时主席。全省第一次农民代表大会于2月20日在南昌隆重开幕,方志敏任大会主席,当选为省农协执行委员兼秘书长,负责农协全面工作。

同年3月中旬,方志敏赴武汉,参加由毛泽东、邓演达主持的粤湘赣鄂豫农民协会执委会和农民自卫军联席会议,与毛泽东、彭湃、邓演达、谭平山等13人当选中华全国农民协会临时委员会执行委员。他完全赞同毛泽东在《湖南农民运动考察报告》中提出的思想和主张。会议期间,还应毛泽东的邀请到武昌中央农民运动讲习所向学员发表演说。

弋阳漆工镇暴动纪念馆

回到江西后,方志敏大力开展农民运动,在南昌创办了江西农民运动训练班,并亲自讲课。学员经过短期训练,分赴全省81个县领导农民运动,建立县农协或农协筹备组织,同时,加强了农民自卫军的建设。省农协增设了农民自卫军部,组建了直属农民自卫军大队。当时,朱德兼任南昌市公安局长,送来了一百多支枪,武装农民自卫军。

蒋介石在上海发动"四一二"反革命政变后,江西的反革命势力也乘机抬头。6月5日,勒令省总工会和省农民协会停止活动。收缴了自卫军的枪械,搜查了方志敏的卧室,强令方志敏等共产党员,限期离开江西境内。省委决定,方志敏转移到南昌市黄家巷31号省委机关暂住,这时适逢中央长江局书记罗亦农、全国农协秘书长彭湃来到江西,也住在这里。方志敏与他们一起,分析了当前的形势,研究了斗争的策略和措施。

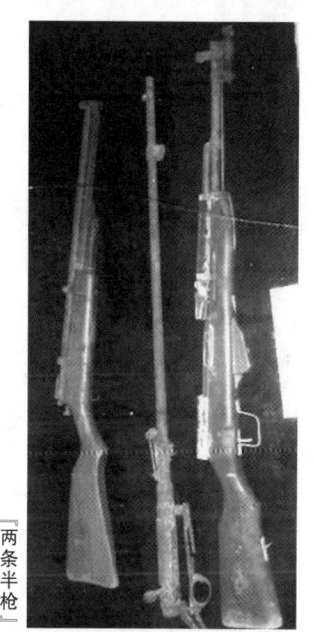

「两条半枪」

方志敏和缪敏结婚照

开国英模

缪敏和两个儿子在延安

小故事

方志敏与缪敏的生死情

1927年6月5日,方志敏被通缉后,隐蔽在南昌市黄家巷31号党省委机关暂住。

这时全国农协会秘书长彭湃秘密来到南昌视察农运工作,也住在省委的秘密机关。

缪敏当时是党的交通员,方志敏向彭湃介绍说,缪敏是他的未婚妻。缪敏也是弋阳人,原名李祥贞,在南昌女子职业学校读书。受进步思想的影响,经常和方志敏等进步学生在一起参加革命活动,在这过程中,方志敏和缪敏相爱了。

彭湃看出他们已深深相爱,便说:"未婚妻?你们怎么还不准备结婚?共产党又不是和尚,紧急时刻献衷情,只有革命者才能做得到。来得早不如来得巧,就让我做个证婚人吧。"

在彭湃催促下,方志敏、缪敏当晚就举行了婚礼。彭湃为他们写了贺联:

拥护中央政策方缪双方奋斗到底

努力加紧下层工作准备流血牺牲

新婚之夜,省委的负责同志以打麻将为掩护研究工作,并决定让方志敏到赣西开展农运工作。3天

在这期间,在组织和同志的关心下,方志敏和缪敏结了婚。新婚3天之后,方志敏告别了缪敏和彭湃等同志,化名李祥松,搭乘小轮船,离开南昌,以全国农协特派员的身份,肩负视察党务和开展农民运动的重任,向赣西南一带农村进发了。

方志敏到达吉安后,在当地党组织配合下,深入农村调查研究,发动广大农民掀起了声势浩大的减租运动。方志敏还到赣西南的吉水、莲花、安福一带开展减租运动,并培养了一大批农民运动的骨干。

1927年7月15日,武汉的汪精卫等公开背叛了革命,国共合作完全破裂,全国笼罩着一片白色恐怖。吉安、莲花、安福等县的反动派见时机已到,到处枪杀共产党员、工人运动、农民运动的骨干和积极分子。面对反动派的淫威,方志敏斩钉截铁地说:"杀了一个共产党员,还有几十几百几千几万个新共产党员涌现出来,越杀越多,越杀越会顽强地干!"形势突变,吉安的党组织不得不转入地下。方志敏在一位农民家里住了十几天,与组织失去了联系。但他深信:"这次的失败,只能是暂时的,中国革命的复兴,革命新的高潮,必然要很快到来的。"

8月中旬,"八一"南昌起义的消息传到了吉安,方志敏精神振奋。他联系自己

从事革命斗争的实践,认真总结了大革命失败的经验教训。他考虑家乡是他多年从事革命实践的地方,有革命的思想和组织基础,同时,赣东北地处闽浙皖赣的结合部,敌人力量薄弱。因此,他决计回弋阳从事革命活动,组织农民暴动。

"方志敏式"根据地

1927年8月下旬,方志敏化装成贫苦农民,独自从吉安步行出发,途经江西波阳、乐平、德兴回到弋阳。回到家乡,方志敏和当地保留下来的党员,分头到各个村子发动群众,七天就组建了二十几个党支部,群众团体也恢复起来了,第一件事,自然是"打土豪劣绅"。

由于当时武器太少,方志敏决定去波阳要枪。方志敏费了九牛二虎之力,才将存放在一个革命同志家里的十支枪取了回来。可喜的是,方志敏在波阳会见了省委特派员刘士奇,得知党的"八七"会议精神,他十分振奋。回到漆工后,立即召开了九区农民代表会,进行传达,准备秋收暴动。期间担任了弋阳、横峰等五县工作委员会书记、中共弋、横、德中心县委书记、江西省委委员,传达"八七"会议精神,成立了武装起义总指挥部并兼任总指挥。

后,缪敏强忍内心感情,秘密送走了丈夫。

1935年6月7日深夜,缪敏产后第四天,由于叛徒告密,不幸被捕。

缪敏被捕后坚强不屈,劝降无效,被敌人囚禁在南昌女子监狱。与囚禁在军法处看守所的方志敏相隔咫尺,但始终未能相见。后来,缪敏从新入狱的政治犯处得知方志敏8月6日被惨杀的噩耗后悲痛欲绝。

抗战爆发后,国共再次合作,中共代表向国民党江西地方当局提出释放缪敏。出狱后的缪敏革命意志更加坚定,带病担任中共闽北省委秘书兼省妇委主任。

1949年8月,中央调缪敏回江西,先后任上饶地委组织部部长、妇女书记、省卫生厅副厅长。她回到方志敏的家乡弋阳湖塘村,跪在方志敏母亲金香莲面前说:"娘,志敏不在,有我在……我临走时,毛主席要我代他向您老人家问好。"

此后缪敏一直陪伴方母度过晚年。1977年7月9日,缪敏因病去世,终年68岁。

缪敏著《方志敏战斗的一生》(中国工人出版社)

开国英模

位于弋阳县城北的方志敏纪念馆

弋阳县城的方志敏中学

横峰县葛源镇的方志敏希望小学

1928年1月,方志敏领导赣东北弋阳、横峰地区的农民起义。起义范围纵横百余里,六七万农民参加了起义,成立了农民自卫军。

轰轰烈烈的弋横起义持续了两个多月,敌人增兵一个团,兵分两路进驻弋、横两县,向暴动区域进剿。农民军集中上万人,分五路会攻葛源,与进剿敌军作战。农民军虽然人数众多,声势浩大,但由于刚刚组建,没有作战经验,加上总共只有二十多条枪,多数人用长矛、大刀、鸟铳之类的武器,因而不久就遭受挫折。

3月,方志敏及时吸取了教训,决定改变斗争策略和战斗组织形式,停止进攻,整顿内部,健全组织,精干力量,向弋阳东北部高林密布、地势险要的磨盘山进军。方志敏从农民军中挑选了三十多名立场坚定、身体强壮的骨干,集中了三十多条枪支,成立了工农革命军第二军第二师第十四团一营一连,在磨盘山与40倍于我之敌日夜周旋。革命军白天不能活动,只有晚上出没;大路不能走,只能爬悬崖攀峭壁;没有房屋住,只能钻丛林住茅棚;没有粮食,只能以野菜、竹笋充饥,斗争十分艰苦。

方志敏在艰苦的游击战争中,创立了苏区和红军,逐步开辟了赣东北革命根据地,领导组建了中国工农红军第十军。

经过两年的时间,闽浙赣根据地扩展至方圆5百余里,拥有52个县,两千余万人口,对周围还在黑暗中摸索前进的革命人民是一个巨大的鼓舞,又像一把尖刀直插宁、沪、杭三角地带,给国民党的统治中心造成很大威胁。

这一时期,方志敏与毛泽东天各一方,音讯不通,但毛泽东发现,他们在探索中国革命道路的许多方面都有着惊人的相似:如努力创建根据地,有计划地建设政权,不遗余力地深入土地革命,由乡赤卫队、区赤卫队、县赤卫总队、地方红军直至正规红军这样逐步扩大人民武装,波浪式地扩大红色区域等等。这些做法被称之为"朱德毛泽东式、方志敏式"武装割据的模式。

查阅毛泽东的全部文稿,他一生只把"方志敏式"的割据方式与"朱德毛泽东式"的模式相提并论,这是一种难得的殊荣!

1930年起,方志敏先后任赣东北省、闽浙赣省苏维埃政府主席,红十军政治委员,中共闽浙赣省委书记。1931年11月7日,在瑞金召开的中华苏维埃第一次全国代表大会上,方志敏当选为中华苏维埃临时中央政府执行委员、主席团委员。大会为表彰方志敏在赣东北所创立的功勋,特

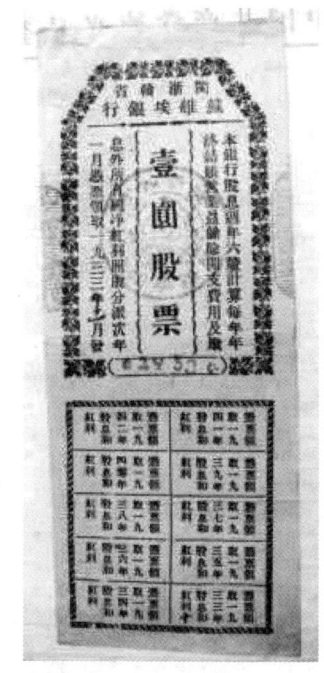

小资料

第一只"红色股票"

1933年,方志敏在闽浙赣苏区成功发行了闽浙赣省苏维埃银行股票,据金融专家考证,这是中国共产党发行的第一只股票。

股票凭证呈长条形,长20厘米,宽7.5厘米。上方印有"闽浙赣省苏维埃银行",中间印有"壹圆股票"并加盖银行的红色印章;印章两边印有"本银行股息周年六厘计算,每年年终结账,营业盈余除开支费用及股息外所有纯净红利照股分派,次年一月凭票领取"的字样,其下方为股票号码并附每年领取股息和红利的凭证,即通常所说的息票。按当时的规定,该股票每股1元,也可折谷入股,每25千克谷折算1股。

闽浙赣红军标语

闽浙赣革命根据地省会——江西省横峰县葛源镇的枫林村，发现了多条红军留下的宣传标语。

授予他勋章一枚。在13块根据地中，被苏维埃共和国中央政府主席毛泽东所垂青，在"全苏一大"授予红星勋章的只有方志敏一人；被毛泽东和苏维埃中央政府所赞赏，在1933年3月19日致电称为取得"极伟大的成绩"、"中央对你们的这些成绩是非常满意的"，在"全苏二大"盛称"赣东北的同志们也有很好的创造"，并嘉封为"苏维埃模范省"的，只有赣东北一省。

1930年冬至1931年7月，蒋介石调集重兵对赣东北革命根据地发动进攻。方志敏采取引敌深入、避实就虚、出敌不意、攻敌不备的战略方针，粉碎了敌人多次"清剿"行动，发展壮大了红军。并于1931年四五月间，率领红十军入闽作战，连打11仗，仗仗皆捷。

1933年1月中旬，中央电令红十军，赴中央苏区参加第四次反"围剿"。方志敏以大局为重，坚决执行命令，叮嘱他们"一切听从中央指挥"。红十军四千多人与中央红军会师，改编为红十一军，不久扩编为红七军团，此后一直留在中央苏区。

红十军走后，方志敏立即在闽浙赣赤色警卫师的基础上，组建新十军。从各县独立营、团抽调了一部分人和枪，又从省、县两级抽调了一批干部到新十军工作。经过整编，组建了二十八师、二十九师和三十师。经过补充兵员，新十军由赤色警卫师的1500多人，扩大到2500多人。

1934年1月，在中共六届五中全会上方志敏当选为中央委员。

方志敏的"慷慨"和"吝啬"

方志敏在领导赣东北革命根据地时，精打细算，改善了根据地人民和士兵的生活。

在经济建设方面，他大力发展农业生产，组织农民修堤筑坝，兴建水利设施，组织互助合作；创办了煤矿、铁矿、木炭厂、锅炉厂、铁砂厂、炼铁厂、兵工厂、地雷厂、樟脑厂、造纸厂、硝盐厂、制糖厂、榨油厂、硫黄厂、印刷厂、染布厂、被服厂、制鞋厂、石灰厂、农具厂等工业。毛泽东在第二次全国工农代表大会上赞扬说："在闽浙赣边区方面，有些当地从来就缺乏的工业，例如造纸、织布、制糖等，现在居然发展起来了，并且取得了成效。他们为了解决食盐的缺乏，进行了硝盐的制造。"

苏区还创办了银行，发行了红币，群众集资办起了消费合作社、红色饭店，设立了对外贸易局，在信江流域的上饶、横峰和乐安河流域的德兴，设立了三个船舶检查局，征收货物税。苏区还建有夜校、列

小故事

群众撒钱 虎口脱险

方志敏非常关心老百姓。和群众在一起，他总是问长问短，群众也愿意和他接近。

有一天早上，方志敏看见一个老农掉到了河里。他脱了棉袄，跳进冰冷的水里把老农救了上来，还把自己的棉袄给老农披上。

老农流着泪说："你是我的救命恩人啊！"方志敏笑着说："我们都是一家人，不说两家话。"

这一天，方志敏和几个战士来到一个村子里参加一个会。许多群众跑来看望他，不知怎么消息走漏了。正谈着，敌人把村子包围了，情况十分危急。方志敏把群众疏散了，和几个战士一边打一边撤退。可是，白狗子人多，眼看就要追上了，怎么办？

正在这时，敌人定住脚不跑了，一个个蹲下身子，抢着拾地上的银元。有的没拾到，就和拾到的争抢起来，你争我夺打成了一锅粥。当官的没办法，踢这个一脚，踹那个一腿。趁这个机会，方志敏他们脱了险。

这是怎么回事呢？原来，村里的群众见敌兵追赶方志敏，情况很危急，没有别的办法，就把打土豪收来的银元拿出来，丢到路上，缠住了爱财如命的敌兵。

列宁公园,位于今横峰县葛源镇政府所在地,1929年由方志敏亲手创建。

方志敏同志率领的红军北上抗日先遣队,就是从闽浙赣红色省会江西横峰县葛源出发的。

宁小学、列宁师范、工农剧团、红军总医院、分院等文教卫生事业。赣东北苏区政权建设和经济建设的发展,赢得了苏区人民的高度赞扬。

方志敏还把有限的财力,鼎力支持中共中央和中央苏区的财政,1931年上交中央黄金650两,1932年两次带给中央黄金350两,1933年给中共中央和中央苏区送去金条2箱、银洋48箱。

方志敏闹革命后,其家被烧被劫十余次。他的母亲听说他当了共产党的"官",曾迫于经济拮据向他要钱,他回答说:"姆妈,我是当主席,可当的是穷人的主席,哪里是官?饷银嘛,将来会发,现在没得发。苏维埃刚建立,革命才有个头,我们每人的饭钱才7分呢!"

他的婶婶们曾向他讨钱买盐,他回答说:"我管的钱不少,几十万几百万也有,不过都是革命的钱,一个铜板也动不得。要是我拿革命的钱来给婶婶们买盐,这穷人的主席我还当得?"

他的妻子缪敏被捕后,妻兄向他要几百大洋保释,他回答说:"哪能拿出这许多钱去送那批贪官污吏呢?"

母亲、婶婶、妻子,这都是方志敏的嫡亲、至爱,方志敏能不无动于衷,能不伸手助救吗?不,无情未必真丈夫,方志敏是个有情有义的男子大丈夫,不是无情无义的冷血动物。他手中虽然重金在握,然而,他这个苏维埃政府主席、财政部长,深明大义,不徇私情。在公与私、革命与亲情交织的节骨眼上,泾渭分明,毫不含糊。

他拒绝了亲情,选择了公廉。方志敏是洁身自好的好领导,是铁面无私的真丈夫。他由此得到苏区人民的普遍爱戴,赢得民心是必然的;他让所有红军将士、共产党员和党的干部肃然起敬,赢得军心、党心也是必然的。

怀玉山血战旧址

怀玉山蒙难

1934年11月初,以红七军团组成的北上抗日先遣队到达闽浙皖赣边区,与红十军组成红十军团,方志敏任红十军团军政委员会主席,组成更强有力的北上抗日先遣队向皖南挺进。

中国工农红军北上抗日先遣队纪念碑(今江西省玉山县怀玉山)

1935年1月,红十军团在皖南遭国民党军重兵围追堵截,艰苦转战两月余,被7倍于己的敌军重重围困在江西怀玉山区。方志敏、粟裕等率先头部队——先遣团拼死冲杀,冲出了敌人的包围圈,打开了通往根据地的缺口。可是,等候了整整一天,仍不见主力跟进。

为了接应后续部队,方志敏毫不犹

方志敏烈士蒙难之地怀玉山上的纪念碑。

方志敏清贫事迹陈列馆（利用原怀玉山乡政府办公大楼改建而成）

方志敏不幸被俘（绘画）

豫，不顾个人安危，又一次进入敌人的包围圈，找到了大队人马。可是，大队人马已经被敌人的14个团重重包围着，情况万分危急，敌人见人就杀，见粮就抢，见房就烧。红军被包围在荒山僻野之中，没有吃的，只能采集野果充饥；野菜也采集不到了，只得忍饥挨饿一次次突围。

部队经过与敌人殊死搏斗，这时只剩下了80多人，弹尽粮绝，方志敏已经7天没吃东西了，饿得两腿站不住。他带领战士翻山越岭，追赶已经回到赣东北的先头部队。

1935年1月29日，由于叛徒出卖，方志敏在皖浙赣交界处的陇首村，不幸被俘。

当时，方志敏身上除一只怀表和一支自来水笔外，一个铜板也没有。

"你是不是方志敏？"一名士兵疑惑地问，"你身上的钱呢？"

"我是方志敏，但我身上确实一个铜板都没有。"

"你骗谁？像你这样的大官会没有钱？"

那个士兵将方志敏的衣角裤裆也细细地搜了一遍，希望搜出大捆现钞或者一些金子，结果仍然是两手空空。另一个士兵气急败坏，拿出一个手榴弹，恶狠狠地吼道："赶快将钱拿出来，不然炸死你。"

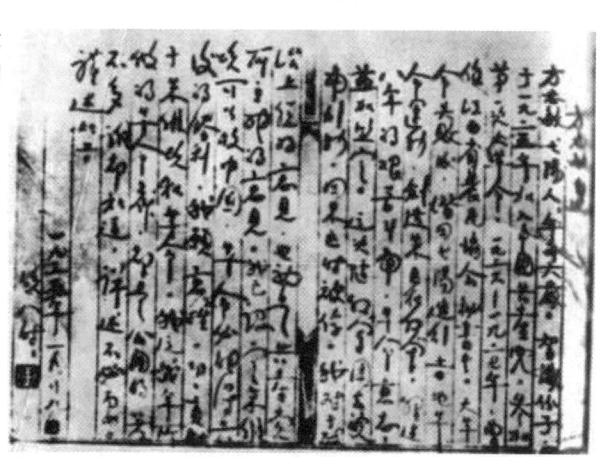

方志敏被俘后写的"自述"

　　方志敏淡淡地笑道："你们不要瞎忙了！我不比你们国民党的大官,个个都有钱,清贫是我们共产党人的本色。"确实如此,方志敏投身革命十几年,经手的款项多达数百万之巨,一分一毫都用在了革命事业上。

　　"真他妈的晦气！"两个敌军士兵只能瓜分了怀表与自来水笔,垂头丧气地押着方志敏到旅部,希望上司能多给几个赏钱。

　　1935年1月29日下午,方志敏被押送到驻在陇首村的敌军的团部。晚上,敌人要方志敏写抗日先遣队的情况。为了避免敌人问东问西,方志敏挥笔疾书,写下了一篇239个字的"自述"。

　　他在"自述"中简述了参加革命的经历后写道："我已认定苏维埃可以救中国,革命必能得最后的胜利,我愿意牺牲一切,贡献于苏维埃和革命。"表达了这位共产主义战士光明磊落、坚贞不屈的英雄气概。

　　30日,方志敏被捆绑押至玉山县敌旅部驻地。敌旅长等头面人物出场"接待"。方志敏断然表示:宁为玉碎,不为瓦全,为革命而死,虽死犹荣。敌人顿时凶相毕露,叫当地干坑坞照相馆的老板给方志敏拍照,然后,将方志敏推上汽车,在玉山县城游街示众。方志敏毫不动摇,坚定地说："我绝不会做背叛国家民族利益的事。"

"庆祝大会"反成革命宣传大会

方志敏在怀玉山干坑坞照相馆的照片

国民党反动派把抓住了方志敏,当做"剿共"的重大胜利,决定在上饶举行一个"庆祝大会"。1月31日,由敌兵将戴上重镣的方志敏背上台"示众"。方志敏昂然挺立在台口,临危不惧,正气凛然,群众无不黯然落泪。敌人军官气焰嚣张,在台上喊起了反共口号,但台下无人响应,这激怒了那个军官。他把手枪"啪"的一声扔在桌子上,怒吼着"谁不喊就抓起来",台下仍然一片沉默,方志敏感到无比欣慰,老百姓心都向着革命。第一次"庆祝大会"草草收场了。

2月2日上午7时,敌人出动了四辆装甲车和五辆卡车,敌军长和省长"陪送",将方志敏解往南昌。途经弋阳县城时,敌人想重演所谓"庆祝大会"的那套把戏,但车到弋阳时,已聚集了3000多群众,敌人怕群众闹事难收场,只停留了几分钟,便夺路而去。第二次"庆祝大会"也宣告破产。

敌人为了扩大影响,2月7日下午,在南昌豫章公园召开了所谓"庆祝生擒方志敏大会"。当时一家美国报纸的记者对现场作了这样的报道:"豫章公园周围都排列着警察队伍。街上架着机关枪,谁也不准从路旁跑入街心。戴了脚镣手铐而站立在铁甲车上之方志敏,其态度之激昂,使观众无限敬仰。周围由大队兵马森严戒备着。观众看见方志敏后,谁也不发一言,大家默然无声。即使蒋介石参谋部之军官亦莫不如此。观众之静默,适足证明观众对此气魄昂然之囚犯,表示无限尊敬和同情。……当局看来,群众态度之静默,殊属可怕。"

方志敏虽被五花大绑,却镇定自若地向成百上千的群众高声说

1935年2月7日,敌人在南昌豫章公园召开了所谓"庆祝生擒方志敏大会",方志敏大义凛然。

道:"同胞们!我很高兴能和大家见面。我们中国外受帝国主义侵略,内受贪官污吏剥削统治,国将不国,民不聊生。"

敌人万万没有想到,他们精心策划的"庆祝大会"竟然成了方志敏宣传革命的演讲大会,赶紧下令:"快!快把他拉下去!"

方志敏趁着敌人手忙脚乱,继续大声喊道:"希望你们继续我未完成的事业,努力奋斗!"就这样,敌人三次"庆祝大会"都以失败而告终,不仅耍威风、打击我军气焰的卑劣目的没有达到,还使革命思想进一步深入人心。

血染江南

蒋介石获悉方志敏被抓,立即密令国民党江西省党部头子俞伯庆千方百计劝降方志敏。

初见时,俞伯庆假惺惺地对方志敏说:"蒋委员长很想重用你,你为什么不早点出来呢?"

方志敏听了,鼻子哼了一声,说:"蒋介石是什么东西!"

俞伯庆又说:"你们不是失败了吗?"

方志敏在敌人法庭上

狱中的方志敏

审讯（绘画）

方志敏坚定地说："不，我们在军事上暂时失败了，政治上并没有失败。我可以告诉你们，我们永远不会失败！"

俞伯庆劝降不成，又派军法处处长与方志敏"谈话"。军法处长"推心置腹"地对方志敏说："方先生，我忠告你，你们既然一败涂地，何必钻牛角尖。像你这样杰出的人才，国民党会给你高官厚禄的。"

方志敏打断他的话，说："共产党人信仰共产主义，功名利禄视如粪土。"

"方先生，信仰要实现，得几百年。何必当傻子，识时务者为俊杰。"军法处处长见方志敏没有吭声，又把话锋一转，说："什么信仰！你认识湘鄂赣红军总司令孔荷宠吗？他就聪明得很，听了我的一番忠言，幡然醒悟，现在极蒙上司器重，少将参议，每月五百元薪金。"得意之色，溢于言表。

方志敏怒斥道："他是个无耻的东西！我跟他不一样，我不爱爵位，也不爱金钱，只爱真理。你们有真理吗？"

国民党"绥靖"公署主任顾祝同最后亲自出马，好话说尽，得到的回答却是："投降？你国民党是什么东西？一伙凶恶的强盗！一伙屠杀工农的刽子手！我与你们势不两立！"

顾祝同只得如实地向上禀报：方志敏

冥顽不灵,见佛灭佛,劝导者昂然而进,颓然而归。方志敏对于共产党和红军的一切问题都拒绝回答,对于我们的一切提议都坚决反对,其态度十分强硬,看他到死也是不会动摇的。

劝降失败了,敌人露出了豺狼的凶相,他们残酷地折磨方志敏。一天只给他两碗水,给他吃霉米饭,让他住在黑暗潮湿,满是老鼠、臭虫、虱子的牢房。敌人还不断地用酷刑摧残方志敏,用皮鞭抽打、坐老虎凳、灌辣椒水。方志敏忍受着巨大的疼痛,毫不动摇,没有透露一点党的机密。

在狱中,方志敏不放过一切机会和看守人员谈心,和他们从日常生活问题谈到革命事业,逐步使他们认清国民党反动派的本质,进而同情革命,有些人后来和方志敏交上了朋友,心甘情愿为方志敏充当狱中"通讯员",看守所文书高易鹏就是其中一个,方志敏的狱中遗著,有一部分就是高易鹏从狱中带出,送往上海党组织的。

最后,敌人拿来纸笔,让他"写点东西"。方志敏就利用这个机会,在昏暗的牢房里挥笔疾书。方志敏早年染有肺病,入狱以来,脚戴重镣,备受苦刑,身体虚弱极了,写作时间稍长,头就发晕,全身无力,他就咬着牙,紧靠桌子坚持写,或者拖着铁镣在室内移动几步,实在支撑不住了,倒在床上躺一会儿,起来再干,还要时刻防备敌人的搜查。在这种极端艰苦的条件下,方志敏用自己的心血,饱含激情和对党的忠诚,写下了《我从事革命斗争的略述》、《我们临死以前的话》、《在狱中致全体同志书》、《可爱的中国》、《血!——共产主义的殉道者的记述》、《清贫》、《给某夫妇的信》、《狱中纪实》、《赣东北苏维埃创立的历史》、《给党中央的信》等16篇约13万字的文稿和信件,他那激动人心、掷地有声、感人肺腑的语言,是留给我们的一份极其珍贵的精神遗产。

敌人黔驴技穷,所有对付方志敏的办法都用尽了,在对其毫无办法的情况下,决定在南昌处死方志敏。1935年8月6日,方志敏被敌人秘密杀害于南昌下沙窝,年仅36岁。

方志敏遗照

位于江西省南昌市西郊梅岭山麓的方志敏烈士墓

方志敏就义后三个月,法国巴黎《救国时报》全文发表方志敏的《在狱中致全体同志书》和《我们临死前的话》。

1937年1月,中共中央机关报《斗争》出版了一期"纪念民族英雄方志敏专号",发表了一批纪念文章和方志敏的部分文稿。

在此后的一段时间内,方志敏的狱中文稿不断被国内报刊登载,他的那段临终格言传遍大江南北,响彻长城内外:"敌人只能砍下我们的头颅,绝不能动摇我们的信仰!因为我们信仰的主义,乃是宇宙的真理!为着共产主义牺牲,为着苏维埃流血,那是我们十分情愿的啊!"

1965年,为纪念方志敏烈士牺牲30周年,毛泽东为其墓碑亲笔题字:"方志敏烈士之墓"。他以身殉国的英雄壮举,毛泽东称之为"以身殉志,不亦伟乎!";他在狱中的遗作,毛泽东称它"是一部赣东北地区人民革命斗争的历史,是一个共产党员革命意志、情操和高尚人格的写照,是不朽的佳作"。

方志敏烈士被害地——南昌市东湖区下沙窝建立了方志敏爱国事迹陈列馆（塑像后方）

方志敏名言警句

■ 清贫，洁白朴素的生活，正是我们革命者能够战胜许多困难的地方！

■ 生活要尽量朴素化，不要奢侈，不慕虚荣。

■ 我能舍弃一切，但是不能舍弃党，舍弃阶级，舍弃革命事业，我有一天生命，我就应该为它们工作一天！

■ 共产党人信仰共产主义，功名利禄视如粪土。

■ 矜持不苟，舍己为公，却是每个共产党员具备的美德。

■ 敌人只能砍下我们的头颅，绝不能

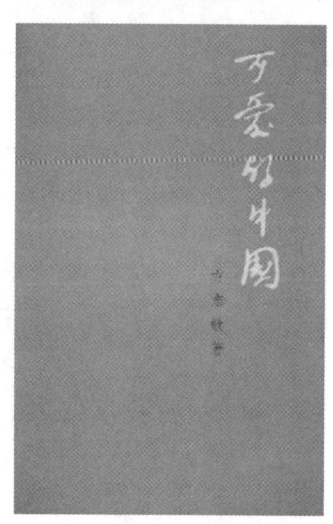

1952年人民文学出版社出版的《可爱的中国》

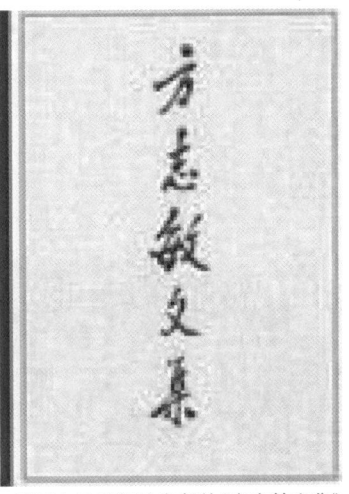

江西人民出版社出版的《方志敏文集》

2009年上海电影制片厂出品的革命史诗片《可爱的中国》(海报)

动摇我们的信仰!因为我们信仰的主义乃是宇宙的真理!为着共产主义牺牲,为着苏维埃流血,那是我们十分情愿的啊!

■头颅可以断,信仰不可移。

■在理论的政治的认识上,站稳着脚步,才不至于随时为某些现象或谣言而动摇自己的革命信仰!

■我们活着不能与草木同腐,不能醉生梦死,枉度人生,要有所作为!

■为着阶级和民族的解放,为着党的事业的成功,我毫不稀罕那华丽的大厦,却宁愿居住在卑陋潮湿的茅棚;不希罕美味的西餐大菜,宁愿吞嚼刺口的苞粟和菜根;不稀罕舒服柔软的钢丝床,宁愿睡在猪栏狗巢似的住所!

■中国一定有一个可赞美的光明前途。

■欢歌将代替了悲叹,笑脸将代替了哭脸,富裕将代替了贫穷,康健将代替了疾苦,智慧将代替了愚昧,友爱将代替了仇杀,生之欢乐将代替了死之悲哀,明媚的花园将代替了凄凉的荒地!这时,我们民族可以无愧色地立在人类的面前,而生育我们的母亲,也会最美丽的装饰起来,与世界上各位母亲平等地携手了。

钱壮飞
(1896–1935)

荣　　　誉： 龙潭三杰之一
民　　　族： 汉族
出　生　地： 浙江吴兴县（湖州市）
诞　　　辰： 1896年（具体日期不详）
逝世纪念日： 1935年4月27日
牺　牲　年　龄： 39岁

　　钱壮飞是我党历史上又一位重要的功臣，我党情报史上叱咤风云的人物，周恩来把他和李克农、胡底并称为"龙潭三杰"。

　　周恩来曾多次满怀深情地提起钱壮飞。他说，要不是钱壮飞同志，我们这些人都会死在国民党反动派手里。钱壮飞同志在对敌斗争中立下的丰功伟绩，的确使我们的党少走了弯路，全党将永远纪念他。钱壮飞作为党的重要情报工作人员，为保卫在上海的党中央机关的安全做出了卓越贡献。毛泽东和周恩来都曾多次提起：要不是这"龙潭三杰"，中国共产党的历史就要重写了。

以医生身份开始秘密工作

钱壮飞，原名钱壮秋，亦名钱潮，1896年生于浙江吴兴县城（今湖州市）一个商人家庭。

1915年，他从省立第三中学毕业后，考入国立北京医科专门学校（今北京大学医学部），1919年毕业后在北京的京绥铁路医院工作，并在美术学校兼课。1926年加入中国共产党。妻子张振华，安徽桐城人，是其在北京医专学校的同学，1925年入党。毕业后在北京天坛传染病医院服务。

博学多才的钱壮飞，除精通医术外，还擅长书法、绘画，并能写剧本当演员。1926年前后，他和妻子张振华在北京护国寺附近，曾资助创办过一家光华影片公司。当时，他们全家住在公司里。钱壮飞一面带着孩子参与影片里的角色演出，一面借此掩护党的地下工作。

钱壮飞夫妇两人经常利用做医生的有利条件，把党的文件和情报装在医用皮包或药箱里，以出诊的名义送到党的机关

担任国民党特务头子徐恩曾机要秘书的钱壮飞

钱壮飞在苏区

小知识

拍摄中国第一部武侠片

1926年，钱壮飞和自己的夫人、女儿合拍了电影《燕山隐侠》。这部钱壮飞自编自导自演的电影是国内第一部黑白武侠故事片。

和同志们的秘密住处。

1927年大革命失败后,李大钊壮烈牺牲,中共北方区委领导下的党组织遭到严重破坏。钱壮飞夫妇无法再在北京安居,经党组织安排,于1928年初转移到上海,和在北京同他一起入党的胡底隶属法租借党支部。为了方便携带和张贴,钱壮飞设计出一种只有两指宽的微型传单,受到同志们的称赞。

深入敌最高特务组织

为了对付和反击国民党新军阀的白色恐怖和屠杀政策,设在上海的中共中央于1927年11月建立了"中央特科"组织,它的任务是:保卫中央领导机关的安全,了解和掌握敌人的动向,向革命根据地通报敌情,营救被捕同志和惩办叛徒。不久,经过党支部决议,可派遣一两个忠实的同志,到国民党党部等特务机关内部,作侦探工作。

1928年夏,钱壮飞在上海无线电管理局国际无线电管理处找到一个职业,从事广告画和招揽生意等业务。上海无线电管理处专替在上海的外国人收发国际来往电报,虽不是国民党秘密特务机关,但却是一个隐蔽我党党员骨干、掌握无线电收发报技术和有关情报的一个很有用的地方。因此,党决定钱壮飞作长期潜伏的打算,不再让他参加其他活动。不久,李克农也来到这个管理处工作。钱壮飞和李克农的组织关系便被转到中央特科,直属特科二科科长陈赓,实行单线领导。

1928年冬,徐恩曾任上海无线电管理局局长,并接手国际无线电管理处,发现钱壮飞是自己湖州同乡,为人又精明能干,善于交际,就要他帮助自己管理业务。钱壮飞以自己卓越的才华和组织能力,很快得到了徐恩曾的赏识和信任。

1929年12月下旬,徐恩曾接任国民党中央组织部党务调查科科长,他立即将此事告诉了钱壮飞,并要钱壮飞做他的主要助手。国民党

开国英模

龙潭三杰之一 李克农（1899—1962）

小知识

安徽巢县（今巢湖市）人。1926年底加入中国共产党。1928年到上海中央特科工作。1929年12月，经组织批准，李克农考入国民党上海无线电管理局，任广播新闻编辑，后任电务股长。李克农、钱壮飞、胡底三人打入国民党特务机构后组成党的特别小组，李克农任组长，负责与中央特科联系。

1931年4月顾顺章叛变时，李克农在得到钱壮飞女婿带来的情报后，迅速通知中共江苏省委，使中央机关及领导人及时转移。

1931年李克农到中央苏区历任中华苏维埃共和国政治保卫局执行部长、红一方面军政治保卫局局长。1935年，红军长征到达陕北后，出任中共中央联络局局长，受命作为我党代表，与张学良举行了秘密会谈，介绍我党团结抗日的政策和主张，与东北军达成口头协定，并建立了电台联系。西安事变后，任中共代表团秘书长，协助周恩来和平解决西安事变。

抗战爆发后，历任八路军驻上海、南京、桂林办事处处长，八路军总部秘书长，长江局秘书长，中央社会部副部长兼情报部副部长。

抗战胜利后，李克农领导中共情报部门，为及时揭穿蒋介石提出

党务调查科，其主要工作是反共和对付国民党内的反蒋势力，并逐步演变成了势力庞大的特务系统。全国抗日战争开始后，在调查科的基础上建立了臭名昭著的国民党中央执行委员会调查统计局，即"中统"的特务组织。这时的调查科实际上是国民党最高的特务组织。

钱壮飞立即把这一重要情报向党组织作了汇报，中共中央负责人周恩来指示说："你们把它拿过来！"于是，中央决定将钱壮飞、李克农、胡底三人打入国民党的最高特务组织，并决定他们三人成立一个特别党小组，李克农任组长，由中央特科情报科长陈赓负责单线联系。

徐恩曾走马上任后，野心勃勃，他任命钱壮飞为机要秘书，要钱壮飞负责扩大人员，在各地建立基层机构，并在南京建立秘密指挥机关和秘密电台即"大本营"。徐恩曾的秘密指挥机关成立后，凡国民党中央党部送给他看的机要文件、电报，以及各地"调查员"送来的情报，都要送到这里来。徐恩曾虽身负反共"重任"，却是一个迷恋女色的纨绔子弟，他每天只是拎着皮包到办公室来一下，处理那些必须由他自己决定的急事和重要问题，然后常借口有"要事"，溜到舞场妓院或情妇姘头那里鬼混，而把处理"大本营"日常工作都推给

了钱壮飞。所以，凡呈报徐恩曾阅处的机密文电，最先过目的往往是钱壮飞。即使是由徐恩曾批复的电报、报告和各种情报资料，也是先由钱壮飞审阅并提出意见后，交徐恩曾在上面签个字了事。因此，这个"大本营"里的全部机密，几乎都掌握在钱壮飞的手里了。

钱壮飞在负责配备、选用管理电台的机要人员和行政事务人员时，就安排了一些我党同志。他安排胡底到国民党特务机关设在天津的分支机构长城通讯社任社长。他推荐的李克农则利用无线电管理局的广播新闻编辑为掩护，主持设在上海的国民党情报机关，并负责把钱壮飞、胡底获得的情报，通过陈赓转送给中共中央领导机关。

他们三人战斗在敌人心脏，极其出色地完成了中共中央交给的、把国民党最高特务组织"拿过来"的这个无比艰险而光荣的任务，被誉为我党情报战线著名的"龙潭三杰"。三人互相配合，获取了国民党反动集团大量重要情报，为反对国民党反动统治、保卫党的机关做了大量工作。1930年冬到1931年2月，钱壮飞将国民党蒋介石对革命根据地发动第一、二次"围剿"的命令，以及相应兵力部署等重要情报，经李克农、陈赓等报告党中央，对红

重庆谈判的和谈骗局提供了重要依据。解放战争中，指导中共的隐蔽战线为配合军事作战，特别是对辽沈、淮海、平津三大战役的胜利发挥了重大作用。

新中国成立后，李克农历任外交部副部长、解放军副总参谋长，第三届全国政协常委。1955年被授予上将军衔，是52名将军中唯一的一个"没有领过兵、打过仗"的将军。中国共产党第八届中央委员，可以列席党的最高层会议——中共中央政治局会议。毛泽东在一次接见外宾时说："李克农是中国的大特务，只不过是共产党的特务。"

1962年，李克农病逝于北京，他的悼词中有这样一段不寻常的话："李克农同志是我党我军政治保卫工作的组织者之一。大革命失败后，在严重的白色恐怖下，坚强勇敢地同敌人进行了斗争，同为革命而壮烈牺牲的钱壮飞、胡底同志一起，对保卫党中央领导机关作出卓越的贡献。"

毛泽东评价说，李克农、钱壮飞、胡底等同志是立了大功的，如果不是他们，当时许多中央同志包括恩来同志都不在了。

李克农上将

龙潭三杰之一

胡底(1905—1935)

"龙潭三杰"中,胡底年龄最小,钱壮飞长他9岁,李克农长他6岁。李克农说:"胡底年纪最轻,而文笔才华最高。"

胡底出生于安徽舒城县,原名胡百昌。1921年,高小还未毕业,胡底就以优异成绩考入合肥省立第二中学。1923年,进中学仅读了两年,便又考入北京中国大学。

1924年,胡底在北京安徽会馆结识钱壮飞(其妻子张振华为安徽人),成为挚友。1926年,加入中国共产党。

1927年李大钊遇害后,胡底受党组织安排离开北京来到上海,后进入上海影片公司。此时的钱壮飞已进入徐恩曾任局长的上海无线电管理局,并受到徐的信任。这时,李克农在中共沪中区委会任宣传委员。一天他在一家电影公司摄影棚内偶遇胡底。他们是安徽同乡,在芜湖时就相识,一起参加革命活动。经过胡底的安排,1928年11月初的一个晚上,钱壮飞和李克农在

军正确决策、打破敌人"围剿",起了重要作用。他还利用国民党各系统间钩心斗角的矛盾,巧妙掩护自己的工作,并借敌人之手除掉那些罪大恶极的特务。

千钧一发救中央

徐恩曾虽把钱壮飞当做心腹,非常信任,但有一件事他从不放手,即国民党高级官员之间互相通报用的密码本。根据蒋介石和陈立夫的指令,只许他亲自保管和使用。因此,他把这块像"通灵宝玉"似的密码本,藏在贴身衣袋里。为了搞到这个密码本,钱壮飞"规劝"徐恩曾在上妓院时不要随身携带机要文件。徐果然把密码本留下来,锁藏在机要柜里,钱壮飞设法把密码本全部用照相机拍照下来后,仍放回原处,丝毫未引起徐恩曾的怀疑和察觉。搞到了这个密码本,就能够使钱壮飞掌握国民党最高层的核心机密和绝密情报,密码本并不失时机地经李克农转交中共中央。

1931年4月24日,中央特科的顾顺章在武汉被捕,旋即叛变。逮捕顾顺章的机构是徐恩曾在汉口新建立的特务机关——国民政府陆海空军总司令武汉行营的侦缉处。顾顺章被捕叛变后,先把我

党在武汉的组织供了出来，但这只不过是这个无耻叛徒投靠国民党的小小见面礼。他还有一个准备向蒋介石邀功请赏的大阴谋，这就是他要把所知道的中共中央领导机关和领导人在上海的秘密地址，以及中央特科钱壮飞等人的情况，当面报告蒋介石。

1931年4月25日那天，正是星期六，只有钱壮飞一个人留在"大本营"里值夜班。忽然接连收到武汉特务机关发给徐恩曾转国民党中央党部秘书长陈立夫的六封特急绝密电报，每封电报上面都写有"徐恩曾亲译"的字样。钱壮飞心想：武汉那边出了什么事，这样紧急？这件事引起了他的高度警惕。他在空无旁人的办公室，取出密码本，将电报的内容翻译出来。这使他大吃一惊，原来第一封电报说，顾顺章被捕已自首，并要求立即送往南京见蒋介石，面告中共首脑及所有各要害机关的住址，三天之内可以将中共中央机关全部肃清。

机敏沉着的钱壮飞仔细记下了电文的内容，再按照原样把电报封好后，当机立断，决定派自己的女婿当晚乘火车去上海，把这个特急情报通过李克农、陈赓立即转告中央。

钱壮飞一面考虑应急措施，一面着手清理自己所经营的电文、账目，做好随时撤胡底的摄影棚里见了面。不久，经钱壮飞介绍，胡底进入上海无线电管理局工作。

1930年下半年胡底被派往天津筹建"长城通讯社"，这是国民党特务机关在北方的分支机构，归南京长江通讯社管辖。胡底出任社长。

1931年4月，顾顺章被捕叛变，胡底接到钱壮飞撤离的电报后，迅速离开天津。

1931年8月胡底离开上海前往中央苏区，李克农到达中央苏区时胡底任国家保卫局执行部审讯科长。

1934年10月，中央红军开始长征，胡底任中央军委侦察科科长。1935年6月12日，红一方面军与红四方面军在四川懋功达维地区会师。8月间，红军总部将红军分为左、右两路军北上，红军总司令朱德、总政委张国焘和总参谋长刘伯承随左路军行动。但在左路军到达阿坝地区后，张国焘突然擅令左路军全部和右路军的一部南下，并同党中央分裂。跟随朱德、刘伯承在左路军工作的胡底，对张国焘的分裂行为异常不满，常在一些场合流露出他的愤懑。张国焘得知后恼羞成怒，取消了他的乘马和勤务员，逼他带病自己背着背包"戴罪"行军。1935年9月，部队行至斯达坝与松岗之间，张国焘下令将胡底杀害。

1945年中共七大追认他为革命烈士。

离的准备。当他从陆续送来的密电中得知武汉方面已派出专轮把顾顺章押送来南京,在一两天内即可到达时,便立即转告其他有关人员赶快撤离;又按预定暗号,给天津的胡底同志发出"潮重病速返"的急电("潮"是钱壮飞的别名),通知他们撤离。

第二天早晨,他像往常一样,若无其事地把这批特急密电当面交给了徐恩曾;接着装作回家休息的样子,从容不迫地离开了"大本营"。

在上海负责中央工作的周恩来在得到钱壮飞所截获的这一特急情报后,临危不惧,坚毅沉着,在陈云等同志的协助下,立即指挥中央特科工作人员,抢在陈立夫、徐恩曾行动前,跟叛徒和特务展开了一场争分夺秒、惊心动魄的生死搏斗,并采取紧急应变措施:把顾顺章知道的所有关系和线索统统掐断;把顾顺章知道的所有联络暗号和接头方法全部作废;中央机关、江苏省委机关、共产国际在上海的机关全部撤出;中央领导和机关工作人员、地下交通全部转移。

4月26日晚上,中共中央和江苏省委等领导机关全部安全转移到新的秘密地点,使党中央和江苏省委等机关避免了一场空前严重的大破坏、大灾难。

27日押解顾顺章的军舰到达了南京。顾顺章一见到陈立夫和徐恩曾就说:"钱壮飞是共产党员,请你们马上把他抓起来。万一他逃跑了,就会前功尽弃。"

徐恩曾来到调查科,找不到钱壮飞,他又来到钱壮飞的办公室,打开柜子,账目清清楚楚,现款一笔不少。他左翻右翻,最后从柜子的上层发现了一封信,信是写给他的,大意是:主任,我走了,请不要伤害我的家人,否则,我要把你以前的丑闻公布于世。

钱壮飞离开南京时,考虑到带着女儿和幼子不便行动,只好忍痛将他们留下。出于爱子之情,他在办公桌内给徐恩曾留了这封信。事后,钱壮飞的女儿、女婿和幼儿都被抓捕,不过,徐恩曾毕竟担心短处被揭发,关押一段时间又将他们释放,钱壮飞却从此再也没能见到自己的儿女。

从28日早上起,敌人开始了在上海全市的大搜捕。他们虽然以最快的动作,连续搜查了中共中央在上海的秘密电台地址,以及周恩来等党中央领导人的住处,但到处扑空,什么也没有捞到。

钱壮飞出走后,徐恩曾害怕被追究,经疏通上司陈立夫和有关同僚,向蒋介石隐瞒了自己的秘书是共产党卧底之事。这样,国民党当局长期未更改密码。直到红军长征时,对敌侦察仍主要依靠无线电侦听。红军长征万里一次也未中埋伏,并总能选择敌合围的薄弱部位跳出,密码本起到了不容低估的作用。

担任苏区保卫工作

1931年8月,钱壮飞进入了中央苏区。当时,中华苏维埃共和国政治保卫系统刚刚开始组建,机构不健全,人员不足;已有的干部也普遍存在理论、文化、业务水平不高和实际工作经验不足的问题,钱壮飞便成了培养苏区各级保卫干部和情报人员的优秀教师。

1932年春,红一方面军成立政治保卫局,钱壮飞任局长(一年后,李克农接任)。1933年后,钱壮飞历任中央革命军事

小资料

红星奖章

全称为"中华苏维埃共和国红星奖章",简称为红星奖章,是授予中国工农红军有功人员的一种证章。由钱壮飞设计。

红星奖章的基本形状是底衬由两枚五角星交错而成的星花,象征革命的星星之火,中间是由五星和禾穗组成的圆形图案,象征着工农红军是中国共产党领导下的工农子弟兵,全心全意为工农解放而服务。五角星与禾穗之间标有"红星章"三字。1933年8月1日,在首次庆祝"八一"建军节时,举行了授奖大会。

钱壮飞烈士墓

公略亭

博生堡

红军烈士纪念塔

委员会政治保卫局局长、总参谋部第二局局长等。

钱壮飞才华横溢,除了出色地完成情报和保卫任务,还在很多领域展示了独特才华。钱壮飞曾一连破译敌人100个密码,并为之取名"百美图"。红军无线电侦察破译屡建奇功,钱壮飞功不可没。钱壮飞曾负责绘制军用图表。这些图表相当精确,当时主持军委工作的项英同志曾对此大加称赞。钱壮飞还在无任何参考资料的情况下,编写出一本《化学常识读本》,囊括了军人必备的化学知识。这本小册子被印发给各军团、军区、独立师,供指战员学习。

1931年,红军著名将领黄公略、赵博生在江西先后牺牲之后,钱壮飞受中央委托,在中央苏区根据地的瑞金,设计了"公略亭"和"博生堡"两座纪念的建筑。特别是那座"公略亭",由于他的精巧构思,受到很多中央领导同志的赞赏。猛的一看,它只是一座玲珑秀丽的三角型的亭子,但仔细一瞧,在朝南一角的地面上,还专门设计并栽种了两棵长青的柏树,因而又使这一三角亭构成一个端庄的"公"字。这既是对黄公略烈士最好的纪念,也象征着革命事业,正如翠柏之常青。"公略亭"故被誉为"神思独到,巧夺天工"。

钱壮飞 (1896—1935)

位于贵州省金沙县后山乡的钱壮飞烈士事迹陈列馆

1933年8月,第二次全国苏维埃代表大会准备委员会,在江西中央根据地首府瑞金建立一座红军烈士纪念塔。钱壮飞承担了这一具有历史意义的纪念工程的设计任务。他把纪念塔的造型设计成射向地方阵地的炮弹,象征着红军烈士们冲锋陷阵、往无前的英雄主义精神。

钱壮飞还擅长书法,《红色中华》报的刊名和瑞金红军烈士纪念塔上"踏着先烈的血迹奋勇前进"的题词,都出自他的手笔。1934年8月1日,中央军委向优秀红军指战员颁发的红星奖章也是由钱壮飞设计的。

戏剧创作和表演更是钱壮飞的特长,他是闻名一时的"红色戏剧家"。在他的提倡下,"八一剧团"建立,创作了大量的革命题材的戏剧。他以中共在白区的斗争为题材,编写了《红色间谍》剧本,并和李克农、胡底一起扮演角色——三人又成为舞台"铁三角"。

1934年10月钱壮飞随军委纵队长征。1935年遵义会议后被任命为红军总政治部副秘书长。同年4月牺牲于贵州省金沙县后山乡,时年39岁。

谢子长
(1897–1935)

荣　　　誉：陕北红军和苏区创始人
民　　　族：汉族
出　生　地：陕西安定(今子长)县
诞　　　辰：1897 年 1 月 19 日
逝世纪念日：1935 年 2 月 21 日
牺　牲　年　龄：38 岁

谢子长是陕北红军和苏区主要创建人之一,中国工农红军高级将领。毛泽东曾两次为谢子长墓题词:"民族英雄,虽死犹生","谢子长同志千古,前仆后继,打倒人民公敌",并亲笔写了碑文。

大革命中涌现的"谢青天"

谢子长,原名世元,曾改名德元,号浩如,化名冬阳。1897 年 1 月 19

日出生于陕西安定县(今子长县)枣树坪一个比较富裕的农民家庭。

陕北文化教育落后,谢子长14岁才读乡村冬学,17岁时转入县城小学。他学习刻苦,考试成绩常名列前茅。1919年,考入西安省立第一中学,次年转入陕北联合县立榆林中学。在榆中上学期间,由于受到新思潮的影响,1922年春,未及毕业,即回家乡创办小学。但在那时,办学并不是一件容易的事,经费无着,困难极大,特别是由于军阀豪绅鱼肉乡里,穷人家没有几个孩子能上得起学。严酷的现实使子长心灰意冷,认识到仅靠办学是救不了劳苦大众的,他心中十分苦闷,常思救国之道,决心投笔从戎。

1922年秋,谢子长只身赴山西,考入阎锡山办的太原学兵团学习军事。1924年,谢子长回到安定县办民团,任团总,对付那些恶霸地主、土豪劣绅。

1925年奔赴京津,探求革命真理。时值"五卅"运动爆发,在革命情绪高涨的京津两地,谢子长经常接触陕西在京学生中的共产党员,在他们的影响下,谢子长认真阅读马列主义书刊,积极参加反帝斗争。同年经北京地委批准加入中国共产党。

1926年初,根据党的指示,谢子长回到安定县,继续办民团,利用团总的身份进行革命活动。同年,谢子长把自己领导的县民团编入陕北军阀井岳秀的部下、政治倾向进步的石谦旅四团3营12连,谢子长任连长。他通过中共绥德地委负责人,先后调来一批党员任班、排长和负责教育训练工作。谢子长经常对士兵进行反帝反封建的政治教育,讲解马列主义常识,还多次邀请共产党人到部队讲演,宣传革命道理,在石谦团中秘密建立了党的特别支部,发展了党员,壮大了党组织的力量。

1926年夏秋,在北伐军不断取得胜利的影响与推动下,陕北的革命运动蓬勃发展,谢子长开办了青年军事训练班。1927年春,石谦旅中的党组织由特别支部改为直接受中共陕甘区委领导的军队支部。

1927年2月21日至23日,安定县地方行政会议召开,谢子长被

谢子长故里枣树坪村

清涧起义(绘画)

渭华起义会召开的群众大会

推举为大会主席,并当选安定县地方行政会议主席团成员和农民协会促成会委员。

会后,谢子长协助上级党组织建立了中共安定县特别支部,为培养骨干,谢子长领导创办了安定县农民运动讲习所,他亲自给学员上课,在学员中发展党员,还抽出时间到农村调查研究,宣讲《农民协会章程》,揭露军阀和贪官污吏的罪行。此后,不到两个月,全县14个区基层农协都已组织起来,5月,成立了县农民协会。谢子长亲自领导县农协开展对土豪劣绅和高利贷者的斗争,赶走了全县两个最大的高利贷者,当众烧毁文约、账簿,宣布欠债作废,撤换了混进农协中的地主豪绅。由于党组织和谢子长的积极领导,安定县农民运动空前高涨,压迫农民的贪官污吏、恶霸兵丁和高利贷者以及公款杂税的浮摊滥收一时销声匿迹。土豪劣绅受到沉重打击,广大人民扬眉吐气,社会秩序空前安定,群众对谢子长的领导非常敬佩,亲切地称他为"谢青天"。

打响西北高原第一枪

大革命失败后,面对白色恐怖,谢子长义愤填膺,毫不动摇。1927年5月30日和6月1日,谢子长亲自和其他共产党员领导安定县农协召开大会,追悼李大钊,声讨帝国主义、军阀和蒋介石镇压革命的罪行,决定武装农民,开展反对地主豪绅的斗争。

8月下旬,为贯彻"八七"会议精神和省委指示,成立了陕北军事委员会,唐澍任书记兼中共军支书记,谢子长等任委员,统一领导和指挥起义。军委成立后,在清涧县城召开了党员大会和排长以上干部会议。会上唐澍、谢子长对起义作了具体部署,决定驻清涧的四个连首先起义,然后会合延川县的另一个连南下宜川,与宜川其他三个连会师。

1927年10月11日晚,起义枪声在清涧县城打响,捣毁县新政府。按计划起义部队于次晨撤离清涧南下,谢子长率领12连打先锋,途经延长县城时,里应外合,一举歼灭了驻军两个连并一个营部,谢子长亲自处决了敌营长。驻宜川敌人闻讯后,即采取先发制人的手段,向该县准备参加起义的三个连发起攻击。这三个连在党的领导下,当即迎战,激战一昼夜。20日,清涧、延川起义的部队赶到宜川城下,敌旅长率部逃跑。三支暴动部队在宜川胜利会师。附近很多共产党员和进步青年纷纷前来参军,起义部队至此发展到1700多人,拥有3000多支枪。

宜川会师后,领导层对起义胜利后的行动方针出现意见分歧,部队滞留宜川,遭到敌人包围。由于指挥不当,撤退时又遭敌军堵击,部队损失很大。只有谢子长带领的第一营两三百人由南门突围冲出,转移到韩城西庄镇。按照中共陕西省委的指示,以谢子长营为基础,部队改编为"西北工农革命军游击支队",谢子长任西北革命军游击支队营长、副指挥(唐澍任总指挥),并决定将部队带到党和群众基础较好的清涧、安定一带开展游击战争。

1928年,唐澍、谢子长率领西北工农革命军北上,途中攻打宜川。由于侦察有误,把一个营的敌人当一个连打,部队损失很大,即向西北撤退,行到延长交口时,又遭敌人袭击,加之沿途给养困难,连续行军,士兵非常疲乏,一部分逃跑失散。1928年1月底,部队到达甘肃合水县的豹子川时,只剩下20余人。面对强敌,为了保存革命力量,部队化整

渭华起义纪念雕塑

渭华起义纪念碑

为零,唐澍、谢子长等转回省委。清涧起义就这样失败了。

1928年5月,谢子长参与领导渭华起义,任西北工农革命军军事委员会委员兼革命军第二大队大队长。6月,敌人3个师分兵三路围攻工农革命军。谢子长奉命率部防守,奋勇阻击敌人,面对数倍于己之敌,毫无畏惧,激战竟日,击退敌人多次进攻。后奉命转移至洛南县境的两岔河山区。

起义失败后,谢子长回陕北开展武装斗争,任中共陕北特委军委委员。

百折不挠开展兵运

1929年至1931年,先后在陕北、宁夏、甘肃等地做兵运工作,在长达两年半的时间里,谢子长、刘志丹等同志在党的领导下,为在西北地区建立一支党直接指挥的革命武装,前赴后继,英勇斗争,历经千辛万苦,屡败屡战,百折不挠,开展各种形式的兵运工作和武装活动。1930年8月中旬,在陕北特委第5次扩大会上,谢子长被任命为中共陕北行动委员会军事指挥部总指挥。

1931年10月,和刘志丹等将南梁游击队和陕北游击支队合编为西北反帝同盟军,任总指挥。

1932年2月,反帝同盟军根据陕西省委指示,在甘肃正宁县三家原正式改编为中国工农红军陕甘游击队,谢子长任总指挥,率部转战陕甘边,先后击溃了敌人两次"进剿",创建了陕西旬邑陕甘革命根据地。

不久,由于推行王明"左"倾机会主义,省委错误地批判斗争谢子长,撤了谢子长总指挥的职务,强令他离开游击队,去甘肃军警备3旅王子元部搞兵运工作。谢子长顾全大局,以革命利益为重,委曲求全,去王部后积极策划兵变。5月5日,组织了靖远兵变,宣布成立中国工农红军陕甘游击队第四支队,谢子长任总指挥。此后,游击队改编为三个大队和一个骑兵队。刘志丹等为大队长,人数增至500人,但由于7月下旬省委派代表到游击队推行"左"倾路线,使部队又遭到极大的损失。

8月30日,陕西省委鉴于情况严重,为了扭转困难局面,又派谢子长回红军陕甘游击队担任总指挥。此时,敌人开始了新的"进剿",企图四面围攻红军游击队。

谢子长到任后,当即率部南下耀县地区,9月11日,游击队进至照金以南之杨柳坪,从捕捉的敌探口中获悉情况非常严重,谢子长经与刘志丹等商议,当即决定避敌主力,打其弱点,游击队向西后退20华里,采取迷惑敌人,而后以奇袭手段消灭该敌。当日敌进至照金扑空,误以为游击队已经逃跑,异常骄傲。谢子长等指挥游击队当夜回戈直奔照金。12日晨,在照金以北坟滩、柿坪等地,当敌还在酣睡之中即被我四面包围,在大雾中激战不到两小时,歼敌四百余,缴枪三百余支,生擒耀县

陕甘边照金革命根据地纪念馆

谢子长、刘志丹在陕甘革命根据地

团总蔡子发。照金战斗的胜利,大大鼓舞了红军与群众的斗志,使游击队转危为安。

1932年12月上旬,各路红军游击队在合水会合后,根据党中央北方会议的决定,陕甘游击队改编为中国工农红军第二十六军。12月中旬,中央和省委的代表来到游击队。当时陕西省委极其错误地认定谢子长、刘志丹等同志"有反革命阴谋",于是蛮横地撤销了谢子长、刘志丹等人的领导职务,并擅自决定给谢子长以留党察看的处分(后经上海中共中央局查明事实真相撤销了这个错误决定),强令谢子长离开部队,送中共上海中央局"受训"。

征战负伤　虽死犹生

1933年夏,谢子长、红彦在上海中央局"受训"期满,被派往察绥抗日同盟军第18师,负责中共组织的工作,协助师长许权中指挥作战。同年11月回到陕西,任中共中央北方代表派驻西北军事特派员,在极端困难的条件下恢复了陕北红军游击队第1支队,壮大了第2、第3支队,建立了第4、第5支队,并协助地方党组织建立赤卫军、少先队、妇女会等,扩大了党和红军的影响,建立了安定、延川根据地。

1934年夏,正当蒋介石对中央革命根据地进行第五次"围剿"的时候,国民党西北军阀也开始了对陕北革命根据地的大规模进攻。

1934年7月,谢子长任陕北红军游击队总指挥部总指挥,率部南下奇袭安定县城,占领县政府,救出被捕的中共党员和革命群众,使红军军威大振,推动了陕北游击战争的开展。8月谢子长兼任红二十六军四十二师政治委员,率红二十四师第三团及陕北游击队第1、第2、第5支队,进行陕北、陕甘边苏区反"围剿"战斗,连续取得安定金吴塌、清涧河口、横山董家寺、安定县城等战斗的胜利。

8月15日,谢子长率部攻打清涧河口,由于河口地势险要,易守难攻,敌人碉堡、工事坚固,红军连攻几次,仍未攻克。谢子长内心焦急,亲临火线组织突击队攻坚,不幸中弹。谢子长用衣襟掩住伤口,忍住剧痛,继续指挥战斗,直到战斗完全胜利。

战后,谢子长带伤指挥红军北上,攻打安定横山董家寺,击溃敌人一个营。至

谢子长在指挥战斗(绘画)

谢子长将军塑像

谢子长烈士雕塑(西安革命公园)

谢子长烈士陵园

谢子长烈士塑像

谢子长烈士纪念碑

此,红军四战四捷,军威大振,彻底粉碎了敌人对陕北革命根据地的第一次"围剿",陕北革命根据地迅速扩大,红色政权相继建立。

谢子长身负重伤后,虽经同志们再三劝说,仍坚持不离战斗岗位。直到10月间,他的身体实在难以支撑了,才到离家不远的杨道峁村去休养。敌人时刻侦察谢子长的行迹,图谋杀害。红军指战员和广大人民群众冒着生命危险对他进行保护。

为避开敌人追踪,谢子长从杨道峁转移到周家崄,再转移到磁吃湾、水晶沟。后又转移到安塞县韩呼里村。狡猾的敌人又从水晶沟追来。看护他的外甥、保卫队中队长薛兰岗把消息告诉他,子长激愤地说:"抬我走吧,抬不动就一枪打死,绝对不要让他们把我捉去!"

谢子长在养病期间,仍关心着红军游击队的活动和生活。当意识到自己的伤无好转的希望时,他痛苦地对家里人说:"就这样死了,我对不起老百姓!我给他们做的事太少了!"谢子长心里只有人民,只有革命。农民周海旺去看望子长,紧紧地握着他的手说:"你放心啊,老谢!病会好的。这几天咱红旗到处飘着呢!土豪劣绅到处挨打着呢!"子长又满意地笑了。

1935年2月5日,仍在养伤的谢子长被选为中共西北革命军事委员会主席。

由于医疗条件有限,他的伤势不断恶化,于1935年2月21日在安定县灯盏湾逝世,时年39岁。

1935年,中共西北工作委员会决定将安定县改名为子长县。1939年,中共陕甘宁边区党委和政府决定将谢子长的遗骸移葬于他的家乡枣树坪。1946年,中共中央西北局和陕甘宁边区政府在瓦窑堡修建了子长烈士陵园。

小资料

毛泽东主席为谢子长烈士撰写的碑文

谢子长,名德元,安定人,1925年在北平加入共产党,自此即以共产主义为解放中国人民之道路,创农民运动讲习班,组农协会,领导人民参加反帝反军阀运动,人民因有谢青天之称。1927年大革命失败后,子长起义于清涧,继续参加渭南暴动,败不丧志,奔走西北华北各地,九一八事变后于陕甘之间组织反帝同盟军,后改为中国工农红军陕甘游击队,即是红二十六军之前身。1933年赴察哈尔参加抗日同盟军,失败后回陕北组织第二十七军,协同刘志丹诸同志建造了陕甘宁边区。1934年于河口之役负伤,1935年春因伤逝世,党政军民各界感子长之功德,改安定县为子长县,以志纪念。于政府及人民为子长之墓之时书以叙之。

聂 耳
(1912-1935)

荣　　　誉：人民音乐家
　　　　　　中华人民共和国国歌曲作者
民　　　族：汉族
出　生　地：云南省玉溪
诞　　　辰：1912年2月14日
逝世纪念日：1935年7月17日
牺　牲　年　龄：23岁

清贫童年有音乐相伴

　　云南玉溪，一个美丽的地方。中华人民共和国国歌——《义勇军进行曲》的曲作者，我国伟大的人民音乐家聂耳的故乡就在这里。

　　聂耳出生于1912年2月14日，原名聂守信，家中经营着一个小小的中药铺"成春堂"。4岁那年父亲患了结核病，卧床不起，为治病耗尽了家里的钱财，久治不愈，不幸病故。母亲挑起了一家七口人生活的重担，夜晚母亲边做针线活,边给孩子们唱些云南的花灯等民间小调,母亲能唱各种民歌,包括在昆明等地民间广泛流传的洞经调、花灯调、洋琴调,动听的歌曲与歌曲里的故事让小聂耳着迷。聂耳从小就从母亲那里接受了良好的家教和艺术的熏陶。

聂耳故居

在小学期间,聂耳学习非常刻苦,为省下买书的钱,他借同学的课本自己抄写,成绩总是全班第一。他自幼喜爱花灯、滇剧和民歌,还跟邻居的木匠师傅学会了吹笛子,后来又学会二胡、三弦、风琴等多种乐器。他被推举为"儿童乐队"的小指挥和组织者,在家里和两个哥哥成立了"家庭小乐队"。清贫的童年因有音乐相伴,让小聂耳非常快乐。

风卷云涌的大革命时期,上了中学的聂耳并没有局限在音乐里,通过阅读各种进步书刊,和进步人士接触,他认真地思考着个人和民族的未来,同时也积极投入宣传抵制日货等学生运动中。

聂耳出生地"成春堂"药铺

这时聂耳常在学校或家里与亲友合奏《梅花三弄》、《苏武牧羊》、《昭君和番》等民间乐曲。但当他听到那时流行的《国际歌》、《打倒列强》、《工农兵联合歌》等中外革命歌曲的时候,那铿锵有力的节奏,悲愤与控诉的音乐语言,强烈地震撼着聂耳的心灵。

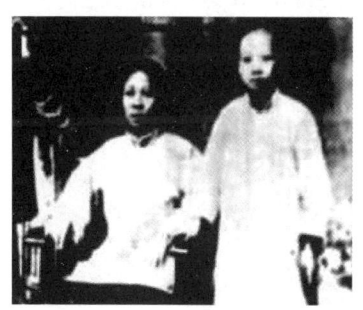

聂耳与母亲合影

"学生军"的一段生活

聂耳顽强地读完了初中,1927年毕业后,恰逢云南唯一的一所公费省立第一师范学校按照新学制招考,聂耳通过激烈的竞争以优异的成绩考入该校,被分配到高级外语专业班。

新搬来的邻居是位音乐教员,聂耳借他的乐器开始刻苦练习小提琴。当时昆明的各种音乐和戏剧演出聂耳经常参加。

聂耳还积极参加学校里共青团领导的外围组织"读书会",阅读马克思的经典著作。"四一二"蒋介石叛变革命以后,云南很快也被白色恐怖笼罩,许多革命志士被捕、被杀害。但年轻的聂耳为了追求正义和真理,1928年秘密加入了中国共产主义青年团。经常参加中共领导的印刻张贴传单、游行示威等革命活动。

1928年,驻湖南郴州的滇系国民革命军16军为补充新兵,到昆明来招"学生军"。军长叫范石生,云南人。青年学生们认为16军是一支进步队伍,有革命倾向,于是踊跃报名,聂耳也怀着复杂的心情背着家里报了名。聂耳认为16军是一支滇军部队,士兵大多数是云南子弟,对他们宣传革命思想,提高他们的觉悟条件较

1928年聂耳(坐)与友人合影

1929年任滇军连文书的聂耳(后)

调皮的聂耳在摄影厂内开着做道具用的模型汽车

好。即使不成,也可以利用这个外出的机会出省历练一下。

寒冷的冬天,"学生军"坐着滇越铁路上的云南小火车颠簸了4天到了越南海防,换乘轮船又经过3天航行抵达香港,接着又换船直达广州。半个月之后,他们最终到了湖南郴州的驻地。

整编后聂耳被编入新兵队,经历了十几天"非人"的士兵生活。聂耳在日记中写道:"抢饭的本事不佳,只有饿饭。除了'操八字慢步'、挨饿、挨冻外,还要搞'清共'。每有士兵逃营,被抓回来不是打死就被打残。"聂耳这才明白,原来招募时作的种种"革命"宣传,什么"进军事学校"等等全是谎言。要想在军中开展"士兵运动",根本没有这个条件。"我已知道我的事业,我的希望,都同冬日的积雪遇到日光消融了;夏日的游丝,遇到罡风飘逝了。"

后来在同乡的奔走及努力疏通下,聂耳终于脱离了这个令他"深受打击"的新兵队,调到连上担任文书。

1929年2月11日,他在日记里留下了一首诗:

一个卑湿污浊的荒岛上,

站立着一只初离母巢的孤雁!

他那细长的头颈,不住地转向后看,

看不见他可爱的故乡;

他那细长的头颈,又不住地伸向前望,

只望见他的前途茫茫。

渐放光明的东方,突起一轮通红的太阳;

残暴怒吼的洪涛巨浪,一阵阵地涌上他的身旁。

他知道这是他的穷途末路,

只好挣开了他那柔弱的翅膀,

预备着奔向他的自由之乡。

啊!自由之乡!

聂耳自比一只离巢的孤雁,明白了"理想是直线的,但事实是曲线

的"。在这样的洪涛巨浪中,小孤雁张开翅膀,一直在向自由之乡努力。

过了一个月,聂耳和军官团赴广州,想进黄埔军官学校,因资格不够被遣散。至此结束了他半年的军队生活。

1929年4月,聂耳又报考了广东戏剧研究所附设的戏剧学校,搬进学校才了解这所学校主要学习粤剧的锣鼓、丝弦,因兴趣不合离开那里。后来同乡教官给他垫了旅费,1929年5月6日,聂耳回到昆明又重回学校。

"明月歌剧社"开启艺术生涯

回到昆明后,聂耳仍然回到原班学习,课余和朋友组织"九九音乐社",诗歌唱和,他还在参演的《春闺怨》、《罗密欧与朱丽叶》戏剧中饰演女角,惟妙惟肖。1930年5月10日,同学秘密通知聂耳云南军阀政府将要逮捕他,黑名单已经在法院院长的办公室里了。这时一个商号请聂耳的三哥去上海当店员,聂耳于是顶替前往,从此,聂耳离开了哺育他成长的亲人和故乡。7月到上海后,在商号中聂耳主要负责采买、寄发香烟回昆明等工作。不久,他加入了共产党领导的中国反帝大同盟,从此积极投身于抗日活动。

聂耳用辛苦工作的酬金买了一把小提琴,虽然很廉价,但他每天坚持练琴,为艰辛的生活增添了华丽的色彩,帮聂耳度过在异乡的岁月。

第二年商号倒闭,聂耳失业了。失业后,聂耳以乐队练习生的身份在1931年4月考入了"明月歌剧社",任小提琴手。多年来终于有了一个可以潜心与音乐密切接触的机会,他格外珍惜。他坚持自学乐理,从民歌中汲取了大量的营养,又从外国的经典中学了许多创作手法。聂耳请了一个意大利籍的私人教师教他小提琴,由于学费昂贵,经常靠借贷或典当衣物来维持。艰难且快乐的上海岁月里,聂耳成长很快。

中国新音乐的开路先锋

1932年上海"一·二八"抗战爆发,上海军民英勇抗击日寇,全国人民抗日救亡风起云涌。聂耳在日记中写道:"一天花几个钟头苦练基本练习,几年、几十年后成为一个提琴名家又怎么样?……可以鼓动起劳苦群众的情绪吗?"聂耳的答案是:"此路不通!早些醒悟吧!"他要去做革命的音乐!

就在此时,聂耳结识了共产党员、戏剧家田汉。在党组织的培养和教育下,聂耳的思想觉悟不断提高。通过田汉的联络,聂耳向党组织表达了以音乐为武器,通过创作歌曲为革命作贡献的愿望,这一想法很快就得到了党组织的支持和肯定。

在国家和民族面临生死存亡的紧要关头,明月歌剧社的负责人黎锦晖却热衷搞一些追求票房的低级趣味的"为歌舞而歌舞"的演出,聂耳对此深感不满,他以"黑天使"的笔名在报刊上发表了极具战斗性的评论。最后,他还向黎锦晖大声疾呼:"亲爱的创办歌舞的鼻祖哟,你不要以为你有反封建的意识便以为满足!你不听见这地球上,有着无穷的一群人在你周围呐喊,狂呼!你要向那群众深入,在这里

聂耳在练琴

聂耳与剧社同人合影,前排左起三为聂耳,四为黎莉莉(钱壮飞的女儿)。

聂耳与女演员(左起)王人美、于知乐、胡笳合影

小故事
聂耳改名

聂耳天生听力很有天赋，凡是他听到的各种声音，包括方言、乐器等，都能从嘴里跳出来。耳聪的他经常利用耳朵编演一些滑稽节目，他的拿手好戏是"非洲博士演讲"，聂耳把脸涂黑，用各种方言逗得大家捧腹大笑。

他还有一个绝活，就是表演两只耳朵一前一后动，所以大家都叫他"耳朵先生"。

聂耳当年的合作者孙师毅后来回忆说，因为聂耳对自己的耳朵在音乐上的听觉很自豪，以后就索性把聂守信改为了"聂耳"。

聂耳在指挥

小故事
"1934年是我的音乐年"

聂耳自己说："1934年是我的音乐年。"那一年，遇到熟悉的朋友，聂耳总会半真半假地发几句牢骚：忙！真忙！谈恋爱的时间都没有。话刚说完，一转身他又忙得像个陀螺，从乐队转到合唱队，从合唱队转到摄影棚。若干年后，夏衍回忆当年情景时，曾长叹再没有能像聂耳这样"抢"着干事的人了。

面，你将有新鲜的材料，创造出新鲜的艺术。喂！努力！那条才是时代的大路！"

聂耳的这些忠告在明月歌剧社引起轩然大波，于是，聂耳毅然离开了，只身奔赴北平寻求出路。他在日记中写道："我是一个革命者，在这样的生活中，已经是该打屁股。""他们对我不大满时，我实在有一走的必要。"

这年8月，聂耳来到北平，住在宣武门外的云南会馆里，此行初衷原想报考国立北平大学艺术学院，但没有被录取。短短两个月，他却参加了多场革命音乐活动，左翼戏剧家联盟、左翼音乐家联盟的组建、排练和演出。一次，清华大学东北同乡会为抗日义勇军募捐举办演出，聂耳随北平剧联参加，登台表演小提琴独奏《国际歌》时，主持人上台阻止，右派学生还往台上扔石头，他勇敢地坚持演奏完。在和北平剧联并肩战斗的日子里，聂耳进一步坚定了把青春献给党的决心。

两个月后聂耳回到上海，发起组织了中国新兴音乐研究会，讨论革命音乐的创作和理论问题。为了反击国民党对革命文艺的"文化围剿"，聂耳又根据党组织的安排进入联华影业公司工作。

1933年初，聂耳终于如愿以偿加入了中国共产党，介绍人田汉和监誓人夏衍在联华影业公司的一个摄影棚里,为他秘密举行了入党宣誓。

从此,聂耳不仅获得了新的政治生命,艺术才华也得到了进一步的展现,如虎添翼、如鱼得水的他以饱满的热情和忘我的革命精神积极参与创作了许多划时代的音乐作品,成为中国新音乐的开路先锋和反法西斯的勇士。此后的两年中,聂耳为歌剧、话剧和电影谱写了《新女性》、《开路先锋》、《大路歌》、《前进歌》、《毕业歌》、《铁蹄下的歌女》等主题歌和插曲30多首,他的歌曲通俗易学,极易普及,所以它们一经问世便很快地流行于大江南北,甚至连敌占区都在传唱,一时间影响极大,激发了民众的抗日救亡运动,成为鼓舞人们为真理而战的精神动力。今天他所编写的《金蛇狂舞》、《翠湖春晓》已被国际音乐界视为中国民乐的经典作品,深受人们喜爱。

为工农创作的人民音乐家

聂耳没有在专业的音乐学校研习过,从事音乐活动的时间也不长,但短短两年时间,自第一首《开矿歌》的成功,到《义勇军进行曲》的完成,共创作了37首歌曲,都完成在他生命的最后一个阶段,正如他当

年轻时的田汉

小资料

国歌词作者——
田汉(1898-1968)

中华人民共和国国歌填词者。话剧活动家,剧作家,诗人。中国现代戏剧的奠基人。

原名寿昌,湖南长沙人。

1916年赴日留学。1919年加入少年中国学会,1921年与郭沫若等组织创造社。

1922年回国,在上海创办南国社,致力于话剧创作演出为主的新艺术运动。1930年任中国左翼戏剧家联盟执行委员会书记。

1932年参加中国共产党,任中共上海中央局文化工作委员会委员,同时创作话剧、歌剧和电影剧本。抗日战争时,参加郭沫若主持的军委政治部第三厅,组织抗敌话剧队、抗敌宣传队。抗战胜利后,在国民党统治区创作了揭露国民党黑暗统治的戏剧和电影剧本。新中国成立后,历任中国文联副主席,中国剧协主席,文化部戏曲改进局局长,艺术事业管理局局长等职。写有话剧、歌剧、电影剧本一百余部。被誉为"中国现代关汉卿"。

无锡鼋头渚公园内的聂耳纪念馆

无锡鼋头渚的聂耳塑像和聂耳亭

小故事

沉醉我心的初恋

聂耳在昆明师范学校读书时,认识了他的初恋——袁春晖,这段醉心的爱情芬芳无比。

1932年,聂耳收到了一张袁春晖从昆明寄给他的照片。白色的上衣,黑色的裙子,已经当了小学教师,但还是一副朴实而又淡雅的打扮。看着照片,聂耳想起许多往事。于是,他用笔在照片后面,工工整整地题了一首小诗:

记得你是一朵纯洁的白兰,
清风掠过,阵阵馨香,
我心如醉,
愿人世间常留你的芬芳。
记得你是一只小小的鹂莺,
百转千回,娇娆婷婷,
声声迎来阳春似锦,
辽阔大地,请容和我共鸣。

年的朋友孙师毅说的,聂耳的精神无比顽强。他之前的预备都是为这绽放做着贮备。

孙先生回忆《开路先锋》的创作时讲述道:"我的歌词开始有三声'轰',是想轰倒压在中国人民头上的三座大山(帝国主义、封建势力、官僚资本主义),接上有几声笑,我也告诉他:是革命的乐观主义的笑声。聂耳为了写这个进行曲,整夜在楼上大步地走来走去,又练习各种不同的哈哈大笑用来比较,住在楼下的房东白俄老妇人骂他神经分裂症,第二天就撵他搬了家。"

聂耳给自己立下军令状:"不说漂亮话,不出风头,多读书,多写作,多拉琴。"他明白音乐不从天上降下来,也不从地里产出来,是从平常百姓生活中来。北平天寒,聂耳穷得买不起棉衣,却在天桥等地,用有限的几个钱收集北方民间音乐素材。秋风之夜,聂耳和友人夜半在沪东厂区等待工厂放汽笛,是为了听汽笛的凄厉回声来更贴切地创作《回声歌》(上海工人说工厂放汽笛,叫拉回声。每天天亮开工前,要拉三回,声音非常凄厉)。聂耳还与小报童交上了朋友,天天问寒问暖,那首著名的《卖报歌》正是在这种环境下吟诵出来的。

聂耳创作《大路歌》时,先到上海郊区

聂耳塑像

《义勇军进行曲》手稿

的筑路工地与工人们一起拉压路的大铁碾,体验他们的艰辛。后来又跟着电影摄制组到无锡,当时,无锡鼋头渚后山正在修一条公路。一次,工人们请聂耳唱歌,聂耳说:"好吧,我就唱一首大家用血汗谱写的《大路歌》吧。"筑路工人们听得出了神,有些老工人流出了热泪。当时,聂耳一行就住在鼋头渚。今天那里还有"聂耳亭",就是无锡市人民为了纪念聂耳和他的《大路歌》。

燃烧的飞鸟

1935年初,聂耳听说上海电通影业公司要拍摄抗日影片《风云儿女》,田汉已经为影片创作了歌词《义勇军进行曲》,聂耳迸发着无限激情主动请缨,要求为之谱曲。友人形容聂耳"仿佛是一团火,在我面前燃烧着,连我自己的心,也被他点燃起来了"。聂耳在《义勇军进行曲》的自述中说:"我写这个曲子时完全被义勇军救亡感情激动着,创作的冲动就像潮水一样从思想里涌出来,简直来不及写。"

聂耳时而放声高歌,时而反复踱步,时而又拍打桌子敲击节奏。就这样聂耳废寝忘食,夜以继日,几易其稿。当作品出炉后,他一大早迫不

当时《中华日报》刊登聂耳身亡的消息

玉溪的聂耳公园

聂耳音乐广场

及待地来到导演家里,"起来,不愿做奴隶的人们……"。导演被他的热情和诚恳打动,夸赞整个曲子非常激昂。还建议他把"起来"音调提高,不要显得太低沉,最后一句"冒着敌人的飞机大炮前进!"修改得再更加有力。

聂耳把"冒着敌人的飞机大炮前进!"修改为"冒着敌人的炮火前进!"还增加了叠句,"前进!前进!前进!进!"田汉得知后表示聂耳的处理非常豪壮明快、坚决有力。

《义勇军进行曲》就这样诞生了。1935年5月8日,上海《申报》、《时报》登出了《义勇军进行曲》词和谱,第二天,百代公司就为《义勇军进行曲》灌制了唱片。很快,《风云儿女》在上海金城大戏院首映。

随着唱片和电影的宣传,上海各个角落都响起了《义勇军进行曲》的歌声。这首歌高昂激越、旋律铿锵有力,歌词鼓舞人心,反映了在民族危亡时,中华民族万众一心、团结御侮、奋勇抗争、一往无前的伟大的爱国主义精神,激发了中国人民与日本侵略者血战到底的英勇气概。它一诞生,迅即成为中华民族解放的号角。在抗日战争的烽火中,它传遍大江南北、长城内外,成为抗日高昂的战歌,鼓舞了无数中华儿女用自己的血肉,筑成了万众一

日本藤泽市人民为聂耳这位才华横溢、英年早逝的中国青年树立了一块纪念碑。

心、团结御侮的新的长城。他们高唱着、呼喊着"把我们的血肉,筑成我们新的长城",冒着炮火,不惧流血,英勇冲锋,为挽救祖国和民族的危亡,与日本侵略者血战到底!

此时,上海的白色恐怖日益加剧。由于聂耳谱写的大量歌曲,成为鼓舞人民、打击敌人的有力武器和战斗号角,因而引起了反动当局对他的仇恨,不久就有要逮捕聂耳的消息传来。聂耳按照党组织的决定离开上海,取道日本赴欧洲、苏联学习考察,暂时躲避国民党的搜捕。聂耳假借去日本大阪找做牛皮生意的三哥为名,4月15日,乘船离开上海东渡日本。聂耳从此离开了祖国。

到了日本,聂耳一面抓紧补习日语,同时,还积极参加中国留日学生与左翼文化人士的艺术活动。7月受朋友之邀,准备帮助日本"新协"剧团到京都、大阪公演。7月17月下午,聂耳与朝鲜、日本友人一起在日本神奈川县藤泽市鹄沼海滨游泳时,不幸溺水身亡,年仅23岁,聂耳停止了生命的脚步。

他的挚友孙师毅听闻噩耗,做挽歌一曲:"少年的朋友——他,投入了海洋的怀抱;……听万千人唱着你谱写的雄歌,你应在九天含笑。"

1949年9月,中国人民政治协商会议第一届全体会议确定《义勇军进行曲》为代国歌。1982年12月,中华人民共和国第五届全国人民代表大会第五次全体会议确定《义勇军进行曲》为中华人民共和国国歌。

刘志丹
(1903–1936)

荣　　　誉：陕甘根据地创始人
　　　　　　中国人民解放军军事家
民　　　族：汉族
出　生　地：陕西保安(今志丹)县
诞　　　辰：1903年10月4日
逝世纪念日：1936年4月14日
牺　牲　年　龄：33岁

正月里来是新年,陕北出了个刘志丹;刘志丹来是清官,他带领队伍上横山,一心要共产。

……

这是一首在陕北高原上广为传唱的陕北民歌。歌中唱的就是在这片黄土高原上叱咤风云的刘志丹。他不仅是陕北人民心目中的革命英雄,也被毛泽东称为"群众领袖,人民英雄"。

美国记者斯诺在《西行漫记》一书中,用近三千字的篇幅记录了刘志丹的功绩,他说:"刘志丹是个现代罗宾汉,怀有山里人对富人的仇恨;在穷人中间,他成了救星;而在地主和放债者中间,他又是上天的神鞭。"

"走最艰难的路,挑最重的担子,过最紧张的生活。"这是刘志丹的志向和心愿,也是他一生的生动写照。为此,他进过停尸房,下过大狱,在党内斗争中也是三落三起,档案里满是"警告"等处分,如果不是毛泽东"刀下救人",他可能冤死在自己人手上。但是,他从不灰心,从不气馁,从不停止前进的步伐,他硬是带领一群泥脚杆子在挫折和坎坷之中创建了陕甘宁根据地,为长征途中的中央红军提供了落脚地。陕甘宁三省军阀都怕刘志丹,他到哪个部队栖身,哪里就"闹红"。毛泽东称他是"为党立下大功"的人,党史上永远留着他闪光的名字。

刘志丹故居金堂镇芦子沟村

刘志丹故居的窑洞

秀才之子走上兵运之路

刘志丹1903年10月4日出生在陕西西北部群山怀抱的保安(今志丹)县金汤镇的金汤学堂。爷爷是清朝的拔贡,以教书为业,父亲是个秀才,开了一家小小的柴草店,因为是八月出生,爷爷为他取学名景桂,字子丹(后来他自己改名为

中学时代的刘志丹

学生时代的刘志丹

刘志丹进入黄埔军校炮兵科学习

黄埔军校炮兵科在训练

"志丹")。

刘志丹从小熟读四书五经,并且是保安县第一家高等小学的第一批12个毕业生之一,1921年考入陕北联合县立榆林中学,曾任学生会主席,组织领导学生运动。

榆林中学是陕北23县唯一的一所中学,校长杜斌丞毕业于北京大学,在西北名重一时(民盟在西北的领导人,后遭国民党杀害)。学校图书馆内订有《新青年》、《每周评论》、《新潮》等新文化运动时的著名刊物,所以榆林中学虽地处黄土高原、西北内陆,却并不闭塞,刘志丹正是在这里受到了五四运动的影响,受到了民主和科学的启蒙。刘志丹勤奋好学,思想敏锐,在这里开始接触到《共产党宣言》、《俄国布尔什维克的胜利》、《政治经济学原理》等,并写下了小说《官逼民反》。出于对穷苦百姓的深厚感情,以天下为己任的刘志丹萌生了走向社会、唤起民众的思想。

1924年冬,刘志丹加入中国社会主义青年团。1925年春转入中国共产党,从入党的这一天开始,刘志丹给自己定下三条人生准则:"走最艰难的路,挑最重的担子,过最紧张的生活。"

受党指派,1925年冬刘志丹到广州,成为黄埔军校第四期步兵科学员,不久转入炮兵科。

1926年7月,刘志丹参加北伐战争。10月,黄埔军校毕业后又回西北,到冯玉祥部队任第四路军马鸿逵部党代表兼政治处主任,这时的刘志丹只有23岁。

1927年6月,冯玉祥追随蒋介石反共,但他珍惜刘志丹是个搞兵运的好手,想收为己用。他提出只要刘志丹答应退出共产党,就委以重任,否则翻脸无情。刘志丹毫不畏惧,掷下一句话:"转告冯帅,要我头可以,要我退出共产党办不到!"

冯玉祥不想把事做得太绝,便将刘志丹等二十余名共产党员"礼送"出境。

领导渭华起义　在"围剿"中绝处逢生

1928年3月,中国共产党陕西省委决定在渭(南)华(县)地区发动起义,以西安东部为暴动区,成立中共陕东特委。5月1日,渭华地区农民在渭华塬上分片召开群众大会,宣布举行起义。5月10日,由中共陕西省委掌握的国民革命军第二集团军第八路新编第三旅(旅长许权中),在唐澍、刘志丹等人率领下,由潼关开往渭华地区,到达华县瓜坡镇后宣布起义。在华县高塘镇,起义部队改编为西北工农革命军,唐澍任总司令,刘志丹任军委主席。

工农革命军与起义农民一起,在渭华塬上摧毁国民党地方政权,建立起自己的苏维埃政权和陕东赤卫队,很快形成了以华县高塘、渭南塔山为中心的红色割据区域。这时,冯玉祥急调三个师及渭华地区的民团对起义中心区域实行"围剿"。经过数次激战,工农革命军、陕东赤卫队终因寡不敌众,退入秦岭山区。三个月后,起义失败。

渭华起义失败后,刘志丹化装潜入西安,中共陕西省委又派他到陕北,担任中共陕北特委军委书记。1929年春,刘志丹回到家乡保安,在当地党组织配合下,当上了县民团团总,使其成为实际上由我党控制和掌

西北工农革命军和陕东赤卫队军旗

陕东赤卫队

刘志丹与赤卫队队员(木刻画)

握的武装。

1930年秋,刘志丹带领他的人马在陇东合水县太白镇收缴了地方民团的武器(史称"太白夺枪"),拉起了一支400多人的队伍,成为中共在西北地区所领导的第一支革命武装。

在此后的几年中,由于国民党军队的不断"围剿",刘志丹领导的武装斗争进入异常艰苦的时期,他三次拉起队伍,三次被打散。1932年12月24日,刘志丹在宜君转角镇成立中国工农红军第二十六军的时候,全军其实只有一个团,即"红二团"。就是这个团,半年之后再次遭遇灭顶之灾。

建立陕甘边革命根据地

1931年春,刘志丹带领一部民团,与军阀苏雨生合作。刘志丹一面利用统战政策分化苏雨生的部队,一面收集旧部,酝酿起义。但起义计划被苏雨生发觉。他以开会为名,诱捕刘志丹,将其关入彬县监狱。

苏雨生亲自到监狱劝降:"只要你回心转意,不信共产党,我保你有高官做,高楼大厦任你挑。这不比你整天钻山沟,住破窑洞强得多吗?"

刘志丹反驳道:"你说得不对。我只是

暂时遇到挫折,即使失败,也是军事上,政治上我们没有失败,最后的胜利一定属于我们。你要是真的觉得我们失败了,那就杀了我吧,看你有没有这个胆子。有句话,我说在前面,我头天死,你第二天亡。"

苏雨生还真把刘志丹判了死刑,但他就是不敢动手。又过了7天,经地方名流杜斌丞营救,刘志丹获释出狱。

1931年秋,谢子长、刘志丹打入暂编第13师,担任该师骑兵第2旅正副旅长。他们利用当地风俗,与18位旧军官结拜兄弟。谁知仅过数月,该师师长陈硅璋为吞并日益壮大的第2旅,发动火并,刘志丹和谢子长只得星夜出走。刘志丹与谢子长这对难兄难弟虽然自嘲为常败将军,但是,陕甘宁三省军阀只要一听到他俩的名字就胆寒,像防鬼一样地唯恐刘、谢钻入自己的兵营。因为他们知道,刘志丹、谢子长是一对"不死鸟",他们在哪个部队栖身,就有办法在哪里"闹红"。

屡战屡败的这对搭档琢磨出一条教训,不能再走过去"借腹生子"的老路了,要自己树竿子、占山头。

刘志丹从井冈山斗争的经验中得到启发:"陕甘地区先后举行了七十多次兵变,都失败了。根本原因就是军事运动没有同农民运动结合起来,没有建立革命根据地。如果我们像毛泽东同志那样,以山为依托,搞武装割据,建立根据地,再困难我们也有个家。"从此,毛泽东便成为刘志丹心中的偶像。

1931年10月,刘志丹和谢子长等组建西北反帝同盟军,后改编为中国工农红军陕甘边游击队,分别任副总指挥、总指挥,开辟以照金、南梁为中心的陕甘边苏区。

1933年5月,红二十六军南下,在蓝田遭到敌人"围剿",几乎全部覆没。刘志丹带着剩下的十余人在深山老峪中转了两个月,突围时多数人牺牲,他一个人脱险后也从一个高崖摔下,负了重伤。在几天无食又无法行走的垂危关头,幸亏遇到一个失散的战士,才把他扶下山。在地下党的照顾下养好伤后,刘志丹化装成货郎,在挑子的上层放货,下层

1935年9月15日永平镇会师

毛泽东会见刘志丹(场景复原)

毛泽东会见刘志丹(绘画)

放驳壳枪,一路走回了陕北。靠着这几支驳壳枪,刘志丹再次打开了局面。

1933年9月,刘志丹任陕甘边红军临时指挥部副总指挥兼参谋长。11月后历任红二十六军四十二师参谋长、师长,率部北上庆阳、合水,与地方武装相互配合,开展游击战争。

1934年2月至4月,刘志丹指挥部队九战九捷,以劣势兵力取得了西华池等战斗的胜利,挫败了国民党军对陕甘边苏区的第一次"围剿",建立了陕甘边工农民主政府,进一步巩固和发展了革命根据地。同年5月任中共陕甘边军事委员会主席,后兼任军政干部学校校长,编写了《军事教育大纲》、《政治工作训令》等教材。

与长征红军会师 取得劳山大捷

1935年2月,刘志丹任西北革命军事委员会主席。5月,红二十六军、红二十七军会合后组成西北革命军事委员会前敌总指挥部,刘志丹任总指挥,率红二十六军、红二十七军主力,以围点打援、出敌不意、各个击破的战法,经两个多月的机动作战,攻克延长、延川、安定、安塞、保安、靖边6座县城,歼灭大量敌军,粉碎了国民党军对陕甘边苏区的第二次"围剿"。

8月,在陕北、陕甘边苏区第三次反"围剿"中,刘志丹指挥红军主力,歼灭国民党晋军一个团,迫使晋军主力撤回黄河东岸。三次反"围剿"斗争胜利后,陕北、陕甘边两块苏区连成一片,成为中共中央和各路北上抗日红军长征之后的落脚点。

9月16日,红二十六军、红二十七军与长征到达陕北的徐海东率领的红二十五军在延川永宁镇会师,三军组成红十五军团,徐海东任军团长,刘志丹任副军团长兼参谋长。

这一任命宣布后,引起当地战士的许多议论,"扫榻相迎,主人变客人"等怪话也出现了。刘志丹立即给陕北指战员做工作:"天下红军都是一家人,我们好比是小弟弟,现在接来了大哥,将来还要接更多的哥哥。兄弟多了,小弟弟就不受欺负了,这难道不好吗?"

此时陕北根据地面临国民党东北军7个师和地方部队6个师的进攻。围绕作战目标,军团领导层发生分歧。大部分人主张避实就虚,先打杂牌军。大家围在地图前,指指点点,唯有刘志丹坐在人群外,但他却能把地图上的城镇村庄和山川沟壑说得分毫不差。徐海东暗自叹服:"人说老刘是活地图,名不虚传。"徐海东很重视刘志丹的意见:"老刘,你说这仗怎么打?"

刘志丹主张设伏打强敌东北军,原因是东北军厌战,人地两生,就像一个强壮的瞎子,而且一旦给予东北军以重创,就能取得全局的主动。

徐海东又问:"设伏地点呢?"刘志丹说:"劳山。这是延安守敌进攻苏区的必经之路。"徐海东一锤定音:"按老刘说的办!"

9月28日,红军佯攻甘泉,在劳山伏击从延安前来支援的敌第110师。10月1日,劳山伏击战战斗打响后,装备精良的东北军第110师师直属队全部和两个团遭到红十五军团的袭击、分割、包围,战斗十分激烈,刘志丹亲临前线,他的两个警卫员在战斗中不幸牺牲。劳山伏击战,全歼敌人3700余人,是红十五军团组建后打的第一个胜仗,也是西北

1935年10月19日,中共中央率领中央红军抵达陕北革命根据地吴起镇,与陕北红十五军团胜利会师。

庆祝直罗镇胜利大会

刘志丹手书:"虽有文事,必有武备"。

根据地首次在一次战斗中消灭敌人近一个整师。

险遭肃杀　毛泽东"刀下救人"

劳山战役后,10月初,厄运突然降到刘志丹身上。中共陕甘晋省委毫无根据地怀疑刘志丹"同国民党部队有秘密勾结",派人送信给徐海东,下令十五军团逮捕刘志丹。

事有凑巧,刘志丹正有事到瓦窑堡,路上碰到一个骑兵通讯员。这个通讯员并不知道急信的内容,又认识副军团长,便将急信交给他。

刘志丹拆开信,上面写着:刘志丹有通敌之重大嫌疑,立即秘密逮捕,武装押解至政治保卫局。刘志丹把急信交还给通讯员:"你把这封信送到军团部去,就说我自己到瓦窑堡去了。"

刘志丹明知情况对自己非常不利,甚至还可能有性命之忧,但他问心无愧,毅然策马前行,直接来到瓦窑堡的政治保卫局。政治保卫局局长戴季英立即将他扣押,关入一个黑暗、潮湿的窑洞内。

沉浸在大捷喜悦之中的徐海东并不知情,还兴冲冲地到处找刘志丹,准备研究下一步的行动方案。突然接到通讯员送来的急信,接着又听到刘志丹被关押的消息,十分生气,在电话里跟戴季英大吵起来。"哪有自己送上门去的反革命?刘志丹如果有问题,早跑了,还会把头伸到铡刀里?""这恰恰说明他狡猾。"戴季英冷冷地回了一句。徐海东无法阻止"肃反"扩大化在苏区的蔓延。

关键时刻,中央红军长征到达陕北,毛泽东救了刘志丹。

毛泽东踏上陕北土地后发的第一道命令就是"刀下留人"。10月20日,中央红军进入陕北苏区后,当地游击队负责人张明科和红二十六军骑兵团政委龚逢春愤懑不平地向中央反映"肃反"扩大化的情况,并说"老刘"随时都有可能被杀害。毛泽东发出"刀下留人"的指示,明令刘志丹等人的问题由中央直接审查。党中央经过审查,很快召开平反会,宣布刘志丹等无罪,立即释放,分配工作。

11月7日,刘志丹出狱后,周恩来、毛泽东在瓦窑堡立即接见了他。毛泽东一见到刘志丹就说:"我是来投奔你的呀!"还安慰刘志丹说,你和陕北的同志受委屈了。你们创造和保存了这块革命根据地,才使党中央有了落脚地。听了毛泽东情真意切的话,刘志丹感激地说:"是党中央和毛主席挽救了陕北、挽救了我们。中央来

上两图为1943年4月19日,刘志丹烈士移灵时群众自发护灵。

刘志丹烈士陵园

刘志丹烈士塑像

了,以后的事情就好办了。"

11月8日,刘志丹任西北革命军事委员会后方办事处副主任(主任是周恩来),兼任中共中央所在地瓦窑堡警备司令。为了把陕北军民,特别是干部团结到党中央周围,刘志丹做了大量的工作。一方面,他撰写了《三边事变的经验与教训》等文章,总结"肃反"扩大化的教训;另一方面,他又挨个找受过整的同志谈心。他经常讲:"党内历史问题不必性急,要相信党中央、毛主席会分清是非,做出正确结论。"在他的影响下,陕北红军和中央红军团结得亲密无间。

周恩来深有感触地不止一次称赞刘志丹说:"刘志丹同志对党忠贞不贰,很谦虚,最守纪律,他是一个真正具有共产主义品质的共产党员。"

11月21日,在直罗镇战役中,刘志丹指挥地方武装围攻延安等地,牵制和打击了东北军129师,有力地配合了直罗镇战役。

12月,刘志丹任红军北路军总指挥兼第二十八军军长。

东征抗日 壮烈牺牲

1936年2月上旬,为适应全国人民抗日救亡的迫切要求,中共中央决定组织中国人民红军抗日先遣军东征,派主力红军一军团和十五军团,东渡黄河进入山西。

3月,刘志丹率红二十八军开始了东征。3月底渡过黄河,一路旗开得胜,连战连捷。当部队进至山西临县白文镇时,接中央军委急电:"为了配合红军紧逼汾阳,威胁太原,并打通前方与陕北的联系,保证红军背靠老苏区,着令二十八军即向离石以南黄河沿岸地区进击。并可相机攻占中阳三交镇,牵制和调动敌人。"刘志丹率部接连打败小股之敌,4月13日到三交镇附近。

三交镇是坐落在山西中阳县西部(今属柳林县)靠黄河的一个渡口,南北两面环山,两面临水,地势险要,易守难攻。

4月14日拂晓，围攻三交镇的战斗打响了，红军指挥部设在南山顶上的党家山。红一团接连拿下敌人的许多碉堡，但战至中午，攻击不大顺利。这时才发现，原来的情报不准确，以为敌人只有一个营，实际上是一个团部、两个营，还加上个炮兵连。刘志丹和宋任穷商量，让宋留在军指挥部掌握全面情况，他亲自到一团阵地去看看。

上两图为刘志丹殉难地

刘志丹冒着枪林弹雨，到了一团二连的前沿阵地上。这个阵地是个小山头，离敌人不到300米。在刘志丹观察敌情时，敌人突然用多挺机枪向我方猛烈扫射。由于他两手正在拿着望远镜观察敌情，没来得及趴下去，不幸左胸中弹，伤及心脏，当即昏迷过去。战士们赶快背到隐蔽的地方，他刚清醒过来后，仍以顽强的毅力，断断续续地说："不要管我……赶快请宋政委来指挥部队……消灭敌人……"刘志丹牺牲时年仅33岁。

刘志丹使用的勃朗宁手枪

噩耗传到东征军总部，毛泽东闻讯大惊。机要秘书叶子龙多次听到毛泽东自言自语："多么骁勇善战的一位猛将啊！刘志丹可是为党立了大功的好同志啊！"

当刘志丹牺牲的噩耗转来，陕北高原顿时为之震动。4月24日，在根据地首府瓦窑堡数千人集会追悼刘志丹。

1936年5月，中共中央决定将刘志丹

1962年工人出版社出版的《刘志丹》

的家乡保安县改名为志丹县。

1942年，刘志丹牺牲六周年时毛泽东不但为刘志丹亲笔题词"群众领袖，民族英雄"，而且为刘志丹陵园亲笔题写了碑文："我到陕北只和刘志丹同志见过一面，就知道他是一个很好的共产党员。他的英勇牺牲，出乎意外，但他的忠心耿耿为党为国的精神永远留在党与人民中间，不会磨灭的。"

1943年，陕甘宁边区政府和当地政府在志丹县城北的炮楼山和瓦窑山之间的山坡上，为刘志丹建起了一座陵园。4月23日，刘志丹的灵柩由子长县移迁陵园时，沿途群众纷纷路祭，边区主席林伯渠亲自执绋下葬。现今普遍用于间葬礼仪式上的哀乐，就是当年万人公祭刘志丹时，由马可、安波、张鲁、刘炽、关鹤童等人根据陕北民歌素材改编、延安鲁迅艺术学院乐队演奏的《公祭刘志丹》。

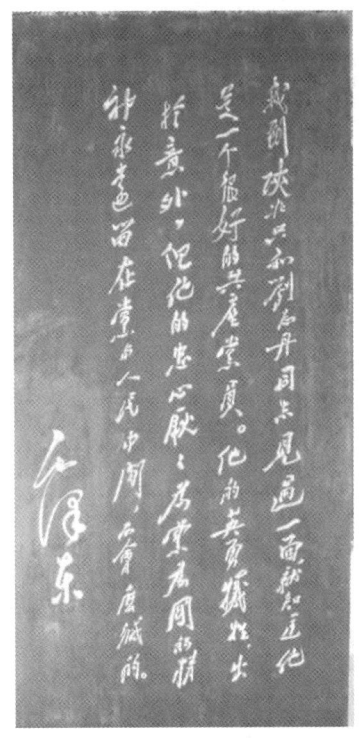

毛泽东为刘志丹题写的碑文

刘志丹牺牲后，毛泽东在一次会上曾说了一段含义很深的话，他说："一个人死了开追悼会，群众的反映怎样，这就是衡量的一个标准。有些人高高在上，官位很大，称首长，好像老百姓都拥护他，其实这不能说明问题，要看最后的盖棺论定，要看开追悼会那一天老百姓落不落泪。刘志丹同志牺牲后，陕北的老百姓伤心得很，这说明他是真正的群众领袖。"

"上下五千年，英雄万万千。人民的英雄，要数刘志丹。"这是当年周恩来对刘志丹的评价。

1996年，刘志丹被中央军委确定为中国人民解放军36位军事家之一。

董振堂
(1895-1937)

荣　　　誉：	红军高级将领
民　　　族：	汉族
出　生　地：	河北省新河县
诞　　　辰：	1895 年 12 月 21 日
逝世纪念日：	1937 年 1 月 20 日
牺 牲 年 龄：	42 岁

在我军历史上，有一位军长，在国民党实施第三次"围剿"时毅然宣布起义，投奔红军，并为中国革命作出了巨大贡献，他就是受毛主席和党中央多次褒扬"路遥知马力"的董振堂将军。

13 岁才念小学

董振堂，1895 年 12 月 21 日出生在河北新河县西李家庄一个贫苦

的农民家庭,是个真正的燕赵勇士。幼年时,清王朝积弱积贫,八国联军入侵,社会动荡不安。华北又三年大旱,粮食歉收,董振堂全家七口都染上霍乱,祖父母相继病故,一切医药丧葬费用都靠借高利贷支付。因家庭贫困,父亲不能送他去上学,懂事的小振堂理解父亲的选择。

邻村毕家庄有一座洋教堂,洋教士与教徒经常横行乡里,鱼肉百姓。董振堂12岁那年秋天,正值麦收时节,庄里的两个教徒纠集一伙人趁机抢夺董家的小麦,把董振堂父亲打得头破血流,还连扎数刀,看到父亲受到欺侮,董振堂心里受到强烈的撞击,烙下深深的仇恨。他一再央求父亲送他去读书。他向父亲恳求说:"让我念书去吧,我要好好念书。学了本事,让洋人、洋奴不敢再欺负咱们。"

小振堂非常珍惜上学的机会,在学校里,他的年龄较大,穿的又是土布衣服,富家孩子经常嘲笑他。振堂对此不予理睬,潜心苦读。买不起笔墨纸张,他就拿毛刷子蘸了水在墙上练习。董振堂的后人在受访时回忆说:"当时,家里并不富裕,爷爷13岁才进学堂。读书时,大爷爷(董振堂之兄董升堂)和爷爷兄弟俩共用一个书包。"

董振堂1913年高小毕业考入冀县中学,毕业时获得"优秀模范"的称号。

赤手空拳打出一片天

1917年夏天,董振堂以优异的成绩考入河北保定陆军军官学校的预科——北京清河陆军第一预备学校。保定陆军军官学校是当时的最高军事学府,1923年董振堂经过新兵、候补生和正式学员的5年学习,从陆军军校第9期炮科毕业。毕业前夕,直系军阀吴佩孚邀请董振堂等到洛阳工作,因为吴佩孚的骄横跋扈他拒绝了。他听说陆军检阅使冯玉祥的部队待遇虽然偏低,但纪律严明,吃苦耐劳,用人重才,便与同学何基沣等一道来到了冯玉祥的陆军第十一师。

当时军校毕业生很多不愿到冯玉祥的西北军,董振堂去了以后也发现那里不仅待遇偏低,而且还欠饷;动不动就打军棍,只重用出身行伍的粗人,经常歧视军校生。同行的大都受不了苦逃走了,但董振堂却没有走。他对何基沣说:"赤手空拳到哪里也不能救中国,应当立定志向,埋头苦干,锻炼身心,不怕任何困难。"见习期满后,董振堂不留恋舒适的参谋生活,主动要求去当排长。

保定陆军军官学校旧址大门

保定陆军军官学校旧址二门

当时,冯玉祥的部队要求下级军官至少学会三套器械操。已经28岁,腿脚不够灵活的董振堂,硬是靠勤学苦练,熟练掌握了三套器械操的标准动作。董振堂从不摆架子,和士兵们一起吃大灶,每天亲自带队操练10小时以上,与士兵一道劳动,同甘共苦,战士们都很爱戴和拥护他。一天,他和士兵们一起抬土挑砖,修建营房,来部队视察的冯玉祥见到后很是赞赏。

冯玉祥

不久,师部组织炮兵进行野外实弹演习,董振堂三发全中,冯玉祥点名让董振堂介绍经验。董振堂从训练中的严格要求讲到地形地貌对射击的影响及射击数据的计算修正等,有条有理。冯玉祥更加看重董振堂,打破惯例破格把董振堂提升为炮兵连长。

冯玉祥部队开进北京城

西北军中骁勇善战

　　1924年10月,冯玉祥发动了"北京政变",囚禁了贿选总统曹锟,驱逐清朝末代皇帝溥仪出宫,欢迎孙中山到北京。战斗中,董振堂指挥的炮兵连在击溃吴佩孚的军阀部队中发挥了重要作用,由于处事果敢、指挥出色,董振堂被提拔为炮兵营营长。

　　1926年初,吴佩孚、张作霖联合阎锡山,三面围攻冯玉祥的国民军。在与奉军的交战中,董振堂率领陆炮营埋伏于津浦铁路西侧,集中猛烈炮火,击毁对方装甲列车,使对方伤亡惨重,溃不成军。董振堂被提升为工兵团团长。

　　这年9月,在刘伯坚等共产党人的帮助下,冯玉祥部五原誓师,整编为国民联军。董振堂率领工兵团参加了誓师。冯玉祥任总司令,刘伯坚任政治部副部长,董振堂再次晋升为国民联军第4师第12旅旅长。誓词中"烟酒必戒,嫖赌必戒,除去矫情,除去奢侈。保护国家,保护百姓,国民革命,方可成功"的内容深深打动了董振堂,这成为他以后为人带兵的信条。有一次他带领部队路过河北深县,恰逢蜜桃成熟时节,为避免发生官兵偷吃桃子的扰民事件,严令部队迅速通过,并下了一道手令:"留头不吃桃,吃桃不留头",一时传为佳话。

在多次的接触中,董振堂与刘伯坚建立了深厚的友谊,从刘伯坚身上他看到了共产党人的光明磊落,这为他以后走上红军道路埋下了一粒种子。

1927年北伐战争爆发后,国民联军改为国民革命军第2集团军,在策应南方北伐军北上的军事行动中,董振堂率部千里奔袭湖北,直插吴佩孚的心脏地区,并一举歼灭吴佩孚的司令部和警卫营。董振堂因战功卓著,升任第36师师长。随后,董振堂又率部北上迎击奉系军阀。

从"国军"到红军

1930年5月,冯玉祥和阎锡山联手讨蒋,中原大战爆发。不过这次战役最终以冯阎联军的失败而告终,冯玉祥下野后出走山西,将残部交给孙连仲。连年不断的内战让董振堂产生了反感。当时孙连仲被蒋介石重金收买,部队也不得不接受被收编的命运,其主力被缩编为国民革命军第26路军,董振堂所率部队被缩编为25师73旅,师长改任旅长。这次缩编,让官兵们感到奇耻大辱。他们在军阀混战中,吃过蒋介石的亏,被收编后又备受歧视,官兵心里都憋着怨气。

1931年初,蒋介石发动了对江西苏区的第二次"围剿",董振堂这支部队被命令南下江西"围剿"红军,企图让这支杂牌军和红军相互拼杀,两败俱伤。

26路军广大官兵多是华北籍,鉴于以往"剿共"失败的教训,都不愿南下。率先出发的73旅甚至破坏了车辆,扒掉了铁轨,拒绝南行,使部队滞留半个月。从此,蒋介石便对董振堂怀恨在心。

果然，该军第 27 师 81 旅在江西永丰同红军一交手就被消灭了大部分，这次失败引起了极大的震动，士兵似乎如梦初醒，真切体会到蒋介石的险恶用心。董振堂更是忧心忡忡考虑着部队的出路。在奉命参加蒋介石对红军的第二、三次"围剿"中，董振堂编了一些假情报，并以此为由不肯进"剿"。蒋介石通过其他情报系统知道真相后，大骂董振堂"贪生怕死，畏缩不前"，对董振堂更加不满。

"围剿"苏区的国民党部队

蒋介石亲自指挥的第三次"围剿"失败以后，其他各路军都撤出了苏区，他却命令

中央苏区第二次反"围剿"战争中的中央红军在行军

26路军困守孤城宁都。在宁都，许多官兵水土不服，染上了恶性疟疾或痢疾，加上蒋介石对这支杂牌军的歧视，供给和医药条件极差，几个月内几千人因病死亡，官兵人心浮动，厌战思乡情绪非常强烈，不满情绪迅速滋长着。

"九一八事变"爆发后，东三省沦陷，华北危急。处在内战前线的26路军的广大官兵，纷纷要求北上抗日，保卫自己的家乡。但蒋介石却下令："侈言抗日者杀无赦"。而且当部队刚向北开拔60多里时，便遭到重兵阻拦，部队只得重返宁都。无奈之下，26路军总指挥孙连仲丢下部队，借口到上海看牙去逃跑。26路军中的共产党地下组织，趁机进行积极的政治宣传，揭露蒋介石借刀杀人排除异己和调虎离山的阴谋。26路军内部的反蒋情绪像一团看不见的火焰，很快蔓延开来。

内忧外患，董振堂心中产生了波动。他从军是为了寻找一条救国自强的道路，中原大战后，冯玉祥大势已去。部队被改编，蒋介石又排除异己，屠杀无辜。日军强占东北，而蒋介石不去打日本人，却"围剿"主张全民抗日的红军，谁能救中国呢？

宁都起义　弃暗投明

困守宁都的几个月中，他想到了大革命时期，曾接触过的刘伯坚、邓小平等许多共产党人。他一直怀念这些人，但打听不到他们的下落。其实，董振堂所在部队里早已有了中国共产党的秘密组织，并秘密地展开了兵运斗争。与董振堂志趣相投、交往密切的河北同乡参谋长赵博生这时已经被发展成中共党员。赵博生把党的主张以各种形式有意无意地传给了董振堂，使他在政治上更加倾向于共产党。面对红军的宣传和革命活动，董振堂看到了希望之光。

弃暗投明的主张渐渐出炉，身为26路军主力旅的旅长，董振堂的态度对起义的成败举足轻重。这时的董振堂非常拥护起义，他不仅做通

1937年,毛泽东在陕北与参加宁都起义的部分同志合影

董振堂在宁都起义(绘画)

了自己下属的工作,还争取了74旅旅长季振同等重要官员。董振堂与赵博生等人通过周密安排,有条不紊地进行着准备。

1931年12月14日,董振堂和赵博生、季振同等率第26路军1.7万余名官兵举行宁都起义,在中国革命史上写下了光辉的一页。起义部队编为中国工农红军第五军团,董振堂任军团副总指挥兼第十三军军长。

英雄本色现苏区

红五军团成立后,很快就活跃在反"围剿"的战场上。

1932年春,红三军团打赣州久攻不下。此时,陈诚带领敌王牌第11师前来增援,红三军团腹背受敌,危机四伏。红五军团临危受命,掩护红三军团撤出阵地,防止敌人从城里冲出,阻击城外增援的敌人。这是红五军团组建以来的第一仗,董振堂表示:坚决完成任务,人在阵地在。

红五军团勇敢地冲上阵地,用大刀同敌人肉搏,顶住了救援敌军的强攻,掩护红三军团顺利、安全地撤下来。赣州之战,董振堂指挥的十三军大显神威,红五军团初露锋芒,成为英勇善战的红军主力部队。

毛主席率领红军攻克漳州纪念馆
(红军东路军总指挥部旧址)

1932年4月,党组织正式批准董振堂入党,董振堂将自己在旧军队中的全部积蓄都交给了党。党组织考虑后给他留下300块银元贴补家用。董振堂原封不动地让警卫员保存,遇到生病的战士,他就让警卫员拿出一些来给他们补养身体,一直到长征时,那300块银元才用完。

中国工农红军东路军攻克漳州纪念碑

1932年5月,军队进行了重编,三军、十三军编为红五军团,董振堂被任命为红五军团军团长。一担大任他就率部参加了由毛泽东亲自指挥的漳州战役。此役,红军歼灭漳州守军第49师大部,俘其1600余人,缴获飞机2架,枪支若干,并筹得百万以上的军费。

红五军团守卫在水口大部桥

随着红军的发展壮大,广东军阀陈济棠害怕危及自己,在蒋介石的挑动下,纠

广东韶关南雄市水口镇红军"水口战役"旧址——大部桥

血战湘江(绘画)

集了20个团的兵力,从江西南部向中央根据地扑来。广东军阀素称顽强,又没有领教过红军的厉害,气势非常猖狂。大敌当前,中央军委决定在广东南雄水口由红五军团狠狠打击来犯之敌。

从7月2日至10日,历时9天,红五军团共击溃敌人20个团。尤其是7月8日这一天,董振堂亲率四五千名战士,手持匣子枪,挥舞着大刀,兵分四路,如下山猛虎一齐向敌人冲杀。在漫山遍野一片震天动地的喊杀声中,董振堂手持大刀与敌人肉搏,身上、脸上到处是血,白衬衫也染成了红色,看到此景,战士们士气大振,一天就杀敌3000余人。在此后几天里,红五军团又接连和敌人进行了激烈的肉搏战,打得敌人狼狈溃逃,中央革命根据地得到了巩固。

聂荣臻评价这场战役时说:"水口战役是著名的恶仗,双方伤亡之大、战场景象之惨烈,为第二次国民革命战争时期所罕见,'尸横遍野'对于这次战役来说并不是言过其实,有的部队白天打仗,夜间还要在该地露营,许多同志疲劳过度倒头便睡,第二天拂晓才发现是和尸体露宿在一起,有的同志夜间口渴,摸到河沟去喝水,有一股血腥味,第二天拂晓一看,河沟里的水泛着红色,这就是水口战役的真实写照。"

8月，董振堂又率部参加了宜黄、乐安战役。1933年春，董振堂带领红五军团参加了第四、第五次反"围剿"，屡立战功，声名大振，成为驰骋中央苏区的一员骁将。由于董振堂的出色工作，红五军团战功卓著，12月中旬，在中央苏区军民隆重纪念宁都起义胜利一周年时，毛泽东主席亲自将红旗勋章别在董振堂的胸前，并称赞他是卓越的指挥员、常胜将军。1934年董振堂被选为中华苏维埃共和国中央执行委员。红五军团在董振堂的指挥下，不断发展壮大，与红一、红三军团并称为中央红军三大主力。

长征路上铁血后卫

1934年10月，中央苏区第五次反"围剿"失败了。中央机关和红一方面军不得不进行战略转移，从而踏上了漫长而艰险的长征路。长征一开始，红五军团就担负起后卫重任，掩护全军安全转移。

"一军团打先锋，攻无不克；五军团殿后，守无不固。"当时红军中流传着这样的话。

受过多年专业军事训练的董振堂，指挥风格细致、果敢。擅打防御战和阻击战，这也正是红五军团担任全军长征后卫任

小故事

"军神"助阵

长征一开始，红五军团担任了全军总后卫。董振堂也迎来了自己一直敬重的中央红军重要领导人刘伯承。刘伯承本来是红军总部的参谋长，因为得罪了军事顾问李德，被贬到红五军团当了参谋长。对董振堂来说，在最困难的时候能有一位享誉全军的军事家来助阵，是求之不得的。

一次董振堂接到命令，要至少坚守两天两夜，阻击敌人的追击，全力保护主力红军、中央纵队、军委纵队顺利渡过湘江。董振堂、刘伯承指挥红五军团打退了十多万敌人无数次的冲锋，有力地保障了中央的安全。两天两夜两人没敢合眼，率部与国民党军展开激烈残酷的血战。

第2天傍晚，又来了一道命令，再坚持一天一夜，保护红八军团过江。这是一支长征前刚刚组建的新军，没有战斗经验，多走了几天弯路，等回过头来已落在了所有部队的后面。红八军团全部过江之后，董振堂立即与刘伯承决定迅速撤出战斗。

董振堂与刘伯承商量："我想我们两个人还是一前一后好，你带

队先走,我来断后。"

"我是南方人,对地形特点比你熟,还是你先走。我带一小部分部队再抵抗一阵,看看还有没有未过江的兄弟部队。"等红五军团大部渡过湘江后,刘伯承骑上老白马也过了湘江。

务的原因。

1934年11月底,红军向国民党的第四道封锁线湘江突进,由于前面部队携带了大量"坛坛罐罐",行动迟缓,不能迅速过江,加重了红五军团的掩护任务。这时蒋介石调动了中央军、湘军、桂军、粤军和黔军共几十个师的兵力从四面八方向中央红军压迫过来。为了堵住国民党"追剿"军的追击,董振堂和参谋长刘伯承始终战斗在第一线,浴血奋战数昼夜,率领红五军团像铁闸一样紧紧地堵住了几十万国民党的军队,掩护党中央和中央红军主力安全渡过湘江。红五军团为此付出重大代价,由1万余人锐减到不足5000人。所属红34师,被阻止在湘江以东,与围攻之敌进行了英勇战斗,终因寡不敌众,弹尽粮绝,大部壮烈牺牲。

1935年5月上旬,董振堂指挥红五军团掩护红军主力渡过金沙江,在金沙江南岸与追击之敌激战,由于渡船少,每次中央红军只能渡数百人,为了让全军有充足的时间渡过金沙江,他们一直坚守了9天9夜。渡过金沙江后,中央红军终于摆脱了数十万国民党军的围追堵截,取得了战略转移中决定性的胜利。

北渡金沙江之后,红五军团继续担任后卫,随大军北上。一路上,凭险固守,顽强阻击,顺利通过彝族区,跨过大渡河,于1935年6月在四川懋功与红四方面军会师。

由于多次胜利完成阻击任务,为保障党中央和中央红军主力北上立下赫赫战功,董振堂所率红五军团荣膺"铁流后卫"的光荣称号。

血洒西征路

1935年8月6日,党中央在毛儿盖召开会议,决定北上抗日,并将两个方面军混合编为左右两路军,右路军由毛泽东、周恩来率领,左路军由朱德、刘伯承和张国焘率领。红五军团被编入左路军并作为前锋部队进入草地,北上探路。

1936年1月,红五军团奉命同红四方面军三十三军合编,改称红五军,董振堂任军长。同年7月,红五军在阿坝地区与贺龙率领的红二方面军会师,共同北上。10月,第一、二、四方面军在甘肃会宁会师,完成了历时两年的长征。此时,红五军又作为四方面军的后卫,在会宁南面的西兰公路上警戒尾追的敌人。此间,董振堂率部又参加了绥(靖)崇(化)丹(巴)懋(功)和天(全)芦(山)名(山)雅(安)邛(崃)大(邑)等战役。

大渡河

小故事

9天9夜护渡口

中央红军抢渡金沙江时决定趁国民党军队滇北防守空虚,兵分3路,从3个渡口同时渡江,董振堂的红五军团负责掩护军委纵队从中间的皎平渡渡江。

按照这个部署,红五军团在金沙江南岸的石板河一带掩护3天便可撤防。但渡江行动开始后,第一军团和第三军团无法解决渡江的工具,找不到渡船,架了半截的浮桥因为水流太急被江水冲垮;江面太宽,无法架设浮桥,敌人飞机又不断侦察骚扰。于是中央军委命令第一军团、第三军团都改从皎平渡渡江,而皎平渡仅有六七只小木船,大的能坐30人,小的能坐11人,江心漩涡又很多,渡江十分缓慢,所需时间延长,因此,董振堂的防御任务更加艰难。

董振堂领命后,亲自察看地形,研究作战方案,他安排在每个山头上都配置一二十人,并抢修了野战工事。既有效削弱敌人炮火的杀伤力,又可以火力交叉有效阻击敌人进攻,使敌人始终不敢与红军靠得太近,敌人每天最多只能前进七八里。

战斗第5天,敌人两个纵队聚集山下,准备攻向山头,当敌人开始向前沿阵地开炮时,董振堂指挥战士们躲到山背后休息,待敌人炮火一停,他又命令战士进入工事,阻击冲锋的敌人,削弱敌人的火力。这样一次又一次,3天、6天一直到第9天傍晚,接到中央军委要红五军团撤退的命令,董振堂才指挥全军团人员连夜渡过金沙江。

甘肃高台烈士陵园

会宁会师后,红五军奉命编入西路军,西渡黄河作战,建立河西根据地。在天时、地利、人和均不占先的困境下,与超出西路军数倍的西北军阀马步芳、马步青的部队血战河西走廊。开始,董振堂指挥的红五军为西路军的后卫。当西路军占领兰州以西的永昌、山丹之后,红五军进驻山丹,改任前卫。为了对付马家军的骑兵队,红五军临时组成一个骑兵团,董振堂研究了骑兵战法,亲自抓训练,并和骑兵团一起从山丹出发,行军西进。

1936年12月31日,红五军攻占了甘肃西部的临泽县城,城内敌人仓皇而逃。第二天,董振堂亲率主力一举攻占了附近的高台县城。高台是红军西进的必经之路,南靠祁连山,居河西走廊中部,是一个战略要津。高台守敌除一个骑兵连闻风而逃外,民团1400多人全部被俘。

1937年1月12日,马步芳以5个骑兵旅2个步兵旅及炮兵团、民团约24000人的优势兵力,从四面围住了高台县城,切断了红五军与外界的联系。敌人接连不断地向高台城发动猛攻,先是炮火轰击城墙,打开缺口后,就抬着云梯,挥舞马刀,蜂拥而上。守城将士同敌人在缺口反复拼杀,直到将敌人打退。一到夜间,就忙着修补缺口,以利次日再战。高台战斗,鏖战数日，红五军同外界联系中断，孤立无援，粮弹奇缺，伤亡惨重，面对八倍于己的敌军，若不突围，只有全军覆没。董振堂深知处境的严重性，正准备率部队突围时，政委黄超派人送来一封信，说高台是打通国际线路的关键，总部命令一定要坚守。于是，董振堂立即在城内的天主教堂召开营以上干部会，命令部队"坚决守住高台！我们人在高台在，誓与高台共存亡！"

董振堂纪念碑亭（高台烈士陵园）

红五军将士与敌血战一周，弹药殆尽，就用大刀、梭镖与敌搏斗。女战士、后勤人员、机关干部全部上了城头，用石头、砖头、木橡打击敌人，捣毁敌人云梯，用滚烫的面糊糊朝敌人泼洒。五军的伤病员们，只要有一口气，就顽强地爬上城墙，和敌人扭打，用手抓、牙咬，最后抱着敌人滚下城头，同归于尽。敌人的兵力越来越多，攻势越来越猛，城墙像锯齿般残破不堪。

1月20日凌晨，敌人倾其全力，再次冲上城墙。守城将士前仆后继，浴血奋战，用最后剩下的手榴弹及石头、瓦块同敌人进行殊死的厮杀。董振堂手提大刀亲自登上城墙指挥部队战斗。经过八天八夜的激战，高台沦陷了。董振堂带两个警卫员、一个司号长，从东门以北的城墙上跳了出去，敌人立即围了上来，并高呼"活捉董振堂"的口号。董振堂左腿负伤，半跪在地上，手

董振堂纪念碑亭
（石家庄华北烈士陵园）

董振堂将军铜像（新河县城西振堂公园）

董振堂将军纪念馆

使双枪,轮番向敌人射击。最后子弹打光了,董振堂将军见突围无望,不愿做俘虏,用剩下的最后一颗子弹自尽,壮烈牺牲,年仅42岁。红五军将士3000多人大部战死,少数重伤被俘。灭绝人性的马家军不但屠杀了全部俘虏,还残忍地将董振堂将军以及红五军政治部主任杨克明、孙玉清三位烈士的头颅割下,用绳子穿着两个耳朵,悬挂在高台县城的城楼上示众数日,之后又送到西宁去向马步芳请功。

燕赵勇士魂归西北。董振堂牺牲的噩耗传到延安,红军广大将士无不为之扼腕痛惜。中共中央在宝塔山下为董振堂举行了隆重的追悼会,毛泽东深情地说,"路遥知马力",董振堂是"坚决革命的同志"。

为了纪念董振堂将军,1947年至1950年的三年间,董振堂将军的故乡河北省新河县曾一度被冀南地区人民政府更名为振堂县,并以他的名字建有振堂路、振堂中学、振堂公园等。新中国成立后,党和人民为了表彰董振堂烈士的伟大功绩,分别在河北石家庄华北军区烈士陵园和甘肃省高台县烈士陵园中建立了董振堂纪念碑亭。

吴焕先
(1907-1935)

荣　　　誉：红二十五军、鄂豫皖和鄂豫陕苏区创始人
民　　　族：汉族
出　生　地：湖北省黄安县
诞　　　辰：1907年7月28日
逝世纪念日：1935年4月27日
牺 牲 年 龄：28岁

红二十五军是中国工农红军的一支主力部队。中共中央和中央红军主力长征到达陕北后不久，毛泽东曾表彰红二十五军为中国革命立下了大功。吴焕先就是这支英雄部队的杰出领导人。

吴焕先，1907年生于湖北黄安(今红安)紫云区箭厂河四角曹门村(今属河南新县)一个中等农家。吴家虽然衣食无忧，但吴焕先从小便目睹了贫苦农民的艰难生活，腐朽的官僚与地主勾结，对劳苦大众进行残

酷的剥削,这一切都在善良的小焕先的心中留下了深深的印记。

1923年,吴焕先进入麻城乙种蚕业学校学习,期间正是中国工人运动的第一次高潮,吴焕先在学校有先进思想的老师与同学的影响下,也积极参加反对帝国主义侵略和北洋军阀反动统治的游行示威等活动,开始接触马列主义。

1925年冬,吴焕先加入了中国共产党。

黄麻起义 创建鄂豫边区根据地

1926年秋,吴焕先从麻城乙种蚕业学校毕业,回到箭厂河一带进行革命活动。吴焕先深入贫苦农民之中,积极从事革命宣传工作。

1926年8月下旬的一天晚上,吴焕先在四角曹门主持召开了箭厂河地区第一个农民协会的成立大会。到1927年春,箭厂河地区共建立了97个村农协,会员达到3400余人。在建立农协的同时,吴焕先等同志还发动建立了妇女会、少先队、儿童团等群众组织。

随着农民协会的建立,吴焕先等共产党员带领贫苦农民向地主阶级开展了反剥削反压迫的斗争,发起了抗捐、抗债、抗租、抗税、抗课的"五抗"运动。吴焕先亲自点名,要旧湾村的一个称"山大王"的财主,把高利贷账本全部交出来烧掉。吴焕先等共产党员领导的反封建斗争,破坏了箭厂河一带的旧秩序,给了封建势力以沉重的打击。

1926年冬,极端仇视农协的方晓亭勾结土匪200余武装窜到农民协会进行报复,吴焕先一家包括父亲、兄弟、兄嫂和弟妹在内的6人惨遭杀害。面对血的教训,吴焕先认识到农民运动员没有枪杆子不行,不久,便在村里建立起农民武装革命"红学"。接着,地下党员又分别在相近的村镇建立起两堂"红学",吴焕先担任三堂红学总负责人和村里"红学"院长。

1927年3月下旬,吴焕先等人亲率红学队员100多人发动突然袭击,逮捕并处决了箭厂河一带的地主头子。5月,附近的湖北光山县大地主纠集反动枪会约万名匪徒向箭厂河农民武装进行反扑,吴焕先率3000余名红学会员扼守在木城寨对其进行反击,他指挥农民义勇队用石灰罐、竹手榴弹、土炮、鸟铳同敌人拼杀,血战七昼夜,打退了反动枪会的进攻。

1927年7月15日,汪精卫在武汉发动反革命政变,对共产党人进行血腥屠杀,面对武汉当局的白色恐怖,吴焕先等提出了"以革命继续革命,以革命发展革命"的口号,坚持"把持农民协会,把持并扩大农民武装,狠狠打击土豪劣绅的嚣张气焰"的主张,开展对敌斗争。8月中旬,黄麻两县先后成立了防务委员会,吴焕先担任黄安县和紫云区防务委员会的领导职务。之后,吴焕先带领箭厂河农民武装配合麻城农民自卫军击溃地主武装的进犯,歼敌4000余人,生擒匪首。

1927年9月中旬,吴焕先参加了中国共产党黄安县委召开的紧急会议,传达党的"八七"会议精神,制订"秋收起义"计划。10月任中国共产党黄安县委组织部部长。

11月13日,吴焕先率领箭厂河红学和农民自卫军作为黄麻起义攻城主力,担当攻打北门任务,直捣县衙,活捉了伪县

吴焕先故居

在大革命的洪流中,吴焕先动员家乡农民群众,组织农民协会,建立农民武装。(绘画)

黄麻起义和鄂豫皖苏区革命烈士陵园(红安县城)

长贺守忠和许多贪官污吏、土豪劣绅,打开监狱释放了被捕群众。14日晨,战斗胜利结束,古老的黄安城获得了新生,红旗高高飘扬,人们欢欣鼓舞。18日,成立了黄安工农革命政府和工农革命军鄂东军。

12月,吴焕先带领部分武装在黄麻地区和河南光山南部坚持武装斗争,为开辟以柴山保为中心的鄂豫边苏区创造了条件。

1928年4月,工农革命军第七军由黄陂木兰山转移到柴山保建立革命根据地,8月,吴焕先担任中共紫云区委书记。

1929年7月1日,他率领箭厂河农民武装配合红三十一师,在徐向前指挥下,一举攻克反动地主堡垒白沙关,镇压了一批罪大恶极的反动头子。白沙关暴动的胜利,沉重地打击了国民党反动派在大别山区的反动统治,成为开辟鄂豫皖革命根据地的起点。

同年12月,鄂豫边首届工农兵代表大会召开,吴焕先当选为土地委员会主席。他和鄂豫边特委根据《临时土地政纲》,制定了《鄂豫边革命委员会土地政纲实施规则》,推动了鄂豫边土地革命运动的深入开展。1930年4月,鄂豫皖特委成立,吴焕先任特委委员。

危难之际　重建二十五军

1931年5月,中共鄂豫皖中央分局成立,吴焕先任中国工农红军第四军第十二师政治部主任。10月,红军进行整编,吴焕先任红二十五军七十三师政委。11月,红四方面军成立,吴焕先任红二十五军政委,不久,调任红四方面军政治部主任。中共鄂豫皖省委成立后,当选为省委常委。

在执行土地政策中,时任鄂豫皖中央分局书记的张国焘主张"地主不分田","富农分坏田"的极左政策,吴焕先与之争论,在吴焕先看来,地主、富农能争取过来,就应该有平等待遇,这样对根据地的扩大和长远发展都是有积极作用的。

张国焘为了独揽鄂豫皖苏区的党政军大权,借"肃反"之机,对抵

吴焕先 (1907-1935)

1934年,红二十五军的部分领导干部。前排左起:吴焕先、郭述申、徐海东、戴季英、赵凌波。

制和反对他推行错误路线的曾中生等领导人实行打击迫害,吴焕先十分反感,他愤懑地说:"苏区干部哪有这么多反革命?"见肃反有扩大的趋势,吴焕先不顾个人安危,公开反对。

虽然张国焘对吴焕先心怀不满,但碍于吴焕先在干部和人民群众中享有崇高威望,所以张国焘对吴焕先不敢下手。就在红四方面军主力撤离鄂豫皖时,张国焘借机将吴焕先留下,降为鄂东北游击总司令。吴焕先在红四方面军任职期间,为粉碎蒋介石一、二、三次"围剿",进行了卓有成效的工作。

1932年6月,蒋介石向鄂豫皖苏区发动规模更大的第四次"围剿"。由于张国焘极力推行错误路线,先"左"后右,未能粉碎敌人的"围剿"。10月,他惊惶失措地率红四方面军主力越过平汉路西去后,敌人以15个师的兵力对苏区进行反复清剿,鄂豫皖根据地受到严重破坏。留在根据地的部分红军和地方武装处于分散斗争的状态。在这种严峻的形势下,担任省委委员和鄂东北游击司令的吴焕先,向鄂豫皖省委建议迅速把分散的红军、游击队、伤病员集中起来,重建红五军。

11月29日,省委任命吴焕先为红二十五军军长,负责组建工作。在很短的两个月时间内,吴焕先就把军部、两个师、五个团、两个特务营组织起来。红二十五军的重建,初步结束了红四方面军主力西去后革命力

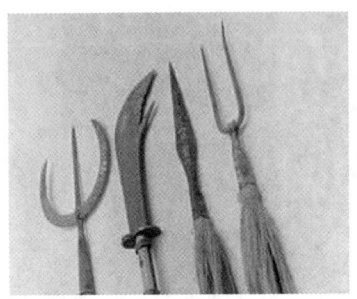

黄麻起义中赤卫队使用的武器

小故事

母亲乞讨妻子饿死

在保卫鄂豫皖根据地的战斗中，吴焕先率领红二十五军在飘忽不定的游击战争中，经常面对数倍于己的敌人，他总是身先士卒，亲历险境。当时部队缺粮严重，他和战士们一样忍饥挨饿。看着他黄肿的脸，警卫员悄悄寻来一点大米给他熬一小锅稀饭，吴焕先一口未尝，让警卫员将稀饭全部送给了伤病员。

吴焕先不但严格要求自己，对待自己的亲属更是严格要求。1933年秋，在围攻七里坪的艰苦日子里，他的母亲乞讨到了军部，战士们知道后，纷纷要求军长将老妈妈留下来，省委书记沈泽民也破例批给了一斗大米，但吴焕先还是硬着心肠拒绝了。当老妈妈拄着讨饭棍离开部队时，战士们禁不住流出了热泪，如此一别，吴焕先就再也未见到母亲。

时隔不久，他身怀六甲的妻子知道部队严重缺粮后，便带上乞讨来的半袋粮食和十几个鸡蛋给他送来。他却将这点食物一一分给战士享用。几天后，他的妻子却因病饿所迫，连同腹中的胎儿，在筹粮途中不幸病死。

量分散和混乱的局面，开始了一个保卫鄂豫皖根据地斗争的新时期。

这时，蒋介石以20万兵力发动疯狂进攻，1933年3月初，敌35师104旅进占郭家河。吴焕先率红二十五军向敌人发起猛攻，经几小时激战，将敌全部歼灭，俘敌两千余名，缴获长短枪2000多支，取得了红二十五军重建后的第一次大胜利。4月间，又在潘家河歼敌13师的一个多团，在杨四寨附近歼敌300多。这些接连不断的胜利，使蒋介石"彻底肃清"鄂豫皖红军的计划成了泡影，红二十五军也由7000扩大到13000余人，军威大振。全军指战员都为自己有这样一位指挥才能出众的军长，而无比自豪和兴奋。

5月2日，省委部分领导人执行"左"倾盲动主义路线，强令红二十五军攻打敌重镇七里坪。吴焕先从军事上考虑，认为冒进攻打七里坪将犯兵家之大忌，但是省委执意令其执行。在七里坪久攻不下的情况下，吴焕先向省委负责人反复陈词，方许撤围。在攻打七里坪战役中，红二十五军与敌相持43天，伤亡达6000余人。

7月，敌人调集14个师、4个独立旅共10万余人，向鄂豫皖发动第五次"围剿"，吴焕先率部转战皖西北。敌以3个师扼守黄麻公路。红二十五军遭到敌2个师又5个旅重兵合围,遭受重创,全军只剩3000余人。红二十五军在皖西难以立足,遂留下八十二师坚持皖西其余部队重返鄂东北。

1934年4月,吴焕先率部越过敌兵扼守的黄麻公路,在商城豹子岩同红二十八军会合,两军合编为红二十五军,吴焕先担任政委,与军长徐海东指挥部队转战于鄂东北、皖西北地区,取得长岭岗、太湖等战斗的胜利,恢复和开辟了朱堂店、陶家河等根据地。

孤军北上

1934年11月,红二十五军转战鄂东,部队沿途突破三道封锁线,11日红二十五军进行了整编,吴焕先担任政委,全军将士2800余人,高举"中国工农红军北上抗日第二先遣队"的旗帜,吴焕先与新任军长程子华、副军长徐海东率部进北上长征。

12月8月,红二十五军在豫陕交界处铁锁关击溃陕西守关民团后,进入陕西南部秦岭山区,开辟了鄂豫陕革命根据地。

1935年3月10日,红二十五军于华阳设伏,截击敌警备2旅两个团,经激战,击溃敌军。红二十五军乘胜又开辟了华阳革命根据地。4月9日,又一举击溃警备第三旅,粉碎了敌人对鄂豫陕根据地的第一次"围剿"。4月中旬,吴焕先任鄂豫陕省委副书记。5月9日,吴焕先任代理书记职务。6月上旬,国民党政府对鄂豫陕根据地发动第二次"围剿",吴焕先率部于6月16日奔袭紫荆关,歼国民党44师一连及民团一个营,缴获大批军用物资。

7月2日,吴焕先组织袁家沟口伏击战,全歼敌警备第一旅。继而部队转到外线行动,北出终南山,全歼蓝田焦岱、长安引架回等地民团,前锋直抵西安城南10余公里,使国民党守军大为震惊。至此,宣告了国民党军队第二次"围剿"失败。

吴焕先在获知中央红军和红四方面军已在川西会师并准备北上的

吴焕先和徐海东合影

1935年,徐海东与吴焕先同志(左)在陕南

甘肃泾川四坡战场

吴焕先牺牲地

消息后,毅然做出立即西进甘肃,迎接中共中央,北上会合陕甘红军的决定。吴焕先指挥红二十五军挥师猛进,占两当、攻天水,连克秦安、隆德县城,翻越六盘山,直逼平凉,截断西(安)兰(州)公路,有力地配合了中共中央和中央红军主力北上。

8月15日,吴焕先率红二十五军进抵甘肃静宁县城以北的兴隆镇。兴隆镇一带是回民居住地,吴焕先通过调查了解到,由于国民党政府实行大汉族主义统治造成民族纠纷,隔阂严重。因此,结合当地回族的宗教信仰和风俗习惯,吴焕先专门为部队规定了过回民区必须坚决执行的"三大禁令,四项注意",并派出手枪团和一部分回族战士先期进入兴隆镇,张贴标语、传单、布告等,进行宣传。红二十五军执行民族政策的实际行动,换来了回民的一片赞颂。红二十五军经过三天休整,17日,在回族老乡摆设香案的隆重礼节欢送下离开兴隆镇,沿西安至兰州的公路东进攻克隆安县城。

8月21日,红二十五军冒雨来到甘肃泾川城西南四坡村附近南渡汭河时,部队刚过一半,山洪暴发,河水陡涨,军部直属队和后卫团被阻于泾河北岸。吴焕先因指挥部队过河也被隔在北岸。这时,国民党军1000余人趁着倾盆大雨由泾川方向突然袭来,企图把我后卫部队压在河边背水作战。红二十五军先头部队已渡过河,难以回援,后卫部队被迫背水作战,形势极为不利。

在此危急情况下,吴焕先率军部交通队157人,插向敌人腰部。他向战士们高声呼喊:迅速抢占塬上制高点,从侧翼向敌人发起了攻击,对敌形成夹攻之势,此时敌人乱成一团,纷纷溃散,战斗即将胜利。在亲临前线指挥的吴焕先政委身负重伤,不久光荣牺牲,时年28岁。

吴焕先烈士墓

吴焕先牺牲后,全军将士万分悲痛,发誓要为政委报仇,战友们呼喊着:"为政委报仇!"纷纷冲向敌阵与敌展开肉搏,经过四五个小时的血战,终于消灭了敌人,并击毙敌团长。

吴焕先烈士纪念碑

战斗结束后,副军长徐海东怀着异常悲痛和对亲密战友的崇敬之情,端来一盆清水,亲自为吴焕先擦洗满身的血迹,换上一套新军装,将一件黑呢大衣盖在吴焕先身上,把吴焕先政委的遗体掩埋在陇东高原。随后,红二十五军在军长徐海东、政治委员程子华的率领下,于9月和陕北红军会师。

吴焕先烈士纪念碑亭(甘肃平凉)

1985年,在吴焕先牺牲50周年前夕,徐向前元帅为他题词:"赤胆忠心,英勇善战。"

开国英模

刘伯坚
(1895–1935)

荣　　　誉：红军高级将领
民　　　族：汉族
出　生　地：四川省平昌
诞　　　辰：1895 年 1 月 9 日
逝世纪念日：1935 年 3 月 21 日
牺 牲 年 龄：40 岁

带镣长街行，踉跄复踉跄；
市人争瞩目，我心无愧怍。
带镣长街行，镣声何铿锵；
市人皆惊讶，我心自安详。
带镣长街行，志气愈轩昂；
拼作阶下囚，工农齐解放。

这首题为《带镣行》的诗是著名革命烈士刘伯坚在英勇就义前写

下的。

刘伯坚，原名刘永福，1895年生于四川平昌县一个小商业者家庭。刘伯坚身处的时代，正是国家最为危难，人民最为寒苦的时期，川蜀一带虽古有"天府之国"的美誉，但是劳苦大众在腐朽的地主劣绅无情剥夺和压迫下也是苦不堪言，靠家中借贷他才到巴中县上了中学。

刻苦用功的刘伯坚后来考入万县的川东师范，川东师范毕业后又以优异的成绩进入成都高等师范学堂(现四川大学)。

川北高原交通不便，比较闭塞。刘伯坚有一个时期曾经在保宁府道尹陈秉坤处当秘书。他才思敏捷，文章出众，颇得陈秉坤的器重，陈秉坤给他月薪大洋120元，并准备任命他为苍溪县县长。刘伯坚却决定远渡重洋，到法国去寻找革命的真理。

1920年6月25日，刘伯坚赴欧洲勤工俭学，先后在法国、比利时一边做工一边学习。这期间，他阅读了大量马克思主义的经典著作，认真研究俄国十月革命的经验。

1921年，刘伯坚与周恩来、赵世炎、陈延年、李富春、李维汉、聂荣臻等人发起组织旅欧中国少年共产党。

1922年6月下旬，在巴黎西郊布伦森林中的一个小广场上，召开了旅欧"中国少年共产党"的第一次代表大会。出席这次大

刘伯坚故居

学生时期的刘伯坚

留欧时期的刘伯坚

会的代表共 18 人,其中刘伯坚、聂荣臻是旅比支部的代表。

1922 年刘伯坚转为中国共产党党员,并曾任中共旅比(利时)支部书记、中共旅欧总支部书记。

1923 年 11 月,刘伯坚进入莫斯科东方劳动者共产主义大学学习,为中共旅莫支部和旅莫共青团负责人,连任旅莫支部书记达三年之久。

协助冯玉祥 誓师五原

1926 年初,北方时局进一步恶化,为了得到苏联的支持以巩固自己的势力,冯玉祥抵达莫斯科。共产国际想利用冯玉祥考察苏联的机会,进一步争取冯玉祥,于是委派中共旅莫支部书记刘伯坚等东方大学毕业学生参加接待工作。5 月 17 日,刘伯坚等 5 人以《前进报》记者的身份,在冯玉祥下榻的旅馆拜访了冯玉祥。刘伯坚与冯玉祥虽初次见面,却一见如故。时年 31 岁的刘伯坚无拘无束地同冯玉祥纵论天下大事,畅谈国际国内时局,给冯玉祥留下了深刻的印象。

这以后,刘伯坚与冯玉祥之间有更多的接触和交谈,刘伯坚向冯玉祥介绍了俄国十月革命的经验、红军的建军原则、政治工作方法,以及孙中山的三民主义和三大政策等。

1926 年 7 月,广州国民政府正式出师北伐,北伐军势如破竹,两湖战场形势喜人。冯玉祥在刘伯坚等人的劝说下决定回国参加北伐。8 月 17 日,冯玉祥与苏联顾问,以及刘伯坚等人乘火车秘密离开莫斯科。

刘伯坚回国,遵照中共中央指示,应邀到冯玉祥部任国民军第二集团军(即原西北军)总政治部副部长,推动冯玉祥部接受第一次国共合作的纲领和"联俄、联共、扶助农工"的三大政策。9 月 17 日,举行了著名的"五原誓师",配合南方国民革命军进行推翻北洋军阀统治的北伐战争。

1927 年 4 月刘伯坚任政治部部长,领导国民军联军的党务、政治、宣

传、组织、训练等各方面工作。他还是中国国民党国民军联军最高特别党部的执行委员。刘伯坚在联军政治部内设立组织、宣传、总务3个处,刘伯坚兼宣传处长。

为培训国民军联军基层干部,刘伯坚在五原、包头、银川、兰州、西安等地创办了多处军政干部学校,加紧训练学生,并亲自给学员讲授《三民主义》、《社会主义概论》、《劳工神圣》、《共产主义ABC》、《国家与革命》等多种课程,他讲课形式生动活泼,深入浅出,受到学员们的好评。

刘伯坚还注意在冯玉祥的部属中发展和加强党的力量。冯玉祥有一个亲信副官叫张振亚,就是在这一时期由刘伯坚与曾涌泉介绍入党的。后来,冯玉祥离开革命,张振亚仍带领一个旅潜伏在冯部;抗日战争爆发后,张率领全旅战士到晋察冀参加了八路军,并在晋察冀担任了敌工部部长一职。

大革命失败后,冯玉祥投向国民党蒋介石。刘伯坚被迫离开冯部后,先后从武汉到上海,做党的秘密工作,曾任中共湖北省委组织部长、江苏省委常委、宣传部长。1928年,再次被党派往苏联,先后在莫斯科军政大学和伏龙芝军事学院学习军事。同年,出席了在莫斯科召开的中共第六次全国代表大会。

五原誓师,左为冯玉祥,右方宣读誓言者为刘伯坚。

刘伯坚和妻子合影

策动宁都起义

1930年9月,刘伯坚结束了在苏联的军事学习生涯回到上海。不久,与妻子王叔振一起转道江西,到中央革命根据地工作。刘伯坚先是被分配到中国工农红军第一方面军总政治部,主要做部队的思想政治工作。1931年11月中华苏维埃共和国临时中央政府成立后,刘伯坚被任命为中央革命军事委员会秘书长兼中国工农红军军事政治学校(后改称中华苏维埃中央军事政治学校)政治部主任。

1931年夏,蒋介石对中央苏区发动了第三次反革命"围剿",命令国民党第26路军到江西进驻宁都。第26路军的前身是冯玉祥的部队,曾参加过北伐战争。中国共产党曾输送刘伯坚、陈延年、刘志丹、邓小平等许多党员在里面工作。1930年10月,冯玉祥与阎锡山在中原与蒋介石混战失败,残部被蒋介石改编为国民革命军第26路军,辖第25、27两个步兵师,一个骑兵第4师。蒋介石于1931年2月将该军两个步兵师及骑兵师的一部分共2万余人,从山东调入江西,参加对中央苏区的第二次"围剿"。

1931年3月,第26路军到达中央苏区的前沿宜黄、乐安一线"驻剿"。5月22日,第27师进到永丰县,被红军歼灭了师部大部及79旅全部,损失机枪步枪3000多支和无线电台1架,余部退缩宜黄。7月,蒋介石把26路军调入宁都,参加对中央苏区的第三次"围剿",并在宁都以北的广昌一带,摆上自己的嫡系,堵住其退路。9月,国民党对中央苏区的第三次"围剿"又遭惨败,第26路军虽未受红军重创,却被困于四面都是苏维埃区域的宁都县城,陷入了后退蒋之军令不许、前进则会被红军消灭的境地。

第26路军不是蒋介石的嫡系,备受歧视,部队不仅战斗力减员,武器弹药的损失也得不到应有的补充,而且经常一连两三个月没有饷发。

红一方面军部分领导人在建宁县城合影,左起叶剑英、杨尚昆、彭德怀、刘伯坚、张纯清、李克农、周恩来、滕代远、袁国平。

这就造成该部生活条件十分困难,加上不服南方水土,士兵病死的很多。

九一八事变后,全国各地响应中国共产党的号召,掀起了抗日救亡的怒潮,第26路军官兵纷纷要求回北方抗击日寇。第26路军总指挥孙连仲为了摆脱困难,发电蒋介石,且不等复电,便下令全体官兵向北开拔,但蒋介石不允许,部队刚走到离宁都城五六十里的湖岭咀,便被挡住。蒋介石电令26路军"立即返回原防,死也要死在宁都"。总指挥孙连仲不敢留在江西,就把军务交给参谋长赵博生主持,广大官兵陷入了更加消极、彷徨和绝望之中。

其实第26路军指挥员早有为部队另谋出路的意向。为此,他们曾派人到上海寻找原总政治部副部长刘伯坚,刘伯坚在该军中享有崇高的政治声誉与威望。西北军中老一点的官兵,很多人都认识刘伯坚。

12月8日,根据安排,刘伯坚等携带电台来到离宁都县城近百里的澎湃县苏维埃政府所在附近,和第26路军代表共同商量有关起义事项。

起义的准备工作进展顺利,1931年12月14日晚,赵博生以参谋长的名义在第26路军指挥部宴请团以上主官,讲明形势和出路,当众宣布起义。第二天清晨,第26路军一万七千余人集结在梅江沙滩,撕毁了国民党的帽徽,浩浩荡荡向苏区进发。刘伯坚代表中华苏维埃共和国临

中国工农红军第一渡——于都渡口

刘伯坚烈士纪念碑

刘伯坚烈士塑像

时中央政府和中革军委,到固厚迎接这支队伍,并在当地召开了欢迎大会。刘伯坚代表中革军委在会上宣布起义部队番号为红五军并宣读了任命书。刘伯坚担任红五军政治部主任。

按照党中央和中革军委的要求,刘伯坚等在红五军建立起党的组织,按照红军的建军原则,对部队实施革命的政治教育和多方面的政治工作,使这支起义部队很快成长为红军的一支劲旅。

中枪被俘 坚定立场

1934年10月,中共中央机关和中央红军开始长征。刘伯坚奉命调离红五军团,留在中央苏区坚持斗争,任赣南军区政治部主任。他积极组织留守部队,在于都河多处架桥,为主力部队做好后勤保障工作,护送中央红军主力渡河长征。新中国成立后,叶剑英同志曾赋诗怀念当年刘伯坚于都河惜别之情:"红军抗日事长征,夜渡鄂都溅溅鸣。梁上伯坚来击筑,荆卿豪气渐离情。"

20万国民党军队将留下的3万红军,其中半数不能远征的伤病员,压缩到赣南一隅,1935年3月4日,刘伯坚率部队转移突围时，在激烈的战斗中身中数弹,不幸负伤被捕。刘伯坚被捕后始终坚贞不屈,敌人对他威逼利诱,企图获得共产党和红军的机密。他干脆地说:"被你们抓着了,要杀就杀,没有什么可以告诉你们的。"他抱定为革命流血牺牲的决心。

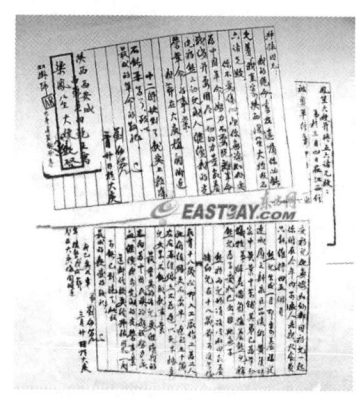

1935年3月20日,刘伯坚于江西大余县监狱写给凤笙大嫂及妻子的遗书。

当敌人拉出在押的他的部下让他指认时,他更是口气坚定地说不认识。由于他的掩护,更多人避免了牺牲,保存了党和军队的有生力量。他毫不畏惧敌人的严刑拷打,始终以钢铁般的意志与敌人进行顽强的斗争。在狱中,他仍然笔耕不辍,写下了著名的《带镣行》、《移狱》和《狱中月夜》三首诗,表达了一个共产党人对革命理想矢志不移,为工农解放事业奋斗到底的坚强决心。

3月16日,他预感到敌人要下毒手了,于是,提笔给亲人留下遗嘱。在信的开头,他写道:"弟准备牺牲,生是为中国,死是为中国,一切听之而已。"3月20日临刑前,他正气凛然地给爱人写下了最后的绝笔信:"你不要伤心,望你们无论如何要为中国革命努力,不要脱离革命路线;并要尽一切力量,教育虎、豹、熊三幼儿成人,继续我的光荣的革命事业。"

刘伯坚烈士塑像

1935年3月21日,刘伯坚在江西大庾县金莲山英勇就义,终年40岁。

卢德铭
(1905-1927)

荣　　　誉：秋收起义总指挥
民　　　族：汉族
出　生　地：四川省宜宾（今属自贡）
诞　　　辰：1905年6月9日
逝世纪念日：1927年9月24日
牺　牲　年　龄：22岁

　　1927年9月25日，毛泽东率领的秋收起义军在向井冈山进军途经江西萍乡芦溪县时遭到国民党军伏击，总指挥卢德铭在战斗中英勇牺牲。得知这一噩耗后，毛泽东痛心疾呼："还我卢德铭！给我3个师也不换。"

　　严格地说，卢德铭的军事生涯从他在黄埔军校毕业那天算起，仅两年零三个月。两年多的时间里，他成为中国共产党早期著名的军事将才,毛泽东的军事搭档。

投笔从戎

卢德铭,又名继雄,字邦鼎,号义新。1905年6月9日出生于四川省宜宾县双石铺狮子湾(现为自贡市沿滩区仲权镇竹元村)一个不算贫寒的农民家庭。父亲卢安炳,颇通书理,曾在盐号为人管账,家里有二十石租谷的田地。母亲黄氏,是一个典型的封建社会妇女,很懂礼教。卢安炳夫妇共有子女七人,卢德铭是最小的一个。

其父卢安炳希望幼子苦读成才,走仕途或商道,耀祖光宗。1921年,在卢德铭小学毕业后,便将他送到四川有名的学府——成都公学(中学)继续深造,是年,卢德铭16岁。此时,新文化之风在成都公学盛行,早期的共产主义思潮也在学校传播开来。已有独立思考能力的卢德铭开始接触到《新青年》、《向导》、《共产主义的ABC》等进步书籍和刊物,思想受到较大影响,接受了共产主义思想。

他对帝国主义瓜分中国,军阀连年混战强烈不满,多次向同学说:"中国要强盛,必要打倒列强,铲除军阀,对外武力御敌,对内武力统一,舍此无他途。"卢德铭遂下定决心学习军事,从戎报国。

1923年夏,卢德铭从成都公学(中学)毕业。卢德铭从报上看到了黄埔军官学校招生的消息,大喜过望,赶忙返乡,向父亲提出要去广州报考黄埔军校。卢安炳听说学业优异的幺儿要投笔从戎,一时间呆住了,他怎么也不能把操枪弄炮的事情同卢家的人联系起来!他铁青着脸断然否决了儿子的要求。

卢德铭慢慢做父亲的工作,把自己为什么会产生投笔从戎的念头向父亲道来,他还请来本乡老同盟会员、与孙中山先生交往甚密的李筱亭劝说父亲,最后,终于消除了父亲的顾虑。他还恳求李筱亭为自己向孙中山先生写了一封举荐信。

卢德铭出生地

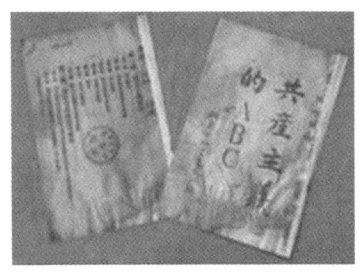

《共产主义的ABC》

黄埔军校第三期政治部成员合影
（前排右边第一人为卢德铭）

孙中山特批入黄埔

1924年，卢德铭辞别父母，经长途跋涉，终于来到了广州黄埔军校。因为路途遥远，等卢德铭赶到时，考期已过，黄埔第二期学生已开始了紧张的军校学习生活，卢德铭提出能不能让他们补考插队，校方拒绝了。

卢德铭几经努力，通过本乡的一个国民党员介绍引见下，终于见到了孙中山先生。

孙中山先生看了李筱亭写给他的举荐信，抬眼看了看卢德铭，问道："你要投考黄埔军校，去过黄埔了吗？"

"去过了。"卢德铭激动地答道，"我是从四川来的，路上走了几个月，错过了考期，军校现在已经招完生了！"

卢德铭又急切地说道："我立志投笔从戎，学军事以报效国家。不想考期过了，所以我才来求见先生，请先生出题考我！"孙中山想不到卢德铭会提出这样的要求，沉吟片刻，说道："那好，我就来考考你。"

孙中山提笔在公文笺上写下试题——"当今国民革命之首要任务"。卢德铭接过题，略一沉思，提起笔来，将平常的思索变成了一行行激情飞扬的文字。

孙中山看卢德铭的即席应试文章,不但字写得好,而且观点鲜明,有理有据,满纸激情涌动,忠胆毕露,提笔就给黄埔军校写了一纸推荐信,递给卢德铭,语重心长地说道:"希望你言行一致,报效革命!"

卢德铭面向孙中山深鞠一躬:"谢谢先生!德铭一定牢记先生教诲,报效革命,义无反顾!"

就这样,1924年秋卢德铭顺利地进入了黄埔军校,被编在第二期辎重兵队学习,终于实现了他的愿望,开始了他的戎马生涯。

黄埔楷模

在黄埔军校学习的卢德铭十分珍惜这来之不易的机会,刻苦学习,勤勉操练,严格要求,门门军事科目皆争前列,在军校政治生活中他也积极参加,尤喜登台演讲。孙中山来校视察时,蒋介石特意介绍了卢德铭的表现。在一旁陪同视察的军校教育长何应钦也插话道:"这个卢德铭,文武兼备,将来会是一个将才!"

"革命需要这些有为青年,革命需要大批有为青年。"孙中山颇为满意地说道,"今后,全校学生要以卢德铭为楷模。"

孙中山和军校校方对卢德铭的赞许,一时间在军校传为美谈。在军校的中国共产党组织也注意到了卢德铭,在共产党的教育影响下,他的革命觉悟提高很快,勇敢地参加了反对国民党右派的斗争,并于入校当年底加入了中国共产党。

1925年2月,广东军阀陈炯明叛乱。在黄埔军校二期生即将毕业时,国民革命军发起了对叛军陈炯明的东征战役,卢德铭被任命为学生军侦察队长,率领一个加强排的同学穿插于叛军前沿侦察敌情,他机智勇敢,多次化装潜入敌营侦察敌情,出色地完成了任务。

1925年6月,卢德铭从军校毕业,被军校政治部主任周恩来要去政治部任组织科员。同年8月20日,国民党右派杀害了廖仲恺,在军校举

汀泗桥战役遗址

汀泗桥战役中缴获敌人的武器

汀泗桥战役纪念碑

行的追悼大会上，卢德铭代表学生发表了慷慨激昂的演讲。讲到激动处，他捶胸顿足，声泪俱下，听众无不为之感动。不久，卢德铭奉周恩来之命到海陆丰帮助训练农民自卫军，为培育中国共产党掌握的农军武装作出了贡献。

北伐猛将

1925年11月，我党在广东肇庆组建了国民革命军第四军独立团。独立团以共产党员和共青团员为骨干，以黄埔学生为主力，招收失去土地的农民为士兵。全团约2000人，叶挺任团长。建制虽属国民革命军，但干部的调动、任命和人员补充，均由我党独立负责，实际上是我党直接掌握领导的第一支正规革命武装。

鉴于卢德铭坚定的政治表现和出色的军事才能，我党调派卢德铭任独立团2营第4连连长。

1926年5月1日，叶挺独立团从肇庆出发，挺进湖南，开始北伐。

6月1日，独立团抵达湖南永兴，正逢国民革命军第八军在湖南安仁县受到敌人猛烈攻击，岌岌可危。唐生智急电叶挺独立团增援，叶挺即令全团冒着瓢泼大雨，一路急行军，于6月2日上午赶至安仁。卢德铭所在的2营在安仁县北边的渌田镇阵地,顽强地顶住了敌人的猛烈进攻,卢德铭的四连坚守的阵地,打得尤为顽强,时至4日,不仅打垮了进攻之敌,还主动发起反击,全歼残敌。卢德铭率4连打到预定地点后,见敌正在溃逃,此时的卢德铭虽未接到上级追击敌人的命令,但他灵活地把握战机,主动果断地率四连追着敌军的屁股猛打猛冲,直追杀到攸县县城护城河南岸。

战后,叶挺团长对卢德铭临机果断的勇气十分赞赏,他在全团干部会上说:"比如攸县的占领,就是第四连连长卢德铭在指挥我,而不是我在指挥他们!"

7月10日,独立团占领了湖南醴陵。当时,湖南方面的敌军集中于汨罗、平江一线,利用汨罗江为阻隔,构筑坚固工事,组成"汨罗江防线"。在19日的平江战役中,卢德铭带领4连机智勇敢地绕到敌后,袭击敌人的薄弱环节,造成两面夹击之势,攻破敌阵,歼灭敌人。

8月27日、31日,北伐军在农民群众的支援下,一举攻下通往武汉的要冲——汀泗桥、贺胜桥,直系军阀吴佩孚的主力被歼灭。卢德铭战功卓著,俘敌团长李金门以下400余人,战后卢德铭晋升为独立团1营营长。他率领1营官兵在围攻武昌城的30天战斗中,英勇作战,取得重大战绩。有诗称赞道:"血战两桥敌胆惊,四连直捣武昌城。铁军个个英雄汉,多次冲锋有德铭。"

10月10日,北伐军攻克武昌城。攻克武昌后,叶挺升任国民革命军第24师师长,叶挺独立团改为73团,卢德铭升任该团参谋长,驻军武汉南湖。第一次北伐宣告胜利结束。

1927年4月19日,武汉国民政府再次誓师北伐,卢德铭所在的73团参加战斗,并和其他部队一起于5月中旬在河南上蔡县东洪桥、西洪桥等地打败了奉军主力。73团在团长周士第和参谋长卢德铭的指挥下,一路势如破竹,锐不可当。在上蔡决战中,配合北伐主力将奉军一举聚歼,而后胜利班师回到武汉。

不满 20 岁的警卫团长

卢德铭浮雕

卢德铭塑像

山口镇会议地址

1927年5月13日，原驻宜昌的国民革命军第14独立师师长夏斗寅叛变革命，通电联蒋反共，举兵阴谋偷袭武汉国民政府，并于17日率部进逼到武昌附近的纸坊。危急时刻，卢德铭随叶挺率部急返武汉，击溃了夏斗寅的叛乱部队。

1927年6月，国民革命军第二方面军总指挥部在武昌成立警卫团，即武汉国民政府警卫团，中国共产党党组织派卢德铭担任该团团长。卢德铭任团长后，坚定不移地执行党中央的指示，吸收了许多共产党党员和革命"左"派充任各级干部，使警卫团成为党直接领导的部队。

"马日事变"后的湖南一片血雨腥风，大批共产党员和革命群众遭到屠杀。为了保存革命力量，党组织把在湖南工作的一批领导骨干陆续转移到武汉。卢德铭利用职务之便，安排他们在警卫团担任各级干部，既保存了革命力量，又加强了党对这支部队的领导。

卢德铭对干部战士十分爱护，官兵团结友好，上下级关系融洽。他对战士们说："我是当团长的，我一定要把全团带好，训练好，管理好，上下团结如一人。你们的生命就是我的生命,我的生命也是你们的生命。"并身体力行,与战士们同甘共苦,待人诚恳热情,处事公道,深受士兵的爱戴和敬重。

1927年8月1日,南昌起义爆发。当日深夜,卢德铭收到了两封密电,一封是张发奎从九江发来的,要他立即率部乘船出发赶赴九江集结待命;另一封则是中国共产党党员周逸群发来的,要他率部急赴南昌,随南昌起义部队一起行动。

卢德铭收到密电后决定,来个"明修栈道,暗度陈仓",把部队拉出去,利用张发奎调防九江的命令,船到九江不停,直驶南昌,同起义部队会合行动。

8月4日,卢德铭率警卫团2000余官兵、中央武汉军分校2000余人在武汉分乘四条轮船沿江而下。为了摸清九江方面的情况,卢德铭派一艘小船前去九江侦察情况。侦察员在九江上岸后发现,张发奎部两个团的兵力已沿江布防,严密封锁去南昌的江航,卢德铭命令部队立即在黄石港弃船上岸,改由陆路向南昌进发。

部队经数日急行军,于8月8日到达靖安,休息一夜后,开至南昌附近的奉新县城。部队到达奉新后,卢德铭才知道,参加南昌起义的部队已于8月3日撤走,南昌又被张发奎部重兵占领。

考虑到与南昌起义部队相隔太远,追赶不及,卢德铭决定改变追赶南昌起义部队的计划。张发奎得到卢德铭率部进抵奉新的情报后,即令两个团的兵力向警卫团扑来,企图堵截围歼卢德铭团。

卢德铭果断决定:"把部队拉到修水、铜鼓一带去!先休整部队,同时派人去找江西、湖南党组织请求下一步行动的指示。"

湖南省的修水、铜鼓地处湘鄂赣三省交界的"三不管"地区,部队据此休整,前后左右进退便利。卢德铭立即集合部队,迅速撤离奉新,摆脱了张发奎部队的堵截后,一路从容前进。沿途还有不少青年农民军成员和一些起义失散人员加入,警卫团兵员迅速得到扩大。

警卫团开到修水后,为筹粮饷,卢德铭与驻扎江西的国民革命军第

当年工农革命军第一军第一师就是在这里设计军旗的

秋收起义军制作的第一面军旗——工农革命军第一军第一师军旗（复制品）

小知识

第一面军旗的设计

秋收起义要亮出工农自己的旗帜，前敌委员会即指派师参谋长陈树湘、参谋何长工、副官杨立三负责设计制作军旗。三人通过几天思考推敲，曾设计出几个图案，都觉得不满意。

何长工是湖南华容县人，曾经留法勤工俭学，学过几何知识。他在留学期间，见过苏联红军军旗的式样，于是据此提出了自己的设计方案，并画出草图。经过三人反复推敲、修改，最后设计出了工农革命军第一军第一师军旗图样：旗底为红色，象征革命；旗中央是颗黄灿灿的五角星，代表中国共产党；五星内镶着镰刀和斧头，代表农民和工人；旗左边白色涵管上写着"工农革命军第一军第一师"。

三军取得联系，以江西省防军暂一师名义驻防修水。卢德铭又得悉，在修水桃树港，有一支由罗荣桓带领的通城、崇阳农民军在活动，便派人去把他们接到修水，编为警卫团特务连，由罗荣桓任指导员。

8月下旬，警卫团和平江、浏阳农军等单位的负责人在江西修水县山口镇召开会议，决定把几支武装合组为一个师，由卢德铭任师长。

秋收起义总指挥

1927年9月，卢德铭率部参加毛泽东领导的湘赣边界秋收起义，卢德铭任工农革命军第一军第一师总指挥，中共湖南省委前敌委员会委员（毛泽东为前敌委员会书记）。在秋收起义誓师大会上，毛泽东作了简短的动员讲话后，卢德铭将绣有工农革命军第一军第一师的战旗授予起义部队，拉开了秋收起义的大幕。

秋收起义受挫后，9月19日，起义部队余部在湖南浏阳文家市会师，前委和师部驻扎在里仁中学。毛泽东和卢德铭在文家市对部队进行了整编，将师指挥部撤掉，把各团余部集中编为一个团，下辖两个营计七个连的兵力，并召开了前委会，决定部队今后的去向。

当晚,起义部队的最高决策机构——前敌委员会会议在文家市里仁中学召开。会议上,毛泽东根据敌强我弱和起义已遭受严重挫折的情况,提出了放弃攻打长沙和占领中心城市,到湘赣边界敌人统治比较薄弱的山区建立农村革命根据地,保存和积蓄革命力量,走农村包围城市,最终夺取政权道路的主张。

秋收起义的师部旧址

在讲到根据地和武装斗争的关系时,毛泽东打了一个生动的比方,他说:"革命要有根据地,就像人要有屁股。人若没有屁股,就不能坐下来,要是老走着,显然不会持久;腿走酸了,脚站软了,就会倒下去。革命有了根据地,才能够有地方休整,恢复气力,补充力量,扩大发展,走向最后胜利。"

秋收起义的口号

毛泽东主张放弃攻打长沙,把起义军转移到敌人力量薄弱的农村山区。当时湖南省委的要求和起义部队内部一部分人

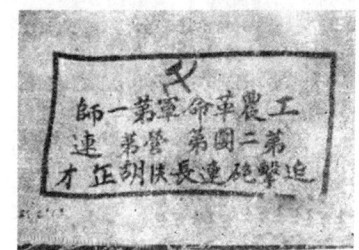

工农革命军第一军第一师第二团分发的标识

湖南省浏阳县文家市的秋收起义会师纪念馆

有打到长沙的愿望。

在这两种针锋相对的意见争论不下的关键时刻,卢德铭坚决地站在了毛泽东一边,拥护毛泽东"向罗霄山脉进军,建立革命根据地"的正确主张,反对"取浏阳直攻长沙"的错误路线,认为再攻长沙就有全军覆没的危险。

他恳切地说:"毛委员的意见,我完全赞成。这是一个英明的决策。现在敌人集中兵力来打我们,我们处于生死存亡的紧急关头,如果还去攻打长沙,就有全军覆灭的危险。向井冈山进军,是一个伟大的战略撤退,有光明的前途。只有这样,我们才能从根本上扭转局面,保存和壮大革命力量,向反动派开展有力进攻。"

卢德铭的这一意见,对于会议统一思

文家市前委会里仁中学旧址

文家市前敌委员会会址

毛泽东(左)在秋收起义中

毛泽东与参加秋收起义的部分同志合影(1937年5月于延安)。照片上方的题字为毛泽东的手迹。

想,起到了重要作用。由于卢德铭是秋收起义的总指挥,在部队中有很高的威望,他的坚决支持,为会议最终通过毛泽东的正确主张产生了重要影响,起了关键作用。会议经过激烈争论,最后通过了毛泽东的正确主张,决定部队沿罗霄山脉向南转移。

文家市会议上的这一决策使部队战略方针从进攻中心城市的阵地上退下来,转向敌人统治力量薄弱的地区去落脚,积蓄力量,再图发展。它代表了中国共产党战略转变的开始,是中国人民革命历史中具有决定意义的新起点。

掩护毛泽东

1927年9月20日,在里仁中学的操场上,毛泽东向起义部队发表了著名的文家市讲话。

毛泽东语言通俗易懂,讲话好似聊家常,打的比方更使人印象深刻:

"这次秋收起义,虽然受了挫折,但算不了什么!胜败乃兵家常事。我们的武装斗争刚刚开始,万事开头难,干革命就不要怕困难。我们有千千万万的工人和农民群众的支持,只要我们团结一致,继续勇敢战斗,胜利是一定属于我们的。我们现

卢德铭烈士纪念碑

萍乡秋收起义纪念碑

在力量很小，好比是一块小石头，蒋介石好比是个大水缸。总有一天，我们这块小石头，要打破蒋介石那口大水缸。大城市不是我们要去的地方，我们要到敌人统治比较薄弱的农村去，发动农民群众，实行土地革命！"

毛泽东的讲话极大鼓舞了起义部队的官兵，起义部队在毛泽东、卢德铭率领下，从文家市向井冈山进发，开始了具有历史意义的战略转变。

9月24日，起义部队经江西萍乡的桐木、小枧到达芦溪。在此休息了一夜后，第二天清晨，部队从芦溪更田村出发沿芦溪河行进，毛泽东和卢德铭率领指挥部走在前面。

当部队行进到离芦溪镇15里的山口岩时，遭到敌军伏击。起义部队毫无准备，仓促应战，损失很大。混乱中，许多参军不久的农民战士四处逃散，部队有被打垮的危险。

在此危急关头，卢德铭迅速观察了一下周围地形后，大喝一声"一连跟我来！"一抖马缰，带着一连士兵就向路旁一个小山包冲去，并迅速抢占了山包，开枪压制敌人火力，掩护主力转移。

这场恶战中，敌人一部占领了附近的一个山头，居高临下，雨点般的子弹疯狂

修水县秋收起义纪念馆中毛泽东、卢德铭雕像

秋收起义烈士纪念碑

秋收起义铜鼓纪念馆

文家市会师(油画)

文家市讲话(绘画)

地向卢德铭所在的阵地扫射。卢德铭全然不顾,继续指挥战斗,不幸身中数弹,壮烈牺牲,年仅22岁。

毛泽东虽然同卢德铭只相识了不到一个月,但相互间已十分信任,两人建立了深厚的革命情谊。当毛泽东听到噩耗后,痛惜不已,他悲愤地大呼:"还我卢德铭!给我3个师也不换!"

敌人撤退后,当地群众含着热泪将他和一起在战斗中牺牲的四十多位工农革命军指战员的遗体一同掩埋在小土坎的茶树下。

1982年,当地政府在他牺牲的地方修建了"卢德铭烈士革命陵园"。

卢德铭烈士陵园内的塑像

江上青
(1911–1939)

荣　　　誉：皖东北抗日根据地奠基人
民　　　族：汉族
出　生　地：江苏省江都县
诞　　　辰：1911年3月12日
逝世纪念日：1939年7月29日
牺　牲　年　龄：28岁

为什么替我们底力量担心？
悠长的午夜终要走向黎明。
地球底边缘涌起了太阳，
它奔来欢迎我们底渴望；
有一天全世界受难的朋友，
沐浴那温热的阳光！

脱去镣铐,回复"人"底面貌,
用太阳底火融化冰雪,
地心底热流洗清了血腥;
冰雪和血腥消灭,
时代才能顺着轨道前行。

江都的江上青故居

这是江上青烈士的诗作《前进曲》中的一节,写于日本帝国主义侵略东北三省之后。这首诗充满了祖国的热爱,对光明的向往,对战斗的召唤。它的声音,是20世纪30年代初期所有先进分子的声音;它的希望,是30年代初期所有先进分子的希望。江上青烈士正是《前进曲》这个战斗宣言的忠实执行者。

20世纪30年代的扬州中学

江上青,原名江世侯,祖籍安徽,1911年出生于江苏省扬州江都县仙女镇一个中医职员家庭。江上青的父亲江石溪,早年行医,辛亥革命后在内河大达轮船公司任职。他具有爱国民主思想,在反对袁世凯与日本签订卖国的二十一条时,曾撰小曲多支,教人传唱,以示反抗。江上青自幼受父亲影响,酷爱文史,爱憎分明。

今天的南通中学

学运骨干 17岁入狱

1924年起,江上青先后在扬州中学、南通中学读书。期间,他积极参加反对帝国主义列强和军阀的学生运动,并在大革

小资料

江上青诗歌

十月底旗帜

我们纪念它,

——十月底旗帜!

我们的旗帜是红的,

它是火,它向太阳,

它象征我们的血;

它散出来的是馥郁的馨香,

这刀和斧的旗帜,

用我自己的意志,

将它高高举起。

我们纪念它,

——十月底旗帜!

是因为我们在受着惨痛的苦难,

是因为我们的周围依旧是黑暗。

我们有的是斧和刀,

只要有十月革命底旗帜——

红日的旗帜照耀在我们面前,

夺给我们枪和炮,

胜利终也会奔进我们底怀抱。

(此诗是江上青1929年为纪念十月革命12周年而作。)

命失败、白色恐怖笼罩的1927年秋,参加了中国共产主义青年团,这是江上青走上革命道路的开端。

1928年夏,江上青转回扬州中学读高二,继续从事地下学运工作。

同年冬,江上青被国民党当局以学运骨干分子为名逮捕入狱,关押在苏州监狱。在狱中,江上青坚不吐实,国民党当局无可奈何,终致法院以他年幼无知关押半年予以释放。

1928年6月,江上青出狱后回到了扬州,准备重新就读。然而,扬州中学在旧势力的把持下,拒绝接纳江上青复学。

二度入狱 以诗为剑

1929年7月,江上青到田汉等著名进步文化人士执教的上海艺术大学文学系学习。同年,由共青团员直接转为中国共产党党员。不久,上海艺术大学的原任党支部书记调到中共上海法南区委工作,江上青担任"艺大"党支部书记,继续从事地下学运工作。

当时的上海,斗争极为残酷,革命者随时都可能遭遇不测。对此,江上青无所畏惧地说:"该冒险的还是要冒险,干革命本来就是要随时准备坐牢的。"

江上青积极参加和领导学生运动,贴标语、散传单、参加示威游行,进行演讲鼓动,并经常深入工厂开展活动。他热情、朴实、聪明、能干,深得工人、学生的拥戴。

在此期间,江上青结识了左翼作家郁达夫、殷夫、蒋光慈、阳翰笙等人,受他们的影响,创作了《十月底旗帜》等新诗。

上海艺术大学学生宿舍旧址(上海虹口区多伦路145号)

1929年12月,他在上海北四川路粤商酒楼参加党的会议时,被反动当局逮捕,关押在提篮桥监狱,后又被押到苏州,关在第三监狱。他对前去探望的同志充满信心地说:"坐牢没得关系,放出去再干!"

在狱中,先后写下了《赤裸着身体》、《冷漠的世界》、《饿是武器》、《我重新来到了这里》等诗篇。1930年冬,江上青带着一身疾病出狱。

郁达夫

1931年春,江上青因在狱中备受折磨,身患严重的哮喘病,获释后身体极度虚弱。在养病期间,他革命意志仍然不减,陆续写下了《血底启示》、《饥寒交迫着灾民》等诗篇。

同年8月,受党组织派遣,考入上海暨南大学社会学系学习,同时继续秘密从事学生运动工作。

九一八事变后,面对日寇侵略和国民党当局不抵抗政策所造成的深重灾难,江上青义愤填膺,饱含激情地写下了《前进

殷 夫

曲——东三省事件》的长诗。这首创作于1931年的诗作，充分表现了不畏艰险、勇猛战斗的大无畏精神。在当时曾广为流传，起到了唤醒民众，鼓舞抗日斗志的积极作用。

宣传抗日　唤起民众

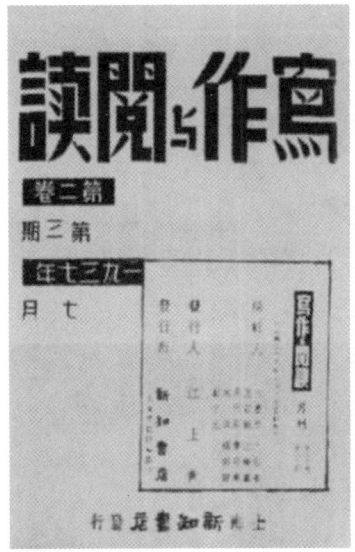

江上青发起创办的《写作与阅读》杂志

1932年2月，江上青回到扬州，与当地热血青年创办《新世纪周刊》，不断在刊物上发表文章，鼓动青年学生开展救亡活动。1933年他应聘到仪征十二圩中学担任国文教员，积极宣传马克思主义。

1935年9月，江上青接受扬州平民中学聘请，担任国文教员。不久，与王者兰结婚。婚后只生二女，长女名泽玲，次女名泽慧。按当时传统习惯，大哥江世俊将其次子泽民过继江上青为子。

仪征市扬子学校的前身为十二圩中学

1936年秋，江上青发起创办《写作与阅读》杂志，担任编辑，并发表许多宣传抗日的文章。

1937年7月卢沟桥事变后，江上青撰写了《卢沟晓月》，"全体民众将紧紧地团结在一起，用四万万五千万同胞的热血换取民族的光荣"，表达了抗日救国的激情。

10月19日，江上青等借去沪参加鲁迅先生逝世一周年大会之机，与上海文化

抗战爆发后，在党的领导和推动下，各地青年组织各种救亡团体，深入群众，进行抗日宣传。图为中国青年救亡协会无锡青年抗敌工作团，在街头进行抗日救亡宣传

江上青 (1911—1939)

界救亡协会联系,在郭沫若、夏衍、钱俊瑞等的支持下,回扬州组织了江都县文化界救亡协会,同时创办《抗敌周刊》。

面对国破家亡的现状,毅然离开生他养他的扬州,组织进步学生宣讲团,徒步前往武汉。一路上江上青带领学生们到广泛开展抗日宣传,组织动员民众参加抗日斗争。有时他还在市镇街头朗读自己即兴写的抗日救亡诗词,和老百姓一起高唱《松花江上》。

11月中旬,他又发起组织了江都县文化界救亡协会流动宣传团,从江都出发,溯江而上,沿途以演讲、演戏、出壁报、写标语、教唱歌曲、画宣传画等多种形式,控诉日军罪行,唤起民众抗日。他的演讲条理清晰,语言流畅,赢得听众的阵阵掌声。江上青还亲自作词,为"流动宣传团"写了团歌:"……我们是铁的队伍,是热情的一伙,要举起抗战的旗帜,要掀起抗战的巨波。"

1938年春夏时节,江上青遵照党组织的指示到安徽,在中共安徽省工委领导下,参加了安徽省抗日民众动员委员会第八工作团,在大别山区的六安、寿县、颍上、固始、商城一带开展抗日宣传工作。

当时,武汉《新华日报》发表了特派记者章汉夫写的文章,对江上青等人的抗日

江上青和妻子王者兰

小资料

江上青诗歌

七律　吟赠兰妻述怀

敢云气足拔千城?
破卷英雄最有情。
红尘清歌春梦散,
金戈铁马壮心惊。
岂甘草莽闻鸡舞,
聊续尘缘作凤鸣。
知我疏狂豪态灭,
纵谈风雨过三更。

1935年9月,江上青、王者兰携手走进了婚姻的殿堂。这是江上青写给新婚妻子的一首诗。

江上青七律《吟赠兰妻述怀》手稿

181

小资料

江上青诗歌

七律　赠树峰

过隙光阴逝白驹，
十年患难早扶持。
雄心拼付三期战，
别绪全凭一雁书。
春水绿杨思故里，
秋山红叶走征途。
天涯兄弟成劳燕，
互问风尘老病无。

这是1939年江上青牺牲的当天写给弟弟江树峰的诗。一个年轻的革命者，带着对生命对亲人的无限依恋，踏着漫山遍野的红叶走了。这是何等壮美的境界啊！

江上青祖居地（安徽省青阳县江村）

安徽省青阳县江村

宣传工作给予了热情的赞扬。

临行"自祭"　矢志不渝图存亡

1938年11月间，皖东北地区被日军占领后，中共安徽省工委宣传部长张劲夫代表党组织，决定成立皖东北特别支部，任命江上青为特支书记，并带领特支的一批共产党员到皖东北开展工作，与国民党安徽省第六行政区督察专员公署专员、第五游击纵队司令盛子瑾建立统一战线，负责开辟皖东北抗日根据地的准备工作。

根据党组织的意见，江上青毅然放弃较为优越的教职，前往安徽开辟新区。江上青之所以被派安徽，不仅因为那里是他的祖籍，重要的是党组织希望他前往皖东北落后地区去组建地方武装，伺机开展对敌斗争。

临行前，江上青告别妻子女儿，与养子江泽民辞别说："抗日嘛，难免要碰到危险。但是任何危险也吓不倒我们。对我来说只有为抗日流尽最后一滴血，才算不失中国人的骨气。只有这样才算对国家对民族尽到了责任！"

江上青深知敌后形势复杂，环境险恶，临行时作"自祭"联一幅："拼将瘦骨埋锋摘，长使英雄祭血衣。"表示要为党的事业不惜牺牲自己的生命。

秘密统战　奠基皖东北

江上青到达安徽省中共安徽省工委机关所六安县后,秘密来到皖东北第六区,担任国民党安徽省第六行政区专员公署专员盛子瑾秘书兼保安副司令、第五游击纵队司令部政治部主任。

1938年12月,江上青建议参与创办了皖东北军事政治干部学校,江上青担任副校长并实际负责学校的领导工作(校长由盛子瑾挂名),动员吸收有志抗日的青年参加学习,并在学员中秘密发展党员,为皖东北抗日根据地的开辟培训了数百名军政干部。

同时,江上青创办了《皖东北日报》,开办了临时中学和行政干部、青年干部、财经干部训练班,并亲自撰稿并经常给学员讲课,他那犀利的笔锋和出色的讲授艺术,给人们留下了深刻的印象。

1939年1月,通过江上青积极奔走,先后组建由中国共产党党员赵汇川、徐崇富分别领导的"六抗"(第六抗日武装司令部)第三支队和特务支队,这是我党在皖东北地区直接控制的抗日武装力量。

江上青派遣地下党员分别到宿县、灵璧等地联系当地抗日青年和抗日武装队伍,在泗县组建"六抗"农民支队,在五河组建了"六抗"淮河支队。同时还组建了各县、区、乡抗日武装力量。县建立武装大队,区建立武装中队,乡建立武装分队。到1939年8月"六抗"组建了六个支队,由100多人枪发展到4000多人枪,这些由共产党领导或控制的队伍后来编入了新四军,成为驰骋江淮大地的一支重要的抗日武装力量。

秋风里　大星陨落

经过党组织和江上青的艰苦奋斗,皖东北出现了生气勃勃的抗日

在皖东北根据地时的张爱萍

《魂系皖东北——江上青殉国六十年祭》(中共党史出版社出版)

江上青小学(泗县刘圩镇秦场村小湾庄)

救亡局面。

1939年5月初,中共皖东北特委成立,江上青担任特委委员。特委成立后,他积极协助中共豫皖苏省委书记兼八路军、新四军驻皖东北办事处主任张爱萍等,进一步推动皖东北国共合作、团结抗战局面的形成,共同建立皖东北抗日根据地。

为了促成八路军、新四军到皖东北地区与盛子瑾合作抗日的局面,江上青抓住盛子瑾主张抗日,但在国民党派系斗争中势孤力单、急于寻求援军的心理,及时开展工作。

7月中旬,江上青协助八路军、新四军代表张爱萍、刘玉柱与盛子瑾会谈,顺利达成合作抗战的协议。

时任国民党灵璧县县长的许志远,不抗日,拉势力,树山头,与盛子瑾矛盾激烈,对皖东北抗日局势影响很大。

江上青不辞辛苦地奔波于泗县和灵璧之间,促成盛子瑾、许志远二人到八路军苏鲁豫支队的胡炳云大队驻地灵璧县张大路举行会谈。

1939年7月29日,在张爱萍主持下,盛子瑾、许志远二人进行了会谈,许志远表面表现很好,愿意接受盛子瑾的政令,会谈很圆满,但暗地里许志远指使反动地主武装埋伏在盛子瑾回程经过的泗县东

泗县刘圩镇秦场村小湾庄江上青殉难处的纪念碑亭

泗洪县烈士陵园的江上青烈士墓

北刘圩镇小湾庄。当盛子瑾、江上青等经过时,突然发起猛烈袭击,江上青奋起反击,身中数弹,不幸壮烈牺牲,年仅28岁。

噩耗传来,皖东北抗日根据地的各界人士都沉浸在巨大的悲痛之中,在青阳、半城隆重举行追悼大会。抗敌演剧第六队为之谱唱了一曲动人的挽歌《陨星》:

"秋风里,陨落一颗大星,你去了,带着音响,划过长空。……你是生花妙笔的江淹,你是朗朗照人的玉山,你是铁腕斗胆的股肱,打开皖东北的今天。……"

江上青烈士塑像

江上青塑像

李硕勋
(1903–1931)

荣　　　誉：早期学生运动领袖
民　　　族：汉族
出　生　地：四川省庆符(今高县)
诞　　　辰：1903年2月23日
逝世纪念日：1931年9月16日
牺 牲 年 龄：28岁

　　李硕勋同志是中国共产党早期的优秀党员，我国进步青年学生运动的杰出领袖，我军卓越的军事指挥员，英勇的共产主义战士，忠诚的无产阶级革命家。

四川建团

　　李硕勋，1903年2月出生在四川庆符县(今高县庆符镇)一个开明士绅家庭,原名开灼,字叔薰,又名李陶。

李硕勋5岁读私塾,9岁转入庆符镇梧岗书院初级小学读书。1915年,升入县立高级小学读书。辛亥革命启蒙了他幼小的心灵,立志"吾不欲为学者,愿成功一事业家"。他效法当时的革命者,剪去长发,换上短装,表现出大胆的反抗精神,人称"少年革命军"。

1918年7月,李硕勋考入宜宾叙州联合县立中学。10月,因父亲病逝而辍学。1919年,离家赴成都求学,打算报考四川讲武堂,因年仅16岁没被录取,遂就读成都储才中学。

1919年5月4日,北京掀起五四运动,李硕勋立即投入成都的声援活动。中国外交的失败刺激了未满17岁的李硕勋,毅然投报川军第1师骑兵团。当时中国军阀混战、民不聊生,投军半年的他非常失望,愤然弃武回乡。

1920年12月,李硕勋重新考入宜宾叙州联合中学,并被选为四川学联抗敌后援会宜宾负责人、示威游行总指挥,率领浩浩荡荡的游行队伍走向街头宣传演讲,收缴销毁日货。

1921年初,李硕勋不安于宜宾的闭塞,与挚友阳翰笙来到成都,插班进入省立第一中学,结识了成都高等师范学校富

李硕勋故居

1921年在成都省立一中读书时的李硕勋

1922年冬,李硕勋(中)赴北京弘达学院求学前与长兄李伯焘(左)、二兄李仲耘(右)的合影。

1925年李硕勋被推选为全国学联总会会长(后排左四)

有革命思想和渊博知识的吴玉章校长,开始接触马克思主义,接受革命思想的熏陶。他一面刻苦读书,一面积极参加反帝反军阀活动,是学生中的活跃人物,很快被选为校学生会和四川省学生联合会出版部主任,参加领导四川的学生运动。

同年冬,李硕勋等进步同学联合发起成立了"成都社会主义青年团",不久改名为"四川社会主义青年团",李硕勋任四川团支部干事,是主要负责人之一,也是中国共青团的先驱者之一。不久因从事革命活动,李硕勋遭到军阀通缉。

学运领袖

上海大学临时宿舍

1922年11月,李硕勋被迫离开成都,进入北京弘达学院,积极参加学运和工运。1923年,李硕勋进入国民党和共产党合办的上海大学学习。在这里,他先后听过瞿秋白、蔡和森、恽代英、张太雷等著名共产党人的课,系统地接受了马克思主义。同时,李硕勋成立了平民世界学社,宣传反帝、反军阀的革命主张。

1924年5月,李硕勋由社会主义青年团员转为中国共产党正式党员,成为一名共产主义战士。从此,他更加努力学习,更加积极参加革命斗争。

1926年与同在上海大学学习的赵君陶(赵世炎的妹妹)结婚

1925年五卅运动期间,他积极参加上海革命群众的反帝爱国斗争,被选为上海学生联合会代表和全国学生联合会会长。同时他还以学生代表的身份参加领导了上海工商学联合会(中国共产党领导下的统一战线组织)的工作,推动了声势浩大的罢课、罢工、罢市斗争。6月4日,李硕勋参加上海工商学联合会,当选为委员,参与领导学生、工人、商界的"三罢"斗争。

6月17日,李硕勋在全国第七次学生代表大会上当选为全国学联总会会长。他提出建立学生军的建议并组建了上海学生军,成立了全国学联军事委员会,任委员长。

9月1日,李硕勋发起召开反帝同盟代表大会,被推选为上海反帝大同盟主席。7日,在上海十多万人参加国耻纪念大会上,被推选为主席。10月,兼任全国学联党团书记。

1926年7月23日,李硕勋在广州主持召开第八届全国学生代表大会,再次被选为全国学联总会会长。中央指示他以个人身份加入国民党兼任国民党上海市党部秘书长。他通过国民党上海市党部、国民会议促成会,揭露北洋军阀践踏民主、实行专制独裁的种种罪恶,领导学界开展了声援"万县惨案"的斗争。

这一时期,李硕勋把主要精力投入到主持全国学联总会工作中,领导开展全国学生运动,成为我国早期爱国学生运动的杰出领袖。

征战途中

1926年10月,李硕勋受命到武汉中共湖北省委工作,任武昌县委书记兼武昌地委组织部部长。同年冬,任共青团湖北省委书记。期间为叶挺独立团补充了大量人员,有力地支持了北伐军北伐。

1927年春,李硕勋被党派到由叶挺独立团扩编的国民革命军第4军第25师任政治部主任。4月,他率第25师继续北伐,亲自参加指挥河

北伐时期的李硕勋

北伐战争纪念碑(郑州)

三河坝

南东洪桥、西洪桥、上蔡战役大败奉军。5月回师武汉，参与平定了夏斗寅的叛乱。

7月15日，汪精卫在武汉发动反革命政变，大肆逮捕、屠杀共产党人。为了挽救革命，中央决定将党所掌握的部队向南昌集中，准备起义。8月1日，李硕勋接到指示后立即与聂荣臻、周士第率部克服重重阻挠，于2日胜利抵达南昌参加起义，编入起义军第11军25师。周士第任师长，李硕勋任党代表兼政治部主任。南昌起义后，起义部队撤出南昌，挥师南下，周士第和李硕勋率领的第25师作为后卫部队，一直战斗到最后。19日，周士第、李硕勋率部参加了会昌战役，迅猛歼敌两个营，缴枪几百支，取得了会昌战役的胜利。

9月18日，起义军到达广东大埔县三河坝后，部队获得了宝贵的休整机会，成立由朱德、周士第、李硕勋组成的前敌委员会，朱德任总指挥，仍作为后卫留守三河坝配合南下潮州、汕头的南昌起义军主力作战。10月1日，敌发动进攻，李硕勋亲临阵地指挥，鼓励战士说："我们一定要发扬'铁军'叶挺独立团英勇战斗精神，坚守三河坝！"经过三天三夜的激战，歼敌3000多人，25师伤亡900余人。

10月6日，李硕勋参加了由朱德主持的饶平会议，会议决定"穿山西进，直奔湘南"的方针。

10月下旬,这支部队在朱德、周士第、李硕勋的率领下,经过艰苦跋涉,到达江西南部山区。由于与中共中央和地方党组织失去了联系,朱德、周士第、李硕勋及广大官兵心里都十分着急。考虑到李硕勋在上海学习、工作多年,熟悉上海情况,与中共中央有过联系,朱德派李硕勋去上海,向党汇报部队的战斗情况,请示今后的行动方针。

白区斗争

离开部队后,李硕勋风餐露宿,日夜兼程,翻过了一座座大山,越过了一条条河流,闯过了一道道关卡,终于来到上海。1927年12月,李硕勋到上海找到当时主持中央工作的瞿秋白,汇报了起义部队在赣粤边区艰苦作战的情况。

汇报完工作后,中共中央没有分配李硕勋回部队,而是把他留在上海从事白区工作,任中共江苏省委秘书处秘书。1928年4月,李硕勋担任中共浙江省委常委、省军委书记。1929年1月16日改任省委组织部部长。继后,中央调他任上海沪西区区委书记,他经常乔装外出,秘密来往于工厂、街道,组织和发动群众开展斗争。

1929年3月,李硕勋奉命从浙江调回上海,先后任沪西区区委书记、中共江苏省委军委书记,中共江南省委军委书记。图为这一时期的李硕勋。

李硕勋在上海

李硕勋赴海南前在香港的留影

李硕勋烈士的遗物

李硕勋烈士纪念碑亭

1929年春李硕勋再回上海,任中共沪西区区委书记。同年秋改任中共江苏省军委书记,和省委书记李维汉一起领导江苏的武装斗争,发动和领导了苏北的农民起义,把苏北南通、海门、如皋、泰兴等地的农民武装统一改编为中国工农红军第十四军。

1930年春,中央调李硕勋任中央军委委员兼江苏省军委书记,后任中共江南(江苏、安徽、浙江和上海市)军委书记。10月29日江南省委决定由陈云、李硕勋等组成江南省委外线工作委员会,发动农民开展游击战争。

1931年1月17日,中央决定撤销江南省委,李硕勋仍任江苏省军委书记,王明任江苏省委书记。期间,李硕勋与王明"左"倾教条主义路线进行了斗争。2月,蒋介石调集20万大军,再次对中央革命根据地实施"围剿"。李硕勋发动江苏、上海等地的进步人士声援和配合中央革命根据地的反"围剿"斗争,使敌人后方不得安宁。

碧血洒天涯

1931年4月,参与领导中央情报保卫工作的顾顺章在汉口被捕叛变,中央决定转移一批在白区工作的骨干,派往红军和革命根据地。5月,中央派李硕勋到红七军任政委,他愉快地接受了任务,取道香港,转赴红七军。24日,李硕勋抵达香港,因病留港治疗。当时,中共广东省委设在香港,迫切需要大批干部。为此,省委特别请求中央把李硕勋留在广东省委,中央遂任命他为广东省军委书记。

7月1日,李硕勋的妻子、原在中共中央妇委工作的赵君陶受党中央的派遣来到香港。这时,李硕勋正计划到琼州(今海南)检查指导游击战争。赵君陶携子来到香港,令他喜出望外。白色恐怖下的亲人相聚是十分宝贵的。赵君陶千里迢迢来到自己身边,但他没有沉湎于骨肉相聚的欢乐之中,更重要的工作还在等待着他,革命根据地坚持武装斗争的同志们正在渴望着上级党组织的指导。一个星期后,李硕勋便按原计划买了船票,准备只身去海南,主持召开琼崖游击队负责人的军事会议,指导海南扩大武装斗争。

去海南的路上充满了凶险。李硕勋不会说广东话,更不会说海南话,一个人前往海南,语言不通,人地两生,在白色恐怖笼罩,军警特务四处活动的情况下,随时都有出现意外的可能。但李硕勋心里想的只有党的工作,毅然踏上了充满凶险的旅途。

8月,李硕勋来到了海口。他一下船,就按照秘密地址,与琼崖地区党组织和军事负责人联系。由于叛徒出卖,8月13日晚,李硕勋返回海口得胜沙路中民旅店时被捕。

入狱后,因自己的身份已被敌人所知,为了保护组织的安全,他与敌人进行了针锋相对的斗争。在狱中,他受尽严刑拷打,毫不动摇。李硕勋利用一切机会向难友、狱兵开展革命宣传,体现了一个共产党员生命不息、战斗不止的英雄气概。狱友陈加清回忆说:"李硕勋每晚受刑讯几次,敌人将他用铁丝缚起来,悬吊在半空中,像荡秋千般地摇来摇去,用种种酷刑折磨他。每次回监房,都是遍体鳞伤,鲜血直流。但他却将自己的生死置之度外,对我们说:'要继续奋斗,前途是光明的!'"

1931年9月14日,李硕勋给妻子赵君陶写了一封光耀千秋的遗书:"余在琼已直认不讳,日内恐即将判决……死后勿为我过悲。惟望善育吾儿。你宜设法送之返家中,你亦努力谋自力为要。"15日,陈济棠电令将李硕勋就地枪决。16日,国民党宪兵队将已被打折双腿的李硕勋用竹箩抬到海口东较场行刑。这位铁骨铮铮的共产党员慷慨赴死,从容就义,年仅28岁。

新中国成立后,李硕勋生前的领导和战友朱德元帅题词:"硕勋同志临死不屈,从容就义,是人民的坚强战士,党的优秀党员。他对革命的功绩永垂不朽!"

赵一曼
(1907–1936)

荣　　　誉： 抗日英雄
民　　　族： 汉族
出　生　地： 四川省宜宾县
诞　　　辰： 1905 年 10 月 25 日
逝世纪念日： 1936 年 8 月 2 日
牺 牲 年 龄： 31 岁

宁儿：

　　母亲对于你没有能尽到教育的责任，实在是遗憾的事情。母亲因为坚决地做了反满抗日的斗争，今天已经到了牺牲的前夕了。希望你，宁儿啊！赶快成人，来安慰你地下的母亲！在你长大成人之后，希望不要忘记你的母亲是为国而牺牲的！

　　一九三六年八月二日你的母亲赵一曼于车中

　　这是伟大的母亲、民族英雄赵一曼临刑前给儿子宁儿写下的一封

催人泪下的遗书。

凝视赵一曼女士的照片,在宁静、美丽、优雅、弥漫着不俗气质的背后是常人难以想象的坚强……她曾写过一首题为《滨江抒怀》的诗:"誓志为人不为家,涉江渡海走天涯。男儿岂是全都好,女子缘何分外差?未惜头颅新故国,甘将热血沃中华。白山黑水除敌寇,笑看旌旗红似花。"是对照片最好的注脚。这位来自乡下的川妹子,当她接受了进步思想的熏陶,接受了黄埔军校和莫斯科中山大学的教育,接受了东北抗日武装斗争的锤炼,她就注定会成为非同寻常的人物。不过,她留给后世最难忘的印象,则是她被捕后面对日寇的酷刑坚贞不屈、慷慨赴死的壮烈一幕……

英雄心 "游洋"梦

赵一曼,1905年10月25日出生在四川省宜宾县白花镇白杨嘴(今一曼村)一个地主家庭,原名李坤泰,参加革命后用名一超,在东北抗日时化名赵一曼。

父亲李鸿绪自学中医,是一名乡间医生。他治病救人,坐堂行医。李鸿绪思想开明,家道殷实,乡下有良田,城里有商行、店铺,深得乡邻的信赖。在当地,李家是声名显赫的大家族。母亲秀美俊俏,温柔贤惠,无论是操持家务,还是针线女红,不仅在妯娌之间,而且在族人和邻居的眼里都称得上一把好手,是个当之无愧的贤妻良母。她生了八个儿女,赵一曼排行为七,是最小的女儿。李鸿绪给这个幺女起乳名叫端女,大名坤泰,字淑宁。他希望这个幺女能在这个混乱的世道给李家带来安宁和康泰。赵一曼从小就在坝子上、竹林里自由自在地玩耍,成为大自然的天使。

赵一曼七八岁的时候,父亲李鸿绪在自家的楼下办了个私塾,私塾先生除了教一曼之外,还有李姓本家的六七个孩子,读的是《三字经》、《百家姓》、《千字文》等启蒙课本。先生每天带着一群孩子咿咿呀呀地读书,像一只老母鸡带着一群小鸡雏,村里人便把这种私塾起名叫做"鸡婆学堂"。

在交通闭塞的川南贫困山区,百姓十有八九没念过书,祖祖辈辈蜗居在山乡里,很少有人到过宜宾城。像赵一曼这样的能在私塾读书的女孩子更是凤毛麟角。

赵一曼从小就立志读好书,她对弟弟和侄子们说:"将来我要到县城里去念书,到京城里去上大学。"侄子们都不信,认为她是吹牛。赵一曼自信地说:"怎么不能,我还想去游洋呢!秋瑾不是就游过洋吗,我也能。"

梁红玉击鼓退金兵(年画)

"游洋",对那个时代的女孩子来说,确实是一个遥远的憧憬,对于赵一曼也是一个童年美丽的梦。从此,侄儿们见着她就笑着喊:"游洋生来啦!游洋生来啦!"

后来,赵一曼真的"游洋"了。1927年她在武汉中央军事政治学校给二姐李坤杰写信说,我可能要到苏联去,先不要告诉别人,如果去不成,就成了幼年时"游洋"的笑话了。赵一曼到苏联后又给李坤杰写信说,"游洋"的事你可以讲了。

穆桂英大破天门阵(年画)

赵一曼从小喜欢听父亲讲"梁红玉击鼓退金兵"、"穆桂英大破天门阵"等中国古代女英雄的故事,梦想着自己将来也像梁

小故事

梁红玉击鼓战金山

宋高宗建炎四年(1130年),金兀术带了三十万金兵,一路烧、杀、抢、掠,直奔京口(现在的镇江)杀过来。

守卫京口的是南宋名将韩世忠和他的夫人梁红玉。一个勇猛善战,一个足智多谋。

金兀术带领的五百条战船。这批战船,耀武扬威,顺流而下,来犯瓜洲。梁红玉在金山顶上,她英姿飒爽,猛然击起战鼓。韩世忠听到鼓声立即指挥水军,扯帆迎敌。

没过一会,韩世忠又听到鼓声,指挥战船,变化成人字队形,且战且退,转眼间便隐进了青翠翠的鲇鱼套芦荡里了。金兀术连忙带着金兵紧紧追赶,追进了鲇鱼套芦荡。梁红玉敲起三通鼓。随着震天动地的鼓声,芦荡里事先埋伏好的战船,如同离弦的箭一般,"嗖嗖"地都飞了出来。宋军个个都惯熟水性,有的钻进深水,用凿子把金兵的船底打通;有的拦住敌船,用火箭、火炮,猛轰金兵……直打得烟雾腾腾,火光冲天。一个个金兵不是被火箭射伤,就是被火炮炸死;不是枪上死,就是刀下亡。没死的跳进长江,也被江水灌得半死不活了。金兀术的三十万人马,一下被打死、淹死、打伤了一大半。

红玉、穆桂英那样尽忠报国,在玩游戏的时候也喜欢充当英雄的角色。每当看到以强凌弱仗势欺人她都敢于打抱不平。

"鉴湖女侠"秋瑾的故事就是大姐夫郑佑之讲给赵一曼的。秋瑾的故事深深地感动着赵一曼,"鉴湖女侠"成为她心中的楷模。

绝食抗争 绝不裹足

20世纪初,孙中山领导的辛亥革命推翻了中国两千年的封建帝制,但长期禁锢和统治人民的封建意识,封建陋习还根深蒂固地占据着人民的思想。特别是对妇女的束缚是畸形的、残酷的。女孩子在七八岁的时候,更有甚者在五六岁的时候,家长会用一条长长的裹脚布,把脚缠成一个辣椒形状,穿上尖尖鞋,脚最后发育成一个带尖的"捣蒜锤子"。走起路来一摇一摆的,一步迈不到一尺远,再多走几步路脚下就会钻心的疼痛。在民国初期的四川南部山区,妇女缠足还是天经地义的事情。

赵一曼10岁的时候,族里的长辈就开始议论,一个女孩子整天混在男孩子群里念书,疯来疯去的成何体统。大哥和大嫂也提出应该给幺妹缠足了。按照那个社会习俗,脚的大小是女孩子美丽和社会地位、身份的象征。而一般穷人家的女子下田劳动不缠足,称作大脚婆娘。一曼的母亲也认为如今幺女已经长大了,再不缠足就成为大脚女人了,会影响她日后的生活,嫁不到好人家。在母亲的思想里,男人是树,女人是藤。女人最重要的是要嫁一个好丈夫。于是,她点灯熬油为女儿赶做一双绣花尖尖鞋。

鞋做好后,母亲把赵一曼叫过来,心平气和地说:"我的幺女长大了,长得越加水灵了,妈妈给你做了一双鞋子,穿上看看漂不漂亮!"

赵一曼明白了,妈妈是要给她缠足。她几个姐姐也都缠过足,现在轮到自己了。她下决心坚决不缠足,缠了足就像蝴蝶被捆上翅膀再也不能自由自在地飞了。

"妈,我不缠足,缠足有什么好,看你走几步路脚就疼,每天晚上疼得直哼哼。"赵一曼企图说服母亲。

"缠了足虽然有点小痛,但将来能找个好婆家。"这是母亲让她缠足的硬道理。

看说服不了母亲,赵一曼又哭又闹又撒娇,就是不缠足。然而,任赵一曼怎么哭闹,母亲是铁了心。她叫来人帮着按下赵一曼把脚缠住,穿上那双小尖鞋,把赵一曼关在房里,不准上学。

赵一曼见哭闹、撒娇全没有用,于是

秋瑾

"鉴湖女侠"秋瑾

秋瑾(1875—1907),字璿卿,号竞雄,原名秋闺瑾,自称"鉴湖女侠"。浙江绍兴人,生于福建厦门,中国民主主义革命著名活动家,妇女解放运动先驱。曾东渡日本留学。翌年先后加入光复会、同盟会,并被推为同盟会评议员、同盟会浙江分会会长。

由于起义计划泄漏,遭清政府逮捕,光绪三十三年(1907年)7月15日晨就义于绍兴轩亭口,时年33岁。

晚清裹脚的女子

她就不吃不喝,用绝食来抗争,表示宁可死也不缠足。母亲还以为小孩子闹几天就好了,哪曾想赵一曼真的不吃不喝。母亲送来她最爱吃的,她不闻不看,倔强得像头驴。任母亲怎么哄、劝都没用。赵一曼趁母亲有些心软便跑出房间,找了一把柴刀,几下就把小尖鞋、裹脚布砍得稀烂。

父亲看在眼里,只好慨叹:"幺女性格倔强、刚烈,生就是个男儿性格。"

母亲拿这个娇惯坏了的幺女没办法,缠足的事也就不了了之了。穿耳就更不干了,她说:"好好的耳朵穿个洞,戴上那些金银圈子有什么好看。"在白杨嘴长辈和族人眼里赵一曼是个不听管教的"疯丫头"。

赵一曼追求自由,力图摆脱封建束缚,以绝食抗争保住了一双天足,为她日后走出白杨嘴,走进县城的学堂,走出国门去"游洋",走上抗日救国的道路创造了重要条件。

女校精英　妇界领军

1919年,五四运动爆发后,赵一曼的大姐夫、革命青年郑佑之在家乡进行革命活动。

受姐夫的熏陶,赵一曼接受了新思想,渴望到城里学校读书。这个想法受到哥嫂的坚决反对,赵一曼把自己的感受写成一篇题为《被兄嫂剥夺了求学权利的我》的文章,用"一超"的笔名,发表在向警予主编的中共妇女委员会机关报《妇女周报》上。这篇长达三千多字的文章发表后,受到许多进步青年的声援和支持,当地的共青团组织立即与赵一曼取得了联系。

在团组织和郑佑之的引导下,赵一曼于1924年上半年加入了中国社会主义青年团。1925年10月,赵一曼在村里正式成立了团支部,并任支部书记。同年白花镇妇女解放同盟会成立大会召开,二姐李坤杰被推选为会长,赵一曼担任文书,具体负责会务工作,积极为妇女办事,成立义务女校,受到妇女群众拥护,会员很快发展到180多人。

1926年2月,赵一曼考入宜宾女子中学(现宜宾市第二中学)读书。在宜宾女中,赵一曼思想活跃,积极宣传反帝反封建思想,并把自己订的《妇女周报》送给大家看,不久就被选为女中学生会常委兼交际股股长。宜宾妇女联合会成立时,她又当选为妇联常委会主席。此时宜宾开始建立党组织,赵一曼因政治上比较成熟,担任了共青团宜宾地委妇女委员的重要职务。

1926年夏,赵一曼加入中国共产党,并担任宜宾妇联和学联党团书记。

黄埔六期　异国婚孕

1926年11月,经党组织同意,赵一曼考入武汉中央军事政治学校(黄埔军校武汉分校),成为第六期学员。大革命失败后,赵一曼按照党组织安排,转移到上海。

1927年9月,她与40多名青年人被派往苏联进入莫斯科中山大学学习。当时,与赵一曼同去的还有她的同学,陈达邦。在前往苏联的路上,第一次乘海轮的赵一曼因晕船呕吐不止,陈达邦就一直关心她,守候着她,为她端茶送饭。赵一曼感到一丝丝温暖入心田。当结束海上航行到

宜宾女子中学(现宜宾市第二中学)

《妇女周报》

武汉中央军事政治学校

达苏联时,两人已互生爱慕之情。在莫斯科中山大学学习期间,陈达邦与赵一曼经常在一起,感情日趋成熟。一次陈达邦出差两个月,赵一曼发现自己看不进书,吃不下饭,满脑子都在想着陈达邦。达邦回来后,她开门见山地说:"咱们这样下去可怎么行呢?整天丢魂失魄的!我是爱上你了!你要是也爱我就和我结婚吧。"1928年4月,23岁的赵一曼和28岁的陈达邦举行了简朴而热闹的婚礼。

婚后不久,赵一曼怀孕了,妊娠反应十分强烈,肺病又复发了。因国亟须女干部,党组织通知赵一曼回国工作,陈达邦仍留苏联。其时,国内正是蒋、汪相继叛变后的白色恐怖时期。陈达邦在后来《忆一曼》的回忆录里写道:我同一曼同志在莫斯科分别时,她怀孕已经4个多月了。我建议她解怀以后再回国,她坚决不同意。她说,党的决定,不能还价。为了照顾她,我又建议,我俩一同回国,一曼说:爱情要服从革命。孩子可以回国后生。我的学业半途而废了,不能让你也半途而废。

丈夫为妻子收拾行装,把他唯一的贵重财产金戒指交给一曼,又把自己的怀表和赵一曼的手表相交换作为念物。10月的一个寒冷的晚上,陈达邦送赵一曼上火车。赵一曼又怕自己哭出来,赶快给丈夫一吻,逃上了火车。谁知这竟是新婚八个月夫妻的最后一吻!

白区工作　母子艰辛

1928年11月,赵一曼回到上海。12月,党组织决定派赵一曼去宜昌建一个联络站,负责转换文件安置干部。

1929年2月1日,春节临近,赵一曼即将临产。按当地风俗,外人不能在自己家生产,那会断自家"香火",房东老太太便要赵一曼离开。说了很久,见赵一曼还是不答应,她竟坐在地上号啕起来,赵一曼只好拖着即将临产的身子离开。在寒冷的街上徘徊了许久,无路可走、又饿又虚的赵一曼又回到联络站。她想如果自己一走,上级不知,同志们不知,将给工作带来损失。这时天黑了,房门紧闭,赵一曼一阵头昏,"咚"的一声倒在房檐下的草堆里……

第二天一大早,房东老太太推门一看,吓了一跳,只见赵一曼躺在草堆里,蓬头散发,脸都冻得青紫。她不忍心,端来一碗米汤让赵一曼喝,但仍坚持要赵一曼离开。隔壁工友看不下去了,遂收留这位备受折磨的孕妇,嘱咐妻子好生照顾。几天后,赵一曼生下儿子"宁儿",意思是祈望母子"安宁无事"。

黄埔军校时的赵一曼(绘画)

宁儿出生后,因营养不足头大身体小,吃不饱就哭,赵一曼感到照顾宁儿成了她工作的包袱。她几次横下心,想把宁儿抛进长江,以免被敌人抓去活受罪。当她抱着宁儿走到江边,望着黑雾蒙蒙的江面,怀中轻轻地拱动和呼吸着的细弱儿子,作为母亲的赵一曼心又软了。

宁儿出世不到一个月,那位帮助过赵一曼的工友就被警方关押。为了赎出这位工友,赵一曼卖掉了丈夫送的金戒指。就在首饰店卖戒指的时候,她被特务盯梢,暴露了身份。赵一曼不得不在当天夜晚,带着宁儿悄悄坐上了开往上海的轮船。

赵一曼在上海党中央机关工作时与儿子的合影

同年秋,党中央又派她去南昌江西省委机关工作。1930年1月下旬,因叛徒告密,省委机关遭到破坏,一曼深夜抱着孩

时任东北人民革命军第三军第二团政委的赵一曼

赵一曼受伤被俘处

赵一曼和她的战友(雕塑)

子跑到郊外,钻进一个稻草垛里躲避。她想尽快返回上海,向党中央报告组织被破坏情况,以便营救被捕同志。因此,天一亮便上了路。沿途讨水要饭喂孩子,晚上才走到赣江边。当时她身上一个钱也没有,只得把丈夫送给她的怀表拿出来做船钱,经历许多艰险,才辗转回到了上海。

在紧张的工作中,她感到带着孩子实在不方便。她同在党中央工作的丈夫陈达邦的堂妹陈琮英(任弼时夫人)商量,决定把孩子送到丈夫的堂兄陈岳云家里抚养。4月间,一曼去汉口,把孩子放在陈家。返回上海后,被分配到中央机关工作。此后,她们母子再也没有见过面。

红装白马　密林女王

1931年,九一八事变后,党中央派出大批优秀干部到东北从事抗日斗争,赵一曼就是其中的一个。

1932年春,赵一曼来到沈阳,在大英烟草公司和纺纱厂做女工。同年秋,党又派她到哈尔滨任满洲总工会秘书、组织部长、代理书记,参加领导1933年的哈尔滨电车工人大罢工,取得胜利。她两次去海伦巡视工作,并与中共海伦县支部书记李辉、抗日游击队负责人孙玉久等一起,组织队伍袭击当地的伪自卫团,击毙数十余人,有力地推动了哈北地区抗日斗争。

1934年春,哈尔滨党组织遭到敌人破坏,满洲省委决定赵一曼转移到外地工作。7月,赵一曼到了哈尔滨东南山区的珠河县(今尚志市)抗日游击区,担任中共珠河中心县委委员、县委特派员和妇女会负责人。

东北农村生活习惯和江南有很多不同,赵一曼尽量克服各种困难,与群众打成一片。她一面在群众家里帮助妇女烧火做饭、看孩子、补衣服,一面宣传抗日救国道理,很快把抗日妇女会组织起来,并领导妇女们给抗日游击队做军衣、军鞋、送情报,支援游击队打仗。她还冒着生命危险,进入珠河县城,把地下党从各处弄来的枪支弹药装在大粪车里运到城外,交到游击队手里。

1935年春,赵一曼被任命为哈尔滨铁北区委书记,不到半年她就拉起了一支农民自卫队,这支队伍在与日军的交锋中越战越强,不断壮大,后来被改编成地方游击连,不久编入赵尚志领导的东北抗日联军,三军一师二团,赵一曼任政委,率领二团留在根据地,开展游击战争,牵制敌人兵力。

赵一曼胆子大,主意多,送情报,搞枪支,护理伤员,"瘦李"名气日渐扩大,出色的军事才干,引起日寇的震惊和重视。敌伪《大北新报》、《哈尔滨日报》登载:"共匪女首赵一曼,红装白马奔驰于丛山密林,常采取出其不意、攻其不备之战术,使我倍感难以对付。"同时悬赏捉拿这个"挎双枪,骑白马的密林女王"。

受伤被俘　坚贞不屈

由于敌人的疯狂进攻,二团的处境一天比一天困难。1935年11月15日黎明,日伪军300余人把赵一曼的部队50多人包围在亮珠河西右撇子沟附近。敌人的炮火很凶猛。二团人少子弹也不足,但个个英勇顽

关押赵一曼的牢房

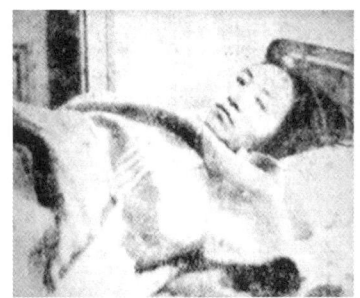
治伤时的赵一曼

韩勇义帮助赵一曼从医院逃走时使用的皮箱

赵一曼逃走时换乘的大车

强,以一当十,连续击退敌人6次进攻,击毙日伪军30多人,但部队也受到很大损失,夜里突围部队被打散,团长负伤被俘,赵一曼左手腕被子弹穿透负伤。

突围后,赵一曼来到珠河县春秋岭附近一农民家中养伤时,被搜捕的日军发现,战斗中她再度负伤,大腿腿骨被打断,昏迷被俘。敌人用一辆牛车把赵一曼运往县城。

当时,伪滨江省警务厅特务科外事股长大野泰治正在珠河县谋划搜捕抗日人员,他见赵一曼伤势很重,怕她很快死去,连夜审讯,不断地折磨赵一曼,用马鞭子抽打她左腕的伤口,用鞭杆狠戳赵一曼腿部伤处,赵一曼疼得死去活来。不管敌人怎样威逼利诱,她丝毫没有屈服。每次审问,她总是坚决地对敌人说:"你们不用多问了,进行反满抗日并宣传其主义,就是我的目的,我的主义,我的信念!"

敌人感到对赵一曼用刑无法得到什么有用情报,便加紧刑讯其他被关押的人,并初步认定她是"一个以珠河为中心,把三万多农民坚固地组织起来的中心指导者"。

从1935年11月22日被捕至1936年8月2日被杀害,赵一曼历经日寇无数严刑拷打和威逼利诱。后来,日本警务厅特务科的大野泰治在供认杀害赵一曼经过时这样写道：

……从早至晚，在审讯中我用了多种手段，进行了各种尝试，不顾她的伤势，施加残酷拷打，可她一直未改变态度，在痛楚中也没有缄默。我问她为什么抗日，她说：你们在中国来烧来抢，难道中国人反抗还要问为什么吗？我用鞭子打她，用钢针一点点挑她的伤口，折磨她，可她一点也不屈服。在审讯中，我感觉不是我在审问她，倒是她在审问我……

日本人为了得到有价值的情报，没有将她立刻杀害，而是押往哈尔滨。赵一曼腿部伤口已经溃烂化脓，伤情危重，时常发高烧，生命垂危。为了得到重要的口供，日寇把赵一曼送到了哈尔滨市立医院监视治疗。经 X 光片检查，其左大腿粉碎性骨折，软组织中有二十多块碎骨片。

赵一曼的精神和意志感动了周围的医护人员和看守警察，赵一曼根据几个月的观察和接触，认为三个看守警察中，老实正派、有民族感的董宪勋可以争取。她便主动和他谈话，向他讲了很多道理，终于把他争取过来。同时，赵一曼也将看护她的女护士、17 岁的韩勇义争取过来，他们三人约定一定共同行动，一切听从赵一曼指挥。

这期间，敌人又对赵一曼进行审讯，不断毒打、折磨她。赵一曼仍旧没低头，她的坚强精神感动着韩勇义和董宪勋，他们决心帮助她早日逃走。1936 年 6 月 28 日（星期天）夜，韩勇义和董宪勋把赵一曼背出医院后门，坐上雇来的小汽车，开到郊区文庙附近。下了车，赵一曼又坐上了事先等在这里的小轿子，于第二天早晨到董宪勋的叔叔董元策的家里。经董元策帮助，当夜他们又坐上马车去山里寻找游击队。

6 月 29 日早晨，敌人发现赵一曼逃走，立刻组织大批人马四处搜查。他们知道赵一曼腿伤未好不能行走，必定得坐车，对汽车、马车加紧盘查，知道了赵一曼的逃走方向。6 月 30 日凌晨 5 时，赵一曼等乘坐的马车在距离游击区只有二十多里外，被敌人追上。刚脱离虎口的赵一曼，又一次落入敌人魔掌。

赵一曼就义处

赵一曼石棺

赵一曼塑像

为国牺牲　血沃中华

第二次被捕后,日本宪兵对赵一曼的折磨不断升级。他们寄希望于那些曾令许多人发抖、许多人丧失意志的酷刑能在她身上产生作用,用尽了人们闻所未闻、想都想不到的各种酷刑:钉竹签是钉满十指,拔出来后,用更粗更长的签子继续钉,最后改用烧红的铁签扎;灌辣椒水是掺着小米和汽油一起灌,而且是热辣椒水和凉汽油交替地往赵一曼的喉咙和鼻孔里灌;烙铁是直接摁在赵一曼的身体上烙烫;最后甚至使用了即使身强体壮的男子汉也受不了的类似凌迟般活剐:剥肋骨。

在酷刑过程中,为了不让赵一曼昏迷失去刑讯效果,日本宪兵先是用冷水泼,后来改用化学药水熏,用酒精擦,还多次给她注射了大剂量的强心针和樟脑酊,强迫喂灌掺有咖啡因的盐水和含有高纯度甲基苯丙胺的葡萄糖液,待她恢复体力、头脑清醒、精神亢奋后再继续用刑。

最后,滨江省公署警务厅和哈尔滨警察厅开会讨论如何使赵一曼屈服。滨江省公署警务厅涩谷三郎厅长作了凶残决定,专门从日本本土运来最新式的专门针对女性设计的电刑刑具,指示行刑的日本特务不要有任何顾忌,可以直接电击赵女士身体最脆弱、最敏感的部位。他们寄希望于那些曾令许多人发抖、许多人丧失意志的酷刑能在她身上产生作用，再次施用了极残酷的电刑。

日寇承认："在长时间经受高强度电刑的状态下，赵一曼女士仍没招供，确属罕见，已不能从医学生理上解释。"据当年参与审讯的凶手描述，这场断断续续持续了7个多小时的电刑，给赵一曼造成了连续不断的剧痛，超过了任何人能够耐受的极限。先前受刑从未喊叫一声的赵一曼撕心裂肺的惨烈叫声不绝于耳；她完全失禁、汗淋漓不绝、胃汁和胆汁全呕吐出来……下嘴唇也被她自己的牙齿咬得烂糊糊的……

赵一曼以强大的精神力量做支撑，以自己的肉身否定了敌人的暴虐和不义、否定了医学生理的极限。

施行酷刑的日寇绝望了，他们决计把赵一曼送到她曾战斗过的地方珠河县处死"示众"。

1936年8月2日凌晨，日寇把一曼押回珠河。在火车上，一曼知道自己的最后时刻到了。

作为一个人，当然留恋生命。她才31岁！

作为一个妻子，她当然留恋丈夫。

赵一曼塑像

赵一曼塑像

赵一曼纪念馆（宜宾）

电影《赵一曼》海报

作为一个母亲，她当然留恋儿子。令她牵肠挂肚的宁儿，她有无限的母爱，可不能给予儿子。在火车上，她向押警要来纸笔，给儿子写下遗书。

到了珠河县，她被游街示众后处死，野蛮的敌人还将她的遗体在行刑场曝尸数日，不许百姓收殓。尸体被饥饿的野狗撕碎，最后尸骨无存。几十年后在这片自由的土地上，人们为赵一曼举行"影葬"，将她生前的照片埋放在她殉难的土地上。

1949年，东北电影制片厂拍摄了影片《赵一曼》，赵一曼的扮演者是周恩来总理亲自推荐的。影片上映后，赵一曼名字传遍全国。她的遗物被陈列在东北烈士纪念馆里，哈尔滨市将她战斗过的一条街道"山街"改名为一曼大街。朱德、宋庆龄、陈毅等老一辈革命家都为赵一曼题过词。

赵一曼的家乡——四川宜宾人民为了纪念这位杰出的抗战女英雄，在宜宾翠屏山公园中央修建了赵一曼烈士纪念馆。

八女投江

 冷　云　　 胡秀芝　　 杨贵珍　　 郭桂琴

 黄桂清　　 王惠民　　 李凤善　　 安顺福

荣　　誉：巾帼英烈　抗日英雄

诞　　辰：冷　云—1915年　杨贵珍—1920年
　　　　　　胡秀芝—1918年　安顺福—1915年
　　　　　　郭桂琴—1921年　黄桂清—1918年
　　　　　　李凤善—1918年　王惠民—1925年

逝世纪念日：1938年10月20日

名　　言：宁肯站着死，绝不跪着生。

电影《中华儿女》剧照

电影《八女投江》海报

电影《八女投江》中的冷云形象

烈女标芳 代代传颂

她们是八位正值芳龄的年轻女子,她们是八位勇于为国捐躯的巾帼英雄。她们同侵略者血战到底的英雄故事被人们广为传颂,称为"八女投江"。

这个故事发生在1938年10月,八位东北抗日联军的女战士为了掩护大部队撤退,不惜牺牲自己的生命投江殉国。她们是抗联第二路军第五军妇女团的指导员冷云,班长胡秀芝、杨贵珍,战士郭桂琴、黄桂清、王惠民、李凤善和被服厂厂长安顺福。迄今为止,在八位烈士中,只有冷云留有照片。

1938年11月4日,东北抗日联军第二路军总指挥周保中在日记中写下了这样的文字:

我五军关师长书范,于西南远征归抵刁翎,半月前,在三家子方向拟渡乌斯浑河。拂晓正渡之际,受日贼河东岸之伏兵袭击。高丽民族解放有深久革命历史之金世(石)峰及妇女冷云(郑××)、杨秀珍等八人悉行溺江捐躯……乌斯浑河畔牡丹江岸,将来应有烈女标芳。

上世纪40年代,沈阳女作家白朗(刘

东兰)的报告文学《八女投江》轰动了全国各大解放区。

1949年,东北电影制片厂(长春电影制片厂前身)以"八女投江"为题材拍摄了电影《中华儿女》。该片获得了第5届卡罗维发利国际影展自由斗争奖。

1986年,八一电影制片厂拍摄了《八女投江》。

同时,八女投江的故事编入了中小学教材,并被改编成大型史诗歌剧、京剧和话剧,还创作了歌颂八位女英雄的革命歌曲。女英雄们的高尚气节感染了一代又一代中国人。

1982年,黑龙江林口县人民政府在八女投江殉难地为八烈士修建了高3米的纪念碑,冷云的师范同学、原黑龙江省省长陈雷为纪念碑题写了"八女英魂,光照千秋"八个红光闪闪的大字。

1986年9月7日在牡丹江市举行"八女投江纪念碑"奠基典礼。时任全国政协副主席、全国妇联主席的康克清为工程奠基题词:"八女英灵,永垂不朽!"在纪念碑上用金字刻着她们八个人的名字,后面注着她们的民族以及所属的队伍。

1995年,林口县对八女投江纪念地再次进行了修建,重立一座9.6米高的纪念碑,修建了纪念馆。

冷云(素描)

冷云使用过的画本教材

抗联战士

小知识

抗联第五军妇女团

在东北抗日联军战史上，第五军妇女团是比较突出的一个，"八女投江"就出在这个群体中。

1936年下半年，抗联各军先后成立了妇女班或妇女队，在女战士最多的第五军成立了妇女团。妇女团初期只有十几名女战士，朝鲜族战士居多，到1937年已发展到300人左右。其中有步兵、骑兵、侦察兵、通信兵，还有机枪手，而多数在密营医院、服装厂等部门做后勤工作。

抗联五军妇女团组织健全时分三个大队。妇女团成员有少数是知识青年，多数为有苦难遭遇和斗争经历的劳动妇女。由于年深日久和文献的缺乏，抗联第五军妇女团留下姓名的仅有三十几人。妇女团有战斗就上火线，平时搞宣传，或缝洗衣服、补袜子、拆洗被子、做服装、照顾伤病员，有时还要化装执行侦察等任务。一般情况下都是在军部直接领导下随军部活动。妇女团人员流动性较大，经常有女战士被派往各部队工作或执行任务。

1937年，全国抗日战争爆发，东北人民反日斗争更加高涨，抗联五军发展到人，同时还开辟了依兰、方正、勃利、富锦、宝清游击区，使日伪军受到很大打击。妇女团和男战士

两易其名　冷云明志

冷云，原名郑香芝，1915年生于黑龙江省桦川县悦来镇。她10岁时入悦来镇小学就读，勤奋好学，还利用课余时间帮忙做家务，是一个聪明懂事的孩子。

1931年，16岁的她考入校址在佳木斯的桦川县立女子师范学校读书。在她的老师同时是中国共产党地下党员董仙桥的引导下，接受了进步思想。她决心效法秋瑾等巾帼英雄，立志为国为民，因此改名为"郑致民"，有时也写成"志民"。

冷云直爽、乐观、坚定，喜欢打球，还会吹短笛。她还特别喜欢唐诗，时常引用其中的名句作笔记或作为箴言赠给朋友。九一八事变后，她积极参加抗日救国的宣传活动。1934年加入中国共产党，从事秘密抗日活动。

1936年1月，冷云毕业后被分配到家乡悦来镇南门里初级小学(新中国成立后改名冷云小学)任教，她循循善诱，耐心施教，教育学生努力学好功课，将来成为国家的栋梁。她还经常给学生讲岳母刺字、岳飞抗金、杨家将卫国御外侮的故事，激发和培养学生"反满抗日"的爱国主义精神。

任教期间,冷云与另外两位党员教师组成党支部,同时在师生中开展抗日救国的宣传教育活动。那时,日伪特务宪兵也经常到学校和冷云的家里搜查,为了摆脱汉奸监视,冷云多次申请要求上抗联部队去。这时,正逢抗联第二路军总部周保中将军招收知识分子干部充实部队。于是她与具有爱国思想的吉乃臣一起加入东北抗联第五军。

冷云满怀豪情奔赴抗日前线。临别,她在赠给同志的书中写道:"两山不能近,两人能见面。盼那天,相逢日,祖国换容颜!"她还仿杜甫的《春望》奋笔写下了:"国破山河在,城春草木深。恨别花溅泪,重逢鸟欢心"的诗句,虽然与杜甫的诗相比仅改动几个字,却表达了她忧国忧民,相信抗战必胜的信念。

加入抗联后,为避免牵连家人及掩护故乡党组织,她取唐诗"冷云虚水石"中水天一色,中流砥柱的意境,改名为冷云。吉乃臣改名为周维仁。后经组织同意,冷云和周维仁结为革命伴侣。

冷云在抗联先任文化教员。她倾其所学,自编课本。用剥了皮的大树干当黑板,用烧焦的树枝做笔,满腔热忱地把文化知识和革命道理传授给战友们。她还能歌善舞,战友们称她是知识渊博的"女秀才"。

一起参加了无数次战斗。

"八女投江"的英雄事迹发生后,妇女团余下的女战士在极其艰苦的环境中,意志坚定,勇敢顽强地坚持着不屈的斗争,但只有极少数女战士迎来了抗战胜利。

著名抗联将领、第二路军总指挥周保中在《忆东北抗日游击战争中的英雄妇女》一文中,高度评价抗联女战士说:"在长达数年的对日斗争中,东北妇女和男子一样,自始至终踊跃地参加抗日游击战争,无论在群众性的斗争中,或者在游击战争的战场上,在军队后方工作的各方面,都起着积极作用,为革命事业作出重大贡献,创造了许多可歌可泣的英雄事迹。"

这一段赞颂的话语,东北抗联第五军妇女团是受之无愧的。

《东北抗日联军·第五军》
(黑龙江人民出版社出版)

1938年初,冷云被调到第五军妇女团,任女兵队小队长,不久,当她得知爱人周维仁在战斗中牺牲后,化悲痛为力量,发誓多杀敌人为亲人报仇雪恨。同年5月,第四、五军开始集结,冷云升任指导员。为了能全身心地投入战斗,她毅然将刚出生两个多月的小女儿送给了一位朝鲜族老乡抚养,自己随妇女团参加了西征。她带领八位女战士投江殉国的故事就发生在这次西征的途中。

平凡女子　革命相聚

胡秀芝的故乡是黑龙江刁翎县(今林口县)马蹄沟。由于当时日本侵略者的"清乡毁屯",她的家乡变成了"无人区",她是中共党员、久经战场的老战士,后任职为女兵队班长。牺牲时只有20岁。

杨贵珍是刁翎县东柿树河子人,她的父亲杨景春为人豪爽侠义,过往行人赞称她家为"杨家店"。1936年冬,抗联五军来到牡丹江中下游活动,时常住在"杨家店"。杨贵珍与女兵队的姐妹们相处无间,欣然参加了部队,当时她连名字都没有,大家看到她参加革命的宝贵精神,就给她取名"贵珍"。年末在大盘道阻击战中,因表现顽强勇敢,升任班长、副队长。1937年秋杨贵珍光荣加入了中国共产党。就义时才18岁。

安顺福,出生在黑龙江穆棱县九站(今穆棱镇)新安屯的一个朝鲜族农民家中,16岁参加儿童团,18岁加入青年团。父亲和哥哥由于叛徒的出卖,于1933年被敌人杀害了。她满怀仇恨参加了抗日游击队,后担任抗联第四军被服厂厂长,西征时编入妇女团。她的丈夫是四军四团政委,在战斗中牺牲。她强忍悲痛,在西征途中,帮助冷云做好部队思想工作,大家都亲切地称她"安姐",牺牲时23岁。

郭桂琴,刁翎县四合子村人,活泼天真,能歌善舞。1936年投奔抗联第五军,西征时编入妇女团,牺牲时仅17岁。

黄桂清,家在黑龙江刁翎县南围子河西(今河心屯)是抗联堡垒户,

牡丹江的八女投江纪念碑

全家参加了抗日斗争。1938年,日军残暴地烧毁了该屯后她加入抗日联军,牺牲时20岁。

李凤善,朝鲜族,黑龙江刁翎县龙爪镇人,牺牲时20岁。

王惠民,1925年出生在刁翎县刁翎河西屯(今四合子村),是抗联五军工副官"王皮袄"的女儿。12岁就随父亲上山参加了抗联,爱说爱唱爱笑,深受战士们的喜欢。其父牺牲后,她变得更加坚强。在乌斯浑河遇难时,年仅13岁,为"八女"中年纪最小的战士。

英勇作战 不让须眉

1938年,日伪当局为扑灭抗日烈火,调动大批兵力对抗联活动集中的三江地

小资料

"八女投江"革命烈士陵园

"八女投江"革命烈士陵园位于牡丹江市太平路南端的牡丹江边。陵园占地面积8800平方米,它由广场、群雕、烈士纪念馆组成。

"八女投江"群雕,长18米,宽6.9米,高8.8米,由灰色花岗岩雕刻而成。"八女投江"群雕,再现了当年八位巾帼英雄的英姿。碑上刻有邓颖超同志的亲笔题词"八女投江纪念碑"。

"八女投江"烈士纪念馆占地面积160平方米,馆内陈列着烈士生平简介、部分遗物、战斗事迹和部分文献。

烈士纪念馆

乌斯浑河

"八女"殉难地——乌斯浑河西岸老道口

小知识

殉难地 40 多年后才确定

尽管"八女投江"发生在 1938 年,但直到 20 世纪 80 年代,八女投江殉难地才最终确定。

据介绍,在八女投江那场激战前,师长关书范命令参谋金石峰先带领八位女战士过乌斯浑河。乌斯浑,满语,凶猛暴烈之意。

会水的金石峰先下水为八女蹚路。当他游到对岸后,却发现八女并没有过河,而是为了掩护战友留在对岸与敌人展开战斗。

金石峰目睹了八女投江的全过程,他与一些活着突围出来的战友一起指认了八女投江的地点。

据了解,在八女投江的第二天,投江地的下游有老人看到河中漂过几具女尸,尸体上还挂有子弹袋。

1988 年,当地人也在河床上发掘出了被炸断的步枪。

区开展疯狂"大讨伐",实行"归屯并户"和烧光、杀光和抢光的"三光政策",妄图把抗日联军围歼于三江平原上,抗联的战斗进入了极端艰苦的阶段。

由于作战牺牲、伤病、冻饿,许多抗联干部战士相继牺牲,当地群众也遭受空前摧残。抗联五军的后方基地、密营、医院、被服厂、看守所、修械所、无线电设施等都遭受严重的破坏和损失。战士们的生活异常艰苦,有时十几天吃不到粮食,不得不杀战马充饥,甚至吃草根树皮。

为了隐蔽目标,很多时候不敢生火做饭,只能吃生冷的食物。行军时,每个战士包括领导在内,除武器外,负重 20 至 30 千克。在这种恶劣的环境中,女战士们没有退却,而是继续高举抗日救国的旗帜,以顽强的意志在坚持斗争。

为了粉碎敌人的"三江大扫荡"计划,活动在松花江地区的抗联第二路军决定第四、第五军主力西征,向老爷岭以西转移,打通与战斗在东南满地区的抗联第一路军的联系。抗联第二路军四军、五军的女战士合编为妇女团,由冷云任指导员,随五军一师活动。

1938 年 7 月 2 日,西征部队从牡丹江沿岸出发,在极端艰苦条件下,一路攻击前进。

在西征队伍中,妇女团的战士们和男战士一样跋山涉水,英勇作战。7月12日参加了攻打楼山镇的战斗。当8月西征部队抵达五常境内时,战略意图被敌人识破,部队的行动已处于敌人严密监视之下。敌人调集了数十倍于西征军的兵力,空中飞机跟踪,地面人马围堵,西征军逐渐陷入包围之中,西征军最后被敌人分割包围,各部队间失去联系,无法实现既定目标,只好分散突围,各自行动。

8月末,五军一师与二师失去联系,师长关书范率一师剩余的百余人突围后,遂决定返回牡丹江下游刁翎地区寻找军部。这时,同四军合并后的妇女团,全员只剩下了以指导员冷云为首的八名同志了。

舍身御敌 掩护主力

历尽千辛万苦,10月19日,第五军第一师战士们和妇女团八名女同志,抵达了牡丹江下游支流乌斯浑河,宿营在刁翎县三家子屯西北的柞木岗山东坡山麓、乌斯浑河西岸老道口附近的谷地。乌斯浑河,平时水浅,车马人等都能涉水过河。队伍来到了乌斯浑河边,晚上露宿在柞木岗山下,准备在这里休息一晚,第二天拂晓再渡江,绕道找五军军部。

东北抗日联军第二路军总指挥周保中的抗日游击日记

综合周保中日记中的记载,1982年,有关部门正式确定林口县(原名刁翎县)刁翎镇柞木岗山下、乌斯浑河西岸为八女投江殉难地。

"八女投江"地点的表述应是:"八女"牺牲于黑龙江省林口县刁翎镇三家子村西北的柞木岗山东乌斯浑河西岸老道口处的乌斯浑河之中。

位于殉难地的八女投江纪念碑

10月的北方秋风瑟瑟,寒意袭人。半年来无尽无休的恶战,长途行军的劳累,战士们极度衰弱疲乏,四肢都被冻得麻木了。为了取暖,战士们点燃了篝火。妇女团的八名同志互相偎依在一堆篝火旁,背靠背很快地进入了梦乡……

没想到,火光暴露了目标,引来了敌人。特务葛海禄发现了篝火后,立即向日本守备队报告。刁翎日寇驻军司令长官熊谷大佐部队的千余人和伪军连夜扑向宿营地,由于天黑,他们一时摸不清抗联部队的情况,未敢贸然袭击,便悄悄地占领有利地形,在我队伍附近埋伏起来。

10月20日拂晓,休息一夜的队伍准备出发,却不料正值涨水期的乌斯浑河,如它在满语中的含义"凶暴的河流"一样,激流滚滚、浊浪滔滔,已经见不到渡口的影子了。师首长见河宽水急,想到这八名女战士身体虚弱,又不习水性,为防止意外,便指派熟知水性的师部参谋金石峰率她们先过河。金参谋率领八名女战士来到河边,自己先涉入水中,试探着游向河心。冷云等八名女战士站在河边,眼望着金参谋战胜急流,渐渐靠近了对岸。

正在这时,突然周围枪声大作,埋伏的日伪军发起了进攻。毫无准备的抗联战士们只得仓促应战,匆忙收拢队形,组织火力,边打边急速向柞木岗山上撤去,围攻的日伪军紧逼在后,八名女战士被隔在岸边。

就在枪声响起的刹那间,冷云这位年仅23岁却经验丰富的指挥员立即意识到事态的严重。她迅速率七名女战士隐蔽在河边的柳条丛后,准备迎击敌人。然而,由于灰暗的晨色与地形的掩护,敌人并未发现,而只是背向她们,疯狂地向主力围攻。

此时,冷云意识到,如果主力被敌人包围,将有全军覆没的危险。为掩护大部队突围,已行至河边准备渡河的八名女战士,当即毅然放弃渡河,在冷云率领下,分成3个战斗小组,一齐向日伪军开火。

正在追赶抗联主力部队的日伪军突然遭到来自侧后方的打击,不得不分出一部分兵力向河边压来。抗联主力部队乘敌人慌乱和火力分

八女投江
（绘画）

散之机，顺利突破了敌人的包围圈。

但是，师领导立即意识到妇女团的八名女战士仍据守在河边，她们势孤力单，弹药不足，已经没有了退路，于是又命令部队调头向日伪军冲击，想把冷云她们解救出来。

冷云隐蔽在柳树丛后，镇定地指挥着战士们向日伪射击。突然，她发现突围出去的部队又冲了回来，立即意识到这是前来解救她们的战友，便不顾一切对全体女战士大声喊道："同志们！赶快冲出去！保持手中枪，抗战到底！"枪声中，战友们听到了八名女战士的喊声，不顾再次陷入重围的危险，冒着敌人密集的火力，又一次发起了拼死的冲击。然而，连续两次冲锋都没有成功，负伤的战士却越来越多。

此刻，天色已渐渐亮了，日伪军渐渐向两翼运动。此时部队若再入重围，就有全军覆没的危险。为了抗日大业，师领导忍痛下令，队伍向柞木岗西侧密林撤去，八名女战士与部队完全断绝了联系。

八女投江(绘画)

悲烈壮举　震撼敌寇

情况危急，指导员冷云带领其他七人继续沉着地潜伏在茂密的柳树丛下，依旧隐身应战。敌人分几路向柳树丛中搜索前进。女战士们视死如归，毫无惧色，借助树丛掩护，与敌人反复较量，再次将敌人打退。为对付天大亮后敌人的进攻，她们将彼此之间的距离拉开，但此时她们的弹药已剩下不多了。

太阳从地平线上冉冉升起，敌人的炮火更加密集地射向岸边，在柳树丛四周连连爆炸，不时掀起股股烟柱，柳条被烧得"哔剥"作响，战士们隐蔽的地方露出了宽宽的几道缺口。

敌人见抗联大部队撤走，追赶不上，就集中火力向冷云她们据守的河边进攻，企图活捉她们。冷云正准备指挥战士撤出阵地，突然间，炮火停止了，只见敌人兵分三路一齐向她们扑来。三个方向同时鸣枪奔突，气势汹汹。

敌人逼近了，冷云指挥战士们一边射击，一边准备好手榴弹。手榴弹同时向三个方向投去，在敌群中爆炸。硝烟过后，敌人又冲了上来。第二批手榴弹又在敌群中爆炸。日伪军死伤惨重，又一次退却了。

此时，子弹打完了，手榴弹只剩下3颗，黄桂清、郭桂珍负了伤，鲜血染红了她们破烂的单衣。而此刻，一股翻卷的烈火燃着了她们身边的柳条，火焰在秋风的吹助下，迅速蔓延到她们身边。安顺福、胡秀芝等4人胡乱地用衣服扑打着。冷云见势，立即指挥大家借浓烟烈火的掩护，迅速撤到水边河沿，凭岸边的斜坡掩护，卧伏下来。

冷云和战友（雕塑）

敌人又向前逼进了。现在，冷云她们已处在三面受敌一面临水的险境绝地了，她们意识到，八个人都不会水，眼下只剩下两条路：战死或被俘。冷云瞪着布满血丝的眼睛，看着战友们，大家的眼睛也看着她，等待着她的命令。冷云最后下定决心说：

《八女投江》连环画封面

"同志们！咱们是共产党员、抗联战士，抗联战士，宁死也不做俘虏！现在咱们弹尽粮绝了，只有蹚水过河，能过去，就寻找军部继续抗日，战斗到底；过不去，宁肯死在河里！为祖国的解放事业而战死，是我们最大的光荣！"

"对，过河！宁肯站着死，绝不跪着生！"安顺福坚决地响应。

"对！过河！"其他几名战士齐声回答。

八名战士互相搀扶着，从斜坡上站立起来，准备下水渡河。敌人向岸边扑来，冷

云与安顺福、杨桂芝等各握一颗手榴弹坚守在后。面对三面围上来的敌人和背后激流滚滚的河水,她们是那样的从容、刚毅。敌人冲了上来,"轰!轰!"最后两枚手榴弹在敌群中爆炸。

"同志们,下河!"舍生忘死的英雄姐妹,手挽着手,昂首挺胸,唱着悲壮的《国际歌》,毅然跳入波浪滚滚的乌斯浑河。

敌人向河中齐发枪炮,子弹从女战士的身后飞来,小战士王惠民身子一歪倒下,殷红的鲜血从胸口涌出,冷云刚要去抱她,一颗子弹打中了她的肩头,胡秀芝连忙把她扶住。安顺福抱起小王,眼里没有泪水,只有仇恨的怒火。

敌人用机枪封锁了江面,企图阻止战士们渡河。

水深浪急,寒流刺骨,悲壮的歌声回荡在乌斯浑河上空。

日军发现把他们数百兵马拖在河边三四个小时,并击毙了他们10多人的竟是几个女战士,气得发昏。日军小队长桥本歇斯底里地狂叫。罪恶的子弹呼啸着从女战士的头上、身边飞过,她们不时地倒在水里,却又不断地挣扎着起来。

这时,一颗迫击炮弹在她们身边爆炸,掀起了一股冲天巨浪,水面上再也看不见女英雄们的身影,再也听不见低沉雄壮的歌声。枪声停了,乌斯浑河岸上恢复了平静,只有那滚滚的江水在向人们诉说着激励一代又一代中华儿女的巾帼壮歌……

八女投江的悲烈壮举,令敌人震撼,日军指挥官熊谷大佐连声哀叹:"连女人都不怕死,中国灭亡不了!"

八女投江的故事传遍了全国,鼓舞着人们奋勇杀敌,直至将侵略者赶出中国。

杨靖宇
(1905-1940)

荣　　　誉：抗日民族英雄
民　　　族：汉族
出　生　地：河南省确山县
（今驻马店市驿城区）
诞　　　辰：1905年2月26日
逝世纪念日：1940年2月23日
牺　牲　年　龄：35岁

自古英雄出少年

东北的冬日，天寒地冻，杨靖宇将军阵亡在一棵树下。日本侵略者将他的遗体解剖，想知道是什么力量支撑着杨靖宇战胜严寒和饥饿，顽强地战斗到生命的最后一刻。解剖结果令日本侵略者很震惊，杨靖宇的胃里没有一粒粮食，只有未消化的树皮、草根和棉絮。

青年时代的杨靖宇

杨靖宇故居

1920年9月杨靖宇考入确山县第一高等小学读书（今确山县靖宇小学）

1923年8月杨靖宇考入河南省立第一甲种工业学校——开封纺织工业学校

　　杨靖宇的本名叫马尚德，在东北领导抗日武装斗争时，为了稳定军心和迷惑敌人，改名为杨靖宇。1905年2月出生在河南确山县（今驻马店市驿城区）李湾村的一个农民家庭，父亲马锡龄是一个穷苦的农民。

　　5岁那年，父亲病故。8岁的时候，同村条件好的伙伴都到私塾上学去了，杨靖宇很是羡慕，要好的小伙伴怂恿他，让他向母亲哀求。靖宇说："俺家里穷，咋能让俺娘为难呢。"每当下地割草拾柴，小靖宇总绕道私塾，趴在窗户外面偷听，这样一直坚持了一个学期。有一天下课后，财主家的儿子发现小靖宇躲在窗外，便大声吆喝说："都来看哪！有偷钱、偷牛偷粮食的，咱还没见过有偷听学问的哩。"大家哄笑着，私塾先生把小靖宇带到自己的屋子里。其实他早已知道靖宇在外旁听，也了解他家里贫困。他慈祥地让靖宇背一段《三字经》，"人之初，性本善，性相近，习相远，苟不教，性乃迁。"私塾先生十分惊异，看着这个聪慧的孩子很是喜欢，于是决定免费让杨靖宇进私塾学习。还给他正式取名马尚德，字骥生，寓意将来能有大的出息。

　　先生的判断果然不虚。

　　小靖宇以优异成绩考入县立第一高

等小学堂。靖宇小小年纪,就能维护正义,勇气可嘉。一天,杨靖宇在学校学习,突然听见外面有人大叫,原来是几个兵痞正在打一个百姓,旁边很多人围观,但却没有出头之人。忽然,靖宇大喊:"你们太欺负人了!"于是,所有学生都跟着嚷道。一个兵痞盛气凌人地说:"怎么啦?他得罪我们了,就该挨打!"杨靖宇一挥手:"上"。几十个学生就连打带骂把他们赶出了学校。

那几个兵痞不甘心,觉得太丢脸。于是第二天,他们又召集更多兵痞,气势汹汹地来到学校。一进学校,就嚷着要找昨天那个男孩。校长一个劲地道歉,兵痞也不理会。这时,杨靖宇爬到房子上,拿着火柴,对兵痞说:"知道这是什么?是洋火!你们不走,我就把房子烧了。"校长赶忙说:"我们也管不住他。你们还是走吧,这孩子,你们不走,把他逼急了,他一定会烧。房子烧了,你们头儿也不会饶你们。快走吧。"兵痞们就只好灰溜溜地走了。

青年才俊意风发

1923年,杨靖宇考入省立第一甲种工业学校——开封纺织工业学校。在学校里,他经常和一些已是中共党员的进步教师接触,听他们讲自然科学知识和革命道理,看一些进步书刊,开始接触到马列主义。中国共产党和共产主义青年团组织也对杨靖宇进行培养教育,他渐渐接受共产主义思想,还参加了开封市声援上海五卅运动的罢课斗争。

1926年夏天,杨靖宇加入中国共产主义青年团,不久,为迎接北伐军入豫,杨靖宇奉党团组织的命令,回确山老家开展农民运动。

1927年4月,为了配合国民革命军的北伐战争,杨靖宇参与领导了确山农民暴动。被组织起来的5万农民武装围攻确山县城,经过4天激战,占领了县城,打垮了北洋军阀第8军的一个旅,活捉县长,建立了中国共产党领导的县级人民政权——确山县临时维持治安委员会,杨靖

杨靖宇(中)在开封求学时与同学合影

杨靖宇领导确山起义的"犁头旗"

宇被选为常务委员。同年5月转为中国共产党党员。

北伐军攻克郑州、开封,杨靖宇豪气大发,挥毫题联:"庆今日克复郑汴澄清黄河水,祝他年直捣幽燕扫尽长城灰。"

7月15日国民党武汉政府叛变革命,国民党反动派疯狂屠杀共产党人,全国陷入一片白色恐怖之中,新生的革命政权遭到确山县地方顽固势力的反对,杨靖宇等同志率部转移继续坚持斗争,开辟新的根据地。按照党的八七会议的要求,杨靖宇等再次组织确山起义,任农民革命军总指挥,在指挥起义武装与反动军队作战中负伤。

1928年春,杨靖宇负伤未愈,党派遣他先后到确山、信阳、开封、洛阳一带从事党的地下工作。期间3次被捕入狱,屡受酷刑,坚贞不屈。脱险后,党组织派他到上海党中央学习并从事党的秘密工作。

农村的孩子早当家,杨靖宇在17岁时,就在家人的撮合下,与农村姑娘郭莲结婚,并有了一双儿女。但在靖宇心里,不仅装着老母、妻儿,还有更大的事业。1928年3月,杨靖宇最后一次回乡看望母亲与妻儿,从此一别再也没有回过家。走的时候,儿子两岁,女儿出生才5天。

离家前,杨靖宇给家人留下一张照

片，那是他在开封读书时拍的。为了保存好这张照片，妻子把它缝在女儿的棉袄里，并嘱咐儿子和女儿，长大了，拿着相片去找爹。后来，女儿一直把棉袄穿在身上，也把父亲贴在心上，躲过了敌人的多次搜捕，把照片保留了下来。

宝剑锋从磨砺出

1929年春天，杨靖宇在上海学习结束之后，被中央派到东北工作。满洲省委派他担任中共抚顺特别支部书记，领导煤矿工人运动。当时，他24岁。在抚顺街头，一个矿工模样的英俊青年，自称张贯一，山东曹州人，是来这里混饭的。自他来了之后，抚顺的党组织和工会组织迅速发展壮大，工人运动很快开展起来。

由于叛徒告密，8月30日，杨靖宇在客栈被捕，《奉天每日新闻》大肆渲染捕到"共产党之首魁"。1931年春，杨靖宇刑满获释，出狱第3天再次被捕。2次入狱，备受日本警察署的严刑拷打，敌人用坐老虎凳、灌辣椒水、灌煤油、上大挂等酷刑折磨他，杨靖宇始终不承认自己是共产党员和从事的工人活动。

1931年九一八事变后，日本侵占东北，东北各阶层爱国群众自发组织起来，

1927年杨靖宇亲手种植的槐树

确山起义（油画）

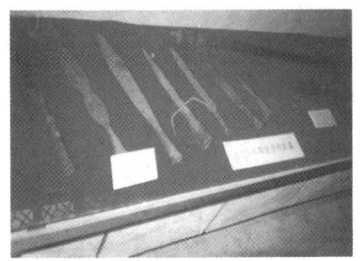

抗联战士早期使用过的武器

东北抗联第一路军总司令部布告

密营中的抗联战士满怀战斗豪情

在白山黑水、松辽沿岸同日本侵略者展开武装斗争。这时,杨靖宇被党组织营救出狱。先后担任东北反日总会党团书记、中共哈尔滨市委第一任书记、满洲省委委员,不久又兼满洲省委军委代理书记。在日伪警察特务横行的白色恐怖时期,他机智灵活地坚持斗争,全力推动抗日救亡运动的发展。

1932年,东北人民群众自发的抗日斗争风起云涌,但这些队伍成分复杂,军事素质不高,缺乏集中统一指挥,力量分散。而且组织纪律性也差,不但经常骚扰人民群众,而且对日作战中,互不支持,保存实力,甚至有时互相掣肘。因此,当日伪军的连续"围剿"进攻时,这些队伍有的溃败,有的逃入深山,甚至还有的投降日寇,东北义勇军相继失败,抗日运动进入了低潮。

1932年11月,杨靖宇就是在这种形势下来到南满,身份是中共满洲省委特派员。他几经周折,找到了磐石工农反日义勇军,然后按中国工农红军的经验,将这支义勇军更名整顿为中国工农红军第三十二军南满游击队,他自己出任政委。

杨靖宇总结了抗日义勇军失败的经验教训,鼓励周围的抗日队伍要团结一致,提出口号:"中国人不打中国人,留着

杨靖宇 (1905—1940)

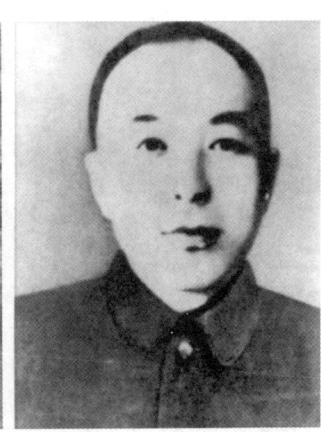

1936年1月28日,东北抗日联军成立,杨靖宇(左)、周保中(中)、李兆麟(右)分任三路军总司令。

子弹打日本"。并把来东北时的化名张贯一正式改为杨靖宇,各路抗日武装在他的团结下,创建了以磐石红石砬子为中心的游击根据地。

从此,杨靖宇这个名字就和东北抗日紧紧联系在一起,成为东北抗日力量的象征,成为东北抗战的一面旗帜。

冰天雪地七年与敌周旋

1933年初,中共中央给东北各级党委和全体共产党员发来一封"一·二六指示信",要求在东北建立全民族的抗日统一战线,以党领导的抗日游击队为骨干、联合其他抗日武装,共同进行抗日斗争。杨靖宇积极贯彻落实党中央和省委的指示,把南满游击队改编为东北人民革命军第一军独立师,任师长兼政委。

在抗日斗争中,他们并没有固守,而是选择了进一步扩大游击区域,联合更多的抗日武装。1933年10月,杨靖宇率部分队伍向辉发江以南挺进。部队渡过辉发江后,连战连捷,声威远震。就是这300人的队伍让巴黎的《救国时报》载文报道:"第一军屡败日伪军,弄得日伪军一闻人民革命军之名,便战战兢兢,心胆俱寒。"

小故事

蚊子沟伏击：三分钟就完事

艰苦环境之下，杨靖宇将军与广大抗日官兵同甘共苦，通过一次次的战斗，教会他们在战争中学习战争，利用他创造的游击战术与日本侵略者周旋。

据当时参加抗联的老战士回忆说："头一次跟杨靖宇并肩作战是在蚊子沟，在大道两旁，我们都埋伏上了。那时，日本鬼子已把城门打开了，要发兵攻击我们。杨靖宇就布置我们部队埋伏。我们等了一天、两天、三天、四天，第四天给养上不去了，没吃的，一天没吃饭，但没有命令谁都不能动，大家都在大道旁边趴着。晚上根本就睡不了觉，那蚊子简直都糊得一脸一脸的。就那么坚持到第五天，我们都在地上趴着，别人根本就瞅不着。有时我们从树缝往大道上瞅一瞅。终于看见鬼子兵来了，完全都进卡子了。这时就听指挥枪响了，三声枪响以后，我们就冲上去了。我自以为跑得挺快，到大道上，看见敌人死得一堆一堆的。那天下了点小雨，两边河沟的血都淌溜儿，把大道上沙子都冲出沟了，那血得淌多少！我跑到大道上一看完事了，三分钟就完事了。死了许多伪满军人。俺们没衣服穿，就把这些死人的衣服扒下来，拿到河沟里洗洗穿。这一次光机关枪就缴了四十多挺，步枪就更不用说了。这是一个大胜利，晚上我们在山上开娱乐会，大伙跳舞、唱歌，震得山音都啊啊的，可热闹了，连拍巴掌带跳舞的，乐坏了。"

当时有一首民谣是这样的："满天星，数不清，东边道，出英雄。抗日英雄无其数，杨靖宇数第一名。"

不仅人民认可，党中央也对杨靖宇和他代表的东北抗战投注了极大关注和充分的肯定。1934年1月，中华苏维埃第二次代表大会在瑞金召开。杨靖宇尽管没有参加这次大会，但仍当选为中华苏维埃共和国中央执行委员会委员。

1934年4月，杨靖宇联合17支南满抗日义勇军成立了抗日联军总指挥部，任总指挥。

1934年11月，东北人民革命军第一军成立，杨靖宇任军长兼政委。

1935年10月，东北人民革命军第一军作为主体，和其他武装联合，整编为东北抗日联军第一军。1936年春，杨靖宇任军长兼政委。

1936年6月，抗联第一军与活动在东满的抗联第二军又合编为东北抗联第一路军。杨靖宇任第一路军总司令兼政委。

到1936年底，抗联第一路军已有6000余人，活动区域也扩大到近20个县。杨靖宇作为东北抗日联军的主要创建人和领导人之一，他率部转战在冰天雪地的长白山麓，继创建磐石抗日游击根据地之后，又相继建立了今吉林省靖宇县、今吉林省辉南县、今吉林省集安市、老岭山区和辽宁老秃顶子山等抗日游击根据地,建立了人民政权,加强了党的建设。同时,指挥部还主动出击,陆续进行了痛歼伪军邵本良部、伏击敌骑兵教导旅、蚊子沟设伏、长岗歼敌、岔沟突围、大蒲柴河奔袭等许多有名的战斗,均重创敌军。

战斗在白山黑水间的东北抗联将士

为了打通和关内红军的联系,1936年6月、11月,杨靖宇还两次挥师西征,把抗日联军的活动区域扩大到清原、铁岭、抚顺一带,有力地牵制了敌人,配合了全国抗战。

东北抗联骑兵部队

面对日伪军频繁的"讨伐",杨靖宇在战争中学习战争,他提出"不击中敌人要害不打"、"对当地人民损害大不打"等原则,采用"敌合我分,敌进我退,乘敌之虚,各个击破"等战术,形成了独具特色的一整套游击战术。巴黎的《救国时报》登载文章称杨靖宇是"东三省第一个执行游击战术的人"。

东北抗联战士在休息

同样是《救国时报》,在1936年9月18日那天有一条这样的记述:"伪军中最凶悍之邵本良吃了多次败仗后叹曰:我邵本良一生也够鬼了,但杨司令比我更厉害。又曰:我的兵打'胡子',一个能打十个,打人民革命军就不行了,十个打一个还打不过。"

杨靖宇指挥部遗址

杨靖宇同志生前用过的枪支弹药

小知识

杨靖宇将军也是词曲作家

《东北抗日联军第一路军歌》是杨靖宇将军亲自作词、作曲并向战士们教唱的军歌。

我们是东北抗日联合军，
创造出联合军的第一路军。
乒乓的冲锋杀敌缴械声，
那就是革命胜利的铁证。
正确的革命信条应遵守，
官长士兵待遇都是平等。
铁般的军纪风纪要服从，
锻炼成无敌的革命铁军。
亲爱的同志们团结起，
从敌人精锐的枪刀下，
夺回来失去的我国土，
解放亡国奴的牛马生活！
英勇的同志们前进呀！
赶走日寇推翻"满洲国"。
这一次的民族革命战争，
要完成弱小民族的解放运动。
高悬在我们的天空中，
普照着胜利军旗的红光。
冲锋呀，我们的第一路军！

杨靖宇将军的诗作不仅寄托了他自己的爱国情怀，更成为鼓舞全

敌人、对手对杨将军如此评价，无疑是对他最好的褒奖。

1938年9月，中共中央在延安召开了扩大的六届六中全会。毛泽东高度评价杨靖宇和他所领导的抗联，全会专门给东北抗联发去致敬电，称他们是"在冰天雪地与敌周旋七年多的不怕困苦艰难奋斗之模范的东北抗日军队"。

民族忠魂慑敌胆

日本帝国主义一直把东北作为征服中国的战略基地。东北抗联的存在，像插在日伪心脏的一把尖刀，令他们不安，也令他们疯狂。对于抗日领袖杨靖宇，更是不惜一切代价想要消灭。日本关东军司令部当年的《治安肃正要纲》特别提出："对于捕杀匪首杨靖宇等须全力以赴。"其行

动策略是：同时遇到抗联和抗日山林队，专打抗联，不打山林队；若是同时遇到杨靖宇和其他抗联部队，专打杨靖宇，不打其他抗联。但杨靖宇将军及其领导的抗联，丝毫不惧，仍活跃在白山黑水间，打击敌人。

1938年下半年以后，敌人调集重兵"讨伐"抗联部队，这一年，日伪当局把"大讨伐"的重点转移至通化、吉林、间岛省等东南满地区，直指抗联第一路军。并以万元巨金悬赏杨靖宇的头颅，斗争进入异常艰难的时期。

杨靖宇的传令兵黄殿君回忆说："为了把杨靖宇消灭，日本人就派些人，在屯子和乡下收买人心，声称要是能把杨靖宇打死，(杨靖宇) 一两肉就赏给你一两金子，(杨靖宇) 一两骨头就赏给你一斤金子；你要是参加红军，暗地里把杨靖宇打死，你走后，家里这些人，日本人都给你养活着，整天供他们好吃好穿。他们派很多人去了，在长白县十二道沟，我们一次就抓获四十多个企图打死杨靖宇去日本人那里领赏的人。"

9月30日，杨靖宇主持召开了中共南满省委、第一路军主要负责人会议，为粉碎敌人"聚而歼之"的图谋，决定"化整为零"，将抗联第一路军编成若干小股部队

军斗志的战歌。部队休整时，他总是亲自教唱歌曲。

除了最喜欢教唱的《国际歌》外，他还把自己创作的一些诗歌谱上了曲在全军传唱，其中比较有名的就是上面这首《东北抗日联军第一路军歌》。

此外还有《四季游击歌》、《中韩民族联合起来》、《西征胜利歌》等，也是广为传唱。这些歌曲踏着抗联战士的足迹，响彻白山黑水之间，兴安密林之中，松嫩平原的青纱帐里，鼓舞着战士们英勇杀敌，建立了不可磨灭的丰功伟绩。

杨靖宇生前用过的钢笔和怀表

抗联战士生活(油画)

同敌人周旋,而他居中指挥协同作战。11月22日,杨靖宇率领司令部直属部队400余人在濛江那尔轰设伏袭击,"毙敌三十余人,伤敌无数"。此后,他便率部消失在茫茫密林之中。

起初,部队行进比较顺利,打了若干次胜仗,而且有一段时间,"讨伐队"几乎找不到杨靖宇的行踪。但在与敌人的游击周旋中,严冬到来了。东北的冬季异常漫长而寒冷,莽莽林海雪原,零下三四十摄氏度,滴水成冰,寒气逼人,部队的供给根本无法保证,衣不避寒,食不果腹。

为了解决给养问题,杨靖宇率部奔赴临江,计划主动攻袭林子头、白水泉子和八道江铁路工程现场。但这次袭击遭日军渡边部队满军步兵三团堵截,杨靖宇指挥部队激战一天之后退回森林里。两天之后,部队转移到临江三岔子北方15公里处,又与满军步兵七激战,抗联伤亡惨重。

这一仗明显地暴露了行踪,从1940年1月9日到1月30日,21天的时间内,杨靖宇率部队与敌人作战14次。经过两次大的分兵和战斗减员,杨靖宇所率队伍已不足100人。1月21日,警卫旅一团参谋丁守龙被敌逮捕,他向敌人供述了杨靖宇"最近行动"、"南下之主因"、"行动推测"、"杨匪主力行动之若干"、"杨今后蹯踞或逃避地点"、"抗联一路军编制"等各项军事秘密。2月1日,司令部特卫排长张秀峰携武器、密件、现金投敌叛变,进一步暴露了杨靖宇的行踪。日军急忙调动大队人马围攻杨靖宇。

经过与大批敌人连续的战斗,到2月12日,杨靖宇身边仅剩下6名战士,被敌人包围在吉林省濛江县的深山密林中。2月15日,在敌侦察机引导下,敌人的"讨伐队"发现了杨靖宇的行踪。从15日清晨起,"讨伐队"经过一次战斗、十几里山路的拼命追赶,被杨靖宇拖得疲惫不堪,陆续有人掉队。

日伪资料《阵中日志》记载:"早晨出发队伍有600人,逐渐剩下300人、200人、100人,到16日凌晨两点钟,仅剩下50人。"他们看到:"他

Yang Jing Yu ● 杨靖宇 (1905—1940)

(杨靖宇)已经饿了好几天肚子,但是跑的速度却很快。两手摆动得越过头顶,大腿的姿势,像鸵鸟跑的那样。"然而,杨靖宇毕竟几天没吃一顿饱饭,身上乏力,下午3时许,敌人终于追了上来。

在距敌300米的地方,杨靖宇利用地势连续射击。混乱之际,他再次甩掉紧追不舍的"讨伐队","完全像巨人那样跑着,最后终于逃进密林之中"。

此时,敌人已部署重兵将濛江县各村通道和山岔路口全部封锁,并严令上山打柴的农民不许带午饭。2月18日,警卫员朱文范、聂东华在购买食物时与追捕的敌人遭遇,牺牲。杨靖宇此时孤身一人,而且右臂受伤。

2月23日上午,杨靖宇在三道崴子遇到4个砍柴的农民,请他们帮忙买食物和

1940年2月22日,杨靖宇将军在长白山下森林里一个"地呱子"(窝棚)度过了他人生的最后一个夜晚,第二天不幸被日伪军围剿枪杀壮烈牺牲。图为杨靖宇壮烈殉国前居住的"地呱子"。

杨靖宇战斗到最后一刻(绘画)

杨靖宇将军殉难地纪念馆

杨靖宇将军殉难地纪念碑

日军打死杨靖宇之后为其拍照以验明正身

一双棉鞋。其中有个农民后来回忆:"我们对他说,你还是投降吧,如今满洲国不会杀头。"杨靖宇坚定地回答:"我是中国人,是不能向外国人投降的。"4个农民中的伪排长赵廷喜回村遇到特务盘问后告密。

下午3时50分,敌人在三道崴子包围了杨靖宇。此时的杨靖宇,已数日粒米未进,再加重感冒和臂伤,身体十分虚弱,但仍镇定自若,掏出双枪,击倒几名敌人。最后,他被逼到山谷中的河边,依傍着一棵槭树射击。敌人想要活捉他,停止射击高声劝降:"放下武器,保留生命,还能富贵"!

叛徒们的喊叫,迎来的是杨靖宇手枪里的子弹。4点半左右,敌人见杨靖宇"豪无答应的神色",于是下令"干掉他"。杨靖宇身中数弹,壮烈牺牲。

杨靖宇牺牲后,残忍的日本侵略军无法理解这位英雄的坚强行为,他何以能够在冰天雪地里长时间被围困、且完全断绝粮食的情况下,顽强坚持战斗。敌人残暴地用铡刀铡下他的头颅,剖开他的腹部,发现胃中没有一粒粮食,全是草根、树皮、棉絮时,在场的日军极为震惊。他们惊呼:"杨靖宇是头颅构造特殊的人物,中国的大英雄。"

为纪念这位不朽的民族英雄,1946

杨靖宇烈士陵园坐落在吉林省通化市浑江东岸的靖宇山上

1958年2月23日,杨靖宇公祭合葬仪式。

1959年,黑龙江各界人士隆重恭送杨靖宇将军遗体。

年,东北民主联军总部决定,将其牺牲地濛江县改名为靖宇县。

  1958年2月23日,其遗首和遗体被隆重公祭合葬在为他专门建立的通化市靖宇陵园。毛泽东、周恩来、朱德等中央领导人送了花圈,朱德亲笔为杨靖宇题词:"人民英雄杨靖宇同志永垂不朽!"

开国英模 KAIGUOYINGMO

李 林
(1916-1940)

荣　　　誉：抗日民族英雄
民　　　族：汉族
出　生　地：福建省尤溪县
诞　　　辰：1916年（具体日期不详）
逝世纪念日：1940年4月26日
牺 牲 年 龄：24岁

在中国近现代史上，许多华侨同国内无数先烈一样，在革命的烈火中贡献出了宝贵的生命。黄花岗七十二烈士中就有三分之一以上是侨胞。李林可以说是抗日战争中一个典型的华侨烈士。有人认为华侨怕吃苦，南洋的华侨特别怕冷，可是来自热带爪哇的李林，为了拯救民族的沦亡，自愿走上塞北高原的晋绥边区。她连敌人的刀枪坦克和飞机都不怕，还怕什么生活艰苦及那滴水成冰的严寒？在中国共产党的培育下，她很快地成为传奇式的女英雄。曾率领骑兵驰骋在雁北抗日游击战场上,奇袭顽仗。日伪曾悬赏重金,购买她的头颅。

撤退不退　北上抗日

李林1916年生于福建尤溪县一个穷苦农民家里。两三岁时,因家贫过继给厦门爱国华侨商人李瑞奇为女,取名为李秀若,后随养父移居荷属印度尼西亚的爪哇岛,就读于华侨小学。

怀着对帝国主义者的满腔愤恨和对祖国大好河山的热烈憧憬,1930年,李林随养母回到故乡,在爱国侨领陈嘉庚先生创办的集美中学求学。她勤奋刻苦,成绩优异,热爱体育,是校篮球队成员。她还热爱音乐,一支口琴一直吹到了后来的戎马生涯。她最热爱文学,大量阅读了俄国19世纪作家屠格涅夫的作品,立志长大后成为一个文学家。

1931年,九一八事变的炮声打破了集美中学的平静,也打破了李秀若的文学梦。她积极参加抗日宣传队,宣传抗日,投身到救国运动中去。

1934年冬,李林来到上海爱国女子中学就读,面对插着红膏药旗的虹口日本兵营,她愤然写下"甘愿征战血染衣,不平倭寇誓不休"。她积极参加学生抗日救亡运动,参加了共产党人领导的"抗日救亡青年团"。

1935年李林来到抗日救亡运动的中心北平,考入北平民国大学政治经济系。她如饥似渴地阅读马列主义著作,积极参加各种抗日救亡活

1933年11月,李林(前排左一)在厦门与集美中学同学合影

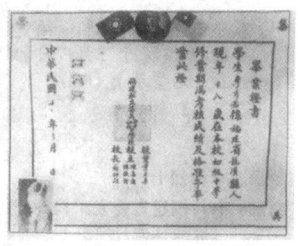

李林的集美中学毕业证

李林(前排右三)在上海爱国女中与同学合影

李林(前排左二)在上海爱国女中与同学合影

李林在上海爱国女中留影

动,并加入了中国共产党外围组织"中华民族解放先锋队"。因嫌秀若名字太脆弱,她改名为李林。

12月12日,为抗议国民政府在上海国会"七君子"事件,北平大学生组织了一次大规模的示威游行。李林担任民国大学游行队伍的旗手。面对警察的暴力阻拦,她告诉护旗的男同学说:"如果我倒下了,你们要接过去,红旗绝不能倒!"不久,李林光荣加入中国共产党。同年底,李林响应中共北平市委的号召,奔赴太原,参加山西牺牲救国同盟会举办的国民师范学校军政训练班,接受军事训练。从此,李林穿上军装,成为一名战士。在训练班里,李林担任党的临时组织——特委的宣传委员,兼女子第11连党支部书记。

半年的训练结束了,刻苦的李林练就了百步穿杨的好枪法。李林被分配到牺牲救国同盟会工作。1937年全国抗日战争爆发后,李林热血沸腾,请缨杀敌。党组织派李林到临近沦陷区的大同,任牺牲求国盟会大同中心区委宣传部部长,同时参加党的雁北工委的工作,随晋绥边区工作委员会到雁北抗日前线,宣传和组织工人、农民、学生参加抗日武装。

8月,大同战事吃紧,李林撤往雁门关内,在代县阳明堡与北上准备创建雁北根据地的晋绥边工委相遇。李林强烈要求随工委赶往前线,开始工委的同志考虑到她是一个女同志,到前线不方便,劝她还是回太原。在她的再三请求下,最后工委书记答应了她,并配给她一支"六五"步枪。这样,李林就随特委队伍出雁门关,奔赴抗日前线。

李林与晋绥边工委一行出了雁门关,很快就转移到偏关县。当时由于时局紧张,旧政府人员都已经逃跑。边特委决定在这里开始组建抗日游击队,李林很快投入工作,发挥出色的组织才能,物色干部,寻找营房,筹办伙食,组织开办训练班,编写军事、政治教材,亲自授课,积极教育和武装青年,逐步组织起几十人的游击队伍。11月,任雁北抗日游击队第8支队支队长兼政治主任,率部深入敌后驰骋长城内外,转战塞北山区。12月队伍扩大到200余人。李林勇敢坚定,机智灵活,指挥得当,接连获胜,建立了雁北抗日根据地。

巨金悬赏的头颅

1938年2月,中共晋绥边特委(原工委改称)在第八支队掩护下,向平鲁、右玉、西山一带挺进。行军的第一个晚上,在偏关以东20多公里处,与一股伪军遭遇,李林指挥八支队打垮了敌人,掩护特委机关安全到达平炉县境内。

八支队在平鲁、西山经过一段时间休整,随即开赴右玉、左云以北,转战长城内外。一天下午,支队人员行至凉城县田城村,得知伪军一部在附近驻扎,每天下午少数伪军带马群到村边河中饮马。早想把八支队建成骑兵的李林商定,当机立断,巧夺伪军马匹。他们立即抽出30来名精干的战士组成突击队,换上便衣,潜伏在河边的草木丛中。待伪军的马群来到河边时,突击队员向敌人发起了突然袭击,打了敌人一个措手不及,夺得50多匹马、十几支枪。有了装备,李林将一中队改为骑兵中队,使八支队成为步骑兵混合支队。不久,雁北游击队第八支队改编为

八路军一二〇师雁北第六支队骑兵营,李林任教导员。

李林率领这支队伍转战雁北各地,接连取得了许多胜利。1938年7月,李林调任晋绥边区工作委员会宣传委员,兼管地方武装。

榆岭位于平鲁区的东端,这里是雁北洪涛山抗日游击根据地的中心。1938年夏天,为了巩固和发展根据地,晋绥边区在这里举办了干部培训班,任命李林兼任宣传部长,主管干训班的工作。在一年多的时间里,李林先后热情地接待了来自各地的四期学员。她逐个地找学员谈心,了解他们的出身和思想活动,给他们讲抗战的故事,手把手地教他们写字,唱抗日救亡歌曲。她亲自讲授主要的政治课程。为了备好课,她常常伏案疾书到天亮。

在当时险恶的环境下,这位南国姑娘和同志们一样,吃着莜面山药煮黑豆,有时还不得不露宿在野外和打谷场的干草堆里,她上身穿着军装,下身却穿着老羊皮裤,被群众誉为"皮裤姑娘"。因为没有袜子穿,她的双脚冻得血肉模糊,但她却仍是那样乐观而不知疲倦地工作。而她从家乡带来的两件毛衣,没舍得穿,都送给了有病的战友⋯⋯

干训班克服了重重困难,为党培养了数百名干部,及时地充实到各

抗日骑兵团

1940年1月,李林(前排右二)参加晋西北军民代表大会时合影

县区挑起了抗日重担。李林在做群众工作中,认下了不少"干妈",团结了许多"干姐妹",向她们宣传革命道理,帮助她们学习文化,深受群众爱戴。

李林从1937年到1940年三年中,经历了一次又一次出生入死的战斗,亲自击毙了数百名日寇和汉奸。她指挥游击队配合八路军,粉碎了敌人近10次的大"扫荡",成为驰名长城内外的抗日女英雄。

1939年10月,日寇对雁北洪涛山根据地发动了疯狂的第七次大扫荡,为了粉碎敌寇的扫荡,李林率部奇袭了兵力空虚的敌人老巢岱岳,她和战友们用机枪猛烈向敌据点射击,直冲进中心街,敌人看老巢被攻,慌了手脚,从大同方面调动了飞机、坦克来解围,在根据地扫荡的敌兵也匆匆退出了根据地,向岱岳靠拢。就这样,李林带领队伍粉碎了敌人的又一次扫荡。

这位骁勇的抗日女战士愈战愈勇,成了边区人民心中传奇式的英雄,也成了敌人的眼中钉、肉中刺,敌人对其恨得咬牙切齿,日本鬼子把李林称作"顽皮女太君",并多次重金悬赏她的头。

1940年1月,李林参加了晋西北军民代表大会,被选为晋西北行政公署委员,负责指导工、青、妇等群众团体的工作。由于她的出色表现,

在召开委员会议前,贺龙师长与李林进行了亲切的谈话,赞扬了她的英勇表现和领导才能。贺龙对她说:"一个女同志,来自大城市的大学生,能带领骑兵,在长城内外大战日本鬼子,打出了威风,很不简单!"

在行署委员会开会时,贺龙特意向全体委员介绍李林说:"这是我们的抗日女英雄,一个华侨大学生能在敌后领兵打仗,值得大家赞扬!"

苦寒雁北　　窑洞爱情

尽管炮火纷飞,爱情仍旧在心里滋长起来。也因为有爱情,青春岁月不再是那么孤苦,爱人的肩膀给了她温暖。雁北寒冷的窑洞里回荡着她幸福爽朗的笑声。她那男孩子的性格的外表下有着女孩子的缱绻柔情。李林在太原牺盟会军政训练班时,认识了屈健。屈健是河南桐柏人,是雁北洪涛山抗日根据地创建者之一。

最初相识时,屈健感到李林是一个出色女孩,心中留下了很好的印象,但交往不是很多。1937年8月他在大同与李林重逢,两人开始一起工作。让屈健难忘的是李林刚到平鲁时在城中心的一次动人心弦的讲话,她手举"六五"步枪的英姿深刻地印在了他的心上。因为戎马倥偬,他们很快又各奔东西。

1938年7月,他们双双调到晋绥工委工作,屈健负责组织工作,李林负责宣传工作,两人又重逢在一起。后来屈健任主要负责人,李林改任组织委员,他们经常在一起讨论工作,彼此亲近起来。他们同住一个院子,分住两个相连的窑洞。晚上为了节省灯油,只点一盏灯,同在一个窑洞学习,相互爱慕之情油然而生,常常聊一些彼此感兴趣的话题。慢慢地,他们之间的称呼也由"李林同志"改为"小李","屈健同志"改为"阿健"了,爱情种子在他们心中萌发了。有一件事又加速了他们之间的感情进展。晋西北区党委贺龙、关向应等领导同志来电要调李林回区党委机关工作。分离在即,屈健便曲折地表态了。一天晚上,屈健说:"小李,你能否不回后方?留在雁北一块儿打游击?"她便含糊其辞地说:"回晋西北是组织上的决定,按我的意愿,我是不愿走的。"

屈健不善言辞,越激动越着急,心里不安起来,他俩各自又坐在炕桌两边开始学习,屈健便急切地在纸上写道:"你同意在雁北解决个人问题吗?"

开始李林仍然沉默,不写也不说。

屈健猜透了李林是不愿直说,于是催促道:"小李,你说呀!你把人都急死了。"

这时,李林在纸上写了四个字:"爱谁?谁爱?"

屈健心跳加速,血往上涌,脸也红了,反而不好意思起来。他鼓起勇气写了一句:"我爱你,行不行?"

李林很快在纸上写了一句:"这是你的真心话吗?"这时,屈健明白李林已经同意他的求爱,激动不已,越过小炕桌,握着李林的双手说:"难道你还不相信我吗?"……

敌人第九次大扫荡时,李林在接受掩护组织转移任务后,不放心在几里之外小山村养病的丈夫,匆匆给屈健写了一封短信:"你走后的那一天刮了大风,不知受凉没有?我很担心。在一起时,我们经常吵嘴,分开了却非常想念你。敌人又发动扫

李林骑战马英姿

李林在上木角村居住的窑洞

李林牺牲地——平鲁区东平太荫凉山

山西平鲁县烈士陵园中的李林雕塑

山西平鲁县烈士陵园中的李林烈士之墓

厦门的李林纪念园

荡了,我们已做好准备,一定可以粉碎敌人的进攻,你放心。我们的孩子又在乱动了……"

突遭包围 英勇牺牲

1940年4月,日寇调集了10000多人马,疯狂地向晋绥抗日根据地扑来。分三路对我雁北敌后根据地进行大扫荡。晋绥边区特委、第11行政专员公署机关和群众团体等500余人被包围。为了掩护机关和群众突围,李林与特委军事部长姜胜带领的政委连进行掩护。26日凌晨5时,走了30多里路,敌人的枪声便激烈地响起来,李林指挥学员就地卧倒,命令政委连前后拉开队伍掩护。李林经过和姜胜商议后,趁敌人不摸底细之际,决定突围。敌人主力出现,突围未能成功。他们指挥部队掩护队伍掉头撤到东平太村。

天亮时,东平太村出现敌人火力,队伍腹背受敌。李林让地委武装部长姜胜带领大部队向南突围,她自己则带领一个骑兵排从东沟猛烈地杀向敌人,以吸引敌人的注意力,敌人调集南北两山兵力紧紧追击,姜胜带领学员向南突围成功,郑林带领部分机关人员向西突围成功,伤兵及妇女同志隐蔽在村中群众家中,全部得救。

李林骑着战马在枪林弹雨中飞驰,一手八音枪,一手驳壳枪,双枪齐发,追上来的敌人纷纷倒地。

李林边战边往郭家窑村方向移动,身边的战士已全部中弹牺牲,她的菊花青战马也中弹倒地。李林的左腿和前胸都受了重伤,她强忍疼痛,向山顶跑去,大批敌人又沿着山坡漫上来。李林抢占到山上的一座小庙,她咬着牙爬到一处地塄下,佯装昏了过去躺着不动。当敌人扑上来时,她突然坐起,一手拿驳壳枪,一手拿小八音枪连连射击,6个敌人应声倒地,其余敌人慌忙退了回去。在密集的枪弹中,李林连中三弹,栽倒在地。"抓活的!"敌人狂叫着扑向山顶。李林清点子弹,发现八音手枪内只有一颗子弹了。她拼尽全身力气,举起这支贺龙赠送的手枪对准自己的喉管……

最后在打扫战场时,敌人才发现原来令他们丧胆的居然是一位女八路。日本侵略者也不得不说:"女八路真厉害!"

敌人走了,郭家窑村人将李林遗体抬回村里,擦洗干净,石三女老人拿出自家珍藏的白粗布将李林的遗体裹好,盖棺入殓。在这个过程中,老乡发现,李林的腹部被凶残的日寇用刺刀划开,里面3个月大的胎儿静静躺在母亲腹中。

李林牺牲的第二天,数千名抗日战士和驻地群众,为她举行了隆重的追悼大会。李林牺牲时的血衣几经辗转,送到延安。中共中央妇女运动委员会从延安发来唁电,对李林给予高度评价:(李林)不仅是女共产党员的光辉模范,而且是全国同胞所敬爱的女英雄。

李林牺牲后,党中央机关报和重庆的《新中华报》、《新西北报》相继发表消息、社论和悼念文章,以醒目的标题称赞李林是"女共产党员的光辉楷模!""中华民族的英雄!"晋绥分局和中央妇委专门为她开了追悼会。

新中国成立后,政府把她的遗骨安放在平鲁县烈士陵园。

左 权
(1905–1942)

荣　　　誉：中国人民解放军军事家
民　　　族：汉族
出　生　地：湖南省醴陵县
诞　　　辰：1905 年 3 月 15 日
逝世纪念日：1942 年 5 月 25 日
牺 牲 年 龄：37 岁

左权，八路军副参谋长、八路军前方总部参谋长，后兼任八路军第二纵队司令员。朱德总司令赞誉他是"中国军事界不可多得的人才"。周恩来称他"足以为党之模范"。左权是我党军队抗战时期在前线牺牲的最高级别的军事干部，他的名字与中国抗战的历史密不可分。

少年才俊　黄埔新星

左权，原名左纪权，1905 年 3 月 15 日出生于湖南醴陵黄猫岭左家屋场。左权在家中排行老五,是家中的老幺。左权1岁时,父亲去世,家庭负担全部落在母亲身上。每到青黄不接的时候,母亲就抱着左权外出乞讨。左权稍大一点,就帮着家里拾柴、打草,补助生活。母亲坚强、勤劳的品质深深影响了左权。

左权故居(湖南醴陵黄猫岭左家屋场)

左权自幼聪慧,读私塾,入小学,成绩一直名列前茅。1915年5月7日袁世凯签订丧权辱国的"二十一条"时,刚刚10岁的左权身背"莫忘国耻"的标语,在村里谴责其卖国罪行。第二年,他的三哥外出借粮,因饥饿无力滑进水塘淹死,使他愤慨于旧社会的不公。

1922年秋,左权升入醴陵中学后,他参加了"社会科学研究社",如饥似渴地阅读《马克思主义浅说》、《新青年》等进步书刊,开始接触马克思主义。在五四运动的影响下,左权说服了母亲和家人,决定投笔从戎。

1924年4月,左权在广州陆军讲武学校参加"莲社"时留影

1924年3月,左权与蔡申熙等人,背井离乡,奔赴广州考入孙中山的陆海军大元帅府军政部创办的陆军讲武学堂学习,期间参加了平定广州商团叛乱的战斗,这是他第一次参加实际战斗,周恩来曾说:"左权同志的革命信念,便由此起。"同年11月,广州陆军讲武学堂和黄埔军校合并,左权就成为黄埔一期生。

黄埔军校一期时的左权

开国英模

1925年6月，左权随军参加东征作战返回广州时的留影。

小故事
周恩来亲自主持左权入党的宣誓仪式

在黄埔军校，左权因表现优异引起周恩来的关注。他委派已是共产党员、也是左权同乡的陈赓去做左权的工作，向左权介绍革命书籍，介绍有关中国共产党的情况。

1925年1月初的一天，在左权对共产党有了一定的认识之后，陈赓便带着他去见周恩来。这是左权第一次同周恩来面对面地交谈。在询问了左权的家庭、经历和学习情况后，周恩来和蔼地问左权："你为什么想到组织和参加'莲社'呢？""我那时想，一个人在这样的社会上要做一个真正的好人，就要有几个比较知心的同志，可现在我觉得这样做还是太狭隘了。我憎恨吃人的旧社会，立志要奋斗，要报国，要像共产党员一样去做事……"左权毫不掩饰地回答。

"要像共产党员一样？你愿意成为一个共产党员？那你对共产党这个组织怎么认识？"周恩来用炯

在黄埔军校，左权潜心钻研军事知识，很少外出游玩，把全部精力投入到学习和训练中。为了表明自己洁身自好、匡救时艰的志向，他联络几个要好的同学，成立了一个名为"莲社"的小团体，取花中君子——荷花"出淤泥而不染"的意思。

他还积极参加政治活动，是黄埔军校"青年军人联合会"负责人之一。经同学陈赓引见，左权结识了时任黄埔军校政治部主任的周恩来。1925年2月，在周恩来等共产党人的积极引导下，追求光明的左权加入了中国共产党。

1925年2月，左权随黄埔军校学生军参加讨伐陈炯明的第一次东征。因英勇善战，他很快由排长提升为副连长。接着又参加了对陈炯明的第二次东征。左权在政治上和军事上的表现，一时间风头甚劲，时人誉之为"黄埔新星"。

苏俄留学 苏区带兵

1925年12月，左权因为学习、战斗表现出色，作为优秀军官被国共两党共同选送到苏联留学，先在莫斯科中山大学学习俄文，两年后，继续到伏龙芝军事学院深造。

在伏龙芝军事学院，左权显露出过人

的军事才能。在那里,他与刘伯承相识、相知,并共同探讨革命问题和军事理论,结下了深厚的友谊。刘伯承回忆道:"在军事、政治考试中,左权常能旁征博引,阐其旨趣。"留苏四年,左权博闻强识,掌握了丰富的军事理论,成为一名训练有素的军事指挥员。

1930年4月,左权和刘伯承学成归国,秘密回到上海,找到了党中央,在上海等待分配的期间,他与刘伯承一起翻译了《苏联红军新的步兵战斗条令》,这本《战斗条令》成为人民军队战斗条令的范本。

后来左权被分配到中央革命根据地,几经风险,1930年9月辗转来到闽西苏区。左权在闽西被安排担任红军军官学校1分校校长,不足一个月就被调入中央苏区,后又被派回闽西工作,任闽西工农革命委员会常委。

闽西原红二十一军和红二十军整编为红军新十二军,左权被任命为新十二军军长,他率部配合中央苏区红军取得了第一次反围剿的胜利。1931年12月奉命参与联络指导国民党军第26路军举行宁都起义。起义部队改编为中国工农红军第五军团后,任红十五军政治委员,后任军长兼政委。

年轻的左权没有在旧军队里服过役,

炯的目光看着左权。

左权一听,马上站起身来大声答道:"共产党为穷苦大众谋利益,要消灭一切剥削制度,实现人类大同,我十分赞成。如果周主任不嫌弃我,我坚决要求加入共产党!"

周恩来听罢大笑:"左权同学,这不是我周恩来个人嫌弃不嫌弃的事情,只要你真心愿意加入共产党,诚心接受中国共产党的理想和纲领,共产党是欢迎你的,是会接纳你加入组织的。不过你要知道,共产党员可是吃苦在前,冲锋在头里。"

"我是农家子弟,不怕吃苦!"

"共产党员要严守秘密,甚至为了党的利益准备牺牲自己的一切。"

"我有这种思想准备!"左权严肃而又坚定地回答。

这时一旁的陈赓连忙说道:"周主任,我考察过左权同学的情况,他已经符合党员的条件,我愿意介绍他加入党组织。"

1925年2月11日,由陈赓和周逸群做介绍人,左权被批准参加共产党。周恩来亲自主持左权入党的宣誓仪式。

当宣誓完毕,周恩来紧紧握住左权的双手,用"同志"的称号,祝贺他已成为一名中国共产党党员的时候,左权激动得泪水盈眶,连声说道:"感谢党组织对我的信任,感谢周老师对我的教导和指引。我一定要终身为共产主义而奋斗!"

开国英模

1926年7月，左权在苏联莫斯科中山大学留影。

小故事

毛泽东、周恩来力挺左权重回前线

"国难思良将"。中央苏区第五次反"围剿"开始后，"左"倾领导人的错误指挥导致红军节节败退，红色政权危在旦夕。

1933年12月，毛泽东亲自提名，要求重新起用左权。但王明不同意左权掌握兵权。恰好这时红1军团参谋长位空缺，周恩来不顾"左"倾机会主义领导的反对，力主军委派左权去担任这一职务。

经过毛泽东、周恩来等人再三争取，王明才将左权定为"可用而不可重用"之人，被安排做没有直接军事指挥权的参谋工作——红1军团参谋长，参加了第5次反"围剿"作战。这就是左权从一号军事指挥员转入参谋工作的原委。

对旧军阀作战时相互倾轧、互相推诿、保存实力的恶习深恶痛绝。他教育部队作战时首先考虑的是打击敌人，要通过打击敌人来保护自己。左权努力教育改造部队，率部参加赣州、漳州等战役。当时左权只有26岁，就成了一名优秀的红军指挥员，带领部队打了不少胜仗。

左权在苏区反"围剿"战斗中总结实战经验，首创"盘式打圈子"的游击运动战战术。对于这个年轻的黄埔一期和伏龙芝军事学院的高材生，又是湖南小老乡，毛泽东非常赏识、信任和宠爱他，多次夸奖左权的军事才华和人品，说他"吃的洋面包都消化了，硬是个两杆子都行的将才呢"。左权成为青年高级指挥员中科班出身的代表人物。

蒙冤撤职　忍辱负重

1931年1月，中国共产党六届四中全会上，王明等"左"倾机会主义分子把持了中央的领导权。他们一上台就对内大搞宗派，以"肃托"、"肃反"为借口排斥异己，迫害无辜，把党和红军推进了灾难的深渊。

左权在苏联时就不买王明的账，从不向他靠拢，为此王明决心"搞掉左权"。

1932年6月，王明一伙捕风捉影，左权被扣上了"托派嫌疑"的帽子，受到留党察看8个月的错误处分，并被撤销红十五军军长兼政委的职务，并被剥夺了兵权，降为中国工农红军中央军事政治学校军事教官。

面对不白之冤，左权力陈自己的清白。与此同时，毫不消极，而是忍辱负重，尽其所能地在岗位上为党的事业奉献。除了军校的教学，他还翻译和撰写了一大批军事著作。他翻译的《苏联国内革命战争的教训》，印行了1万册，在红军部队中广泛传阅。

由于军事需要，左权于1933年初调到中央革命军事委员会作战局任参谋，参加了第4次反"围剿"。战斗结束后，左权再次受到审查。但他仍然没有放弃工作，认真总结第4次反"围剿"的经验教训，并应用到参谋工作中。

1933年冬天，蒋介石调集50万大军，对中央革命根据地发动第5次"围剿"。前方战事紧张，指挥员大量伤亡，人才奇缺，左权却被搁置在后方。前方亟须干部的时候，周恩来极力主张起用左权，让他到前线去领兵打仗。他说："左权这么年轻，会有什么问题？应该让他到前线来指挥部队！"经过他的争取，左权于同年12月任红一军团参谋长，参加了第5次反"围剿"作战。

第5次反"围剿"，由于当时执行"左"倾路线的中央战略错误，指挥失当，困难日甚一日。对此，左权感到苦闷。但他仍然夜以继日拼命工作，带领部队奔波于广大的苏区土地上抗击敌军。同时，他还抽出时间，为红军建设出谋划策。当时，红军新战士多，针对这种情况，左权写了《怎样使新战士很快成为熟练的战士》，发表在军报上，有力地指导了部队教育。

虽然他此时还背负留党察看的处分，但并没有因此而责怪党，也没有动摇过对党对革命事业的坚定信念，始终如一地为党努力工作。因而，他身边的许多人对这件事并不知晓，也感觉不出他是蒙受了不白之冤、受过委屈的人。

直到1941年底，他才写信向党表达了自己的心迹："我实无时不处于极端的痛苦过程之中……我没有灰心与气馁……总以真金不怕火炼，党有工作给我做，在斗争中在工作中去表白不白之冤，自有水落石出一日来安慰自己。现在我觉得不应再忍受下去了，故向党提出要求，请将我的问题作结论，洗涤这一不白之冤，取消对我的留党察看的处分……我并且可以以我的全部政治生活向党担保，我是一个好的中国共产党党员。"

左权面对巨大的委屈，表现出了一个共产党员经得起考验，受得住委屈，襟怀坦白，忠实积极，顾全大局的崇高党性。

万里长征　先锋前卫

1934年10月，第5次反"围剿"失败，和中央红军一样，左权不得不含恨离开中央苏区，跨过于都河，踏上了前途未卜的漫漫长征路。

长征初期，红军要突破国民党军4道封锁线。左权任参谋长的红一军团担任主攻，他肩挑重担，为部队的战斗超负荷工作，从国民党的包围圈中为红军的突围撕开了一道口子。

跳出敌人包围圈后，1935年1月，中国共产党中央在遵义召开了具有历史意义的政治局扩大会议，扭转了错误路线。左权为此欢欣鼓舞。他所参与指挥的红一军团，是长征途中的先锋前卫部队，在众多战斗中立下了汗马功劳。

1935年5月，红军准备强渡大渡河，左权率领红二师第五团一部和军团的侦察连，佯攻大叔堡，掩护主力红军渡河。该部两天行军300里，途中歼灭几股敌军，到达佯攻地点，造成红军主力要在此渡河的假象，吸引敌人守军。这次行动保证了红军主力顺利从安顺场强渡大渡河。

随后，左权所部穿过草地，抵达腊子口。在左权、聂荣臻的亲自指挥下,红二师攻克天险腊子口。1935年10月17日,中央红军到达陕北吴起镇,长征取得了胜利。

刚到陕北根据地的红军,受到西北军阀和国民党中央军的围剿,经过数次战斗,才站稳脚跟。在此期间,左权几乎参与指挥了所有重要的战斗。直罗镇一役,红军以集中优势兵力打击一部的战术,全歼国民党第105师,击毙师长牛元峰。战斗中缴获的牛元峰的左轮手枪,成为左权的贴身爱枪。

天险腊子口

1936年2月红军东征,左权是先锋军前敌指挥部成员。5月,中央任命左权为红一军团的代理军团长,率部西征,攻打甘肃马家军。在曲子镇战斗时,他和政委聂荣臻亲自到了第一线,极大地鼓舞了士气,战士们喊着"军团首长看着我们,不能丢脸"的口号,奋勇战斗,全歼敌人守军,活捉一个旅长,取得西征首役的胜

红军在直罗镇战役中缴获大批武器

1936年2月,东征红军将领左权(左一)、聂荣臻(左三)、彭德怀(右一)合影

1936年12月,红二方面军部分干部合影。第二排右起一左权、二为任弼时、三为贺龙、六为王震、八为朱瑞。

1937年6月,徐向前(右一)与陈赓(后左)、左权(后右)、宣侠父(前左)在西安。四人都是黄埔一期学员。

山城堡战役遗址

山城堡战役纪念碑

利,红军的军威大振,向西北挺进,如入无人之境。

1936年11月,蒋介石嫡系胡宗南部向我驻守在甘肃环县以北的山城堡的红军发动进攻。红军在左权、聂荣臻指挥下,发挥红军近战、夜战特长,利用暗夜展开攻击,经过5小时激战,歼敌1.5万余人,给胡宗南以沉重打击,迫使其向西撤退。

山城堡战役,是结束长征的最后一战,红军以劣势装备打垮了装备精良的敌军,粉碎了国民党军对陕北红军的"围剿"。战斗的胜利与左权、聂荣臻的正确指挥是分不开的。刘伯承盛赞道:"左权同志部署作战是细致周密的,山城堡战斗就是一个范例。"

百团大战 运筹决胜

红军在陕北根据地的巩固,为迎接抗

日统一战线的到来奠定了良好的基础。1937年7月7日,全面抗战爆发,国共合作后,红军改编为国民革命军第八路军,简称八路军。左权担任八路军副参谋长、八路军前方总部参谋长,后兼任八路军第二纵队司令员,协助朱德、彭德怀指挥八路军开赴华北抗日前线,开展敌后游击战争,扩大抗日武装,创建根据地。

1940年秋,八路军在华北对日伪军发起了空前规模的进攻——百团大战。作为八路军总部副总参谋长,左权不仅制定了作战预案,战前更是用了将近1个月的时间苦心策划,周密部署。他完成了地形、敌情的侦察,兵力的部署,道路的选择,爆破器材的准备,以及对敌宣传品的印刷,军队和民众的动员,兵站的建立,粮食的储存等各项工作。在这些日子里,左权忙碌万分,几乎天天要工作十五六个小时以上。

战斗开始之后,捷报频传,八路军出动105个团、40万人的兵力,同时向正太、同蒲、津浦、北宁、胶济、平绥、德石铁路干线之日伪军开展进攻,并沿线进行大破袭。经过交通破袭战、消灭交通线两侧的敌伪据点、粉碎敌人报复性的"扫荡"三个阶段的战斗,日军遭到重大打击。在此期间,左权随时注意战场情况,根据八路军总部的

1937年9月,左权随朱德总司令由陕西芝川镇东渡黄河。右起:朱德、任弼时、左权和总部作战科科长黄鹄显。

1938年2月,朱德(后排左三)、彭德怀(后排右一)、左权(后排左一)等合影。

1938年,刘伯承(中)、左权(左)和部队文工团团员合影。

意图，制订计划，细心安排，灵活指挥，全身心投入到战役中。

1940年10月底，百团大战的末期，左权还直接指挥了对日寇冈崎大队包围战。依据当时的实际情况，左权确定了"割牛筋"的战术。八路军以排、连为单位，利用地形地物的掩护，不急不躁地打击敌人，不仅大大减少了伤亡，同时又让他们的重火器和迫击炮发挥不了作用。战斗进行了一昼夜。这种零敲牛皮糖的打法，使日寇死伤一人便少一个，放掉一枪便少一颗子弹，兵力越来越少，耗损越来越大。日军曾进行多次突围，均被八路军打了回去。包围圈越来越小，又臭又硬的冈崎大队就像掉在深坑中的疯牛，经不起"割牛筋"的战术，仅有30余人逃离战场，基本上被全歼。

关家垴战斗，宣告了百团大战的胜利结束。经过3个多月的作战，八路军共歼灭日伪军近4万人，极大地鼓舞了全国军民抗战必胜的信心。百团大战是一次空前规模战略性的进攻战役，它的胜利给全国军民以极大鼓舞，毛泽东同志也曾给予嘉奖，称赞"百团大战实在振奋人心"。

百团大战功臣：晋察冀边区八路军二团一连连长李永生在涞源三甲村战斗中，一人缴获轻机枪一挺，三八式步枪三支

百团大战狮垴山战斗中的我军一二九师机枪阵地

扛着木头机枪的儿童团员

婚恋晚来　眷恋常在

左权,作为一名职业军人,身负国家和民族的利益,南征北战,无暇顾及个人问题,34岁还是孑然一人。为此,朱德总司令和夫人康克清很是操心,总想早点帮左权介绍一个好姑娘。1939年早春2月,中央巡视团从延安来到晋东南巡视根据地建设成果,其中,有一位相貌清秀、梳着短发的姑娘,她就是刘志兰。

刘志兰与彭德怀夫人浦安修是北师大女附中的同学,抗战爆发后,她带着14岁的弟弟奔赴延安参加抗战,这年她参加中央巡视团来到抗日前线,这时还未满22岁。

巡视团活动期间,她代表中央妇委讲话,深入浅出,落落大方,为在场者留下了深刻印象。坐在台下的康克清对这个姑娘颇有好感,马上想到了左权的婚事。经过一番动员和多方做工作,刘志兰终于被留在了北方局,从事妇女工作。同时,朱总司令征求左权的意见,左权笑而不语。原来,左权从见到刘志兰的那一刻起,就喜欢上她了。

朱总司令又专门去找刘志兰,开门见山,介绍左权的革命经历、工作能力、为人处世等,又强调左权对她颇为倾心。刘志兰起先并没有答应,尽管她听过左权的军事报告,印象很深,也听同志们讲起过左

军事理论家——左权

在敌后抗日战争十分艰苦的环境中,左权仍然提倡学习军事理论和研究战术问题。他吸取国外的经验,结合中国抗日战争的特点,提出了治军、建军的许多建议,并总结出当时作战的八字方针——"秘密、迅速、干脆、坚决"。

作为一个有理论修养,同时有实践经验的军事家,左权短暂的一生留下了丰厚的军事遗产。他著有《论坚持华北抗战》、《埋伏战术》、《袭击战术》、《论军事思想的原理》、《论战争指导、军队组织和战术问题》等军事论文,并与刘伯承合译《苏联红军新的步兵战斗条令》,其中《论军事思想的原理》一文深刻阐述了党领导的人民军队的军事思想产生的条件、规律、现状及特点。

与此同时,左权还翻译了20余万字苏联红军在卫国战争中的许多军事著作和作战经验材料。

刘志兰

左权将军全家福（1940年8月摄于山西武乡砖壁村八路军总部）

1952年6月1日，12岁的左太北随北京八一小学学生代表给毛主席献花，毛泽东知道她是左权的女儿后，立即关切地询问起她们母女的近况。随后，毛泽东拉着左太北的小手郑重其事地合影留念。

权的赫赫威名，但她在婚姻问题上毕竟没有思想准备，所以向朱德表示要考虑一下再说。朱老总说：这事用不着多考虑啦！我看你们二人彼此都不会有意见，左副参谋长就等着你的回话。

"在朱老总和康妈妈诚恳的说和下，我爸爸妈妈终于走到了一起。他们年龄相差12岁，性格也不太一样，但志同道合，感情深厚，是革命夫妻。"左权女儿左太北这样评价父母的结合。

1940年5月，左权的爱女出生了，他欣喜若狂地骑马把刘志兰和女儿接回八路军总部当时的驻地砖壁村。彭德怀为他的女儿起名左太北，说："刘伯承师长的孩子叫刘太行，我看很有点纪念意义啊！你的小女儿就叫左太北吧！"既点明孩子出生在太行山北麓，又寓意孩子的父亲和战友战斗在太行山北麓。

在砖壁村，左权和妻子、女儿度过了一生中最幸福的3个月，也是一家三口唯一一次短暂的团聚。左权对于妻子、女儿总是充满眷恋之情，为了让妻子多休息，他夜里亲自起身为女儿换尿布。在女儿出生后的几个月中，左权学会了带小孩儿，换尿布，比妻子更细致。

1940年8月，百团大战拉开了序幕，左权送刘志兰母女回延安。动身前，左权与妻女合影,这是他们唯一的一张全家福。

保卫黄崖 战史经典

1939年,太行山根据地的八路军总数已发展到29万人,但武器装备严重不足,如一二九师这样的主力部队奔赴华北抗日战场前只有55把刺刀,203枚手榴弹。陈赓的386旅很多战士的枪上没有刺刀。为了解决武器装备严重不足的问题,党中央指示"必须在大后方建立可靠的军事工厂",左权亲自领导建设兵工厂。山西黎城县境内有一黄崖洞,壁立千仞,石如刀削,山道蜿蜒,绿树掩映,现在山门上的"黄崖洞"三个大字是邓小平题写的。在这悬崖峭壁之间,左权将军建立了兵工厂,这是他亲自勘察选定的绝妙之地,至今峰顶上还能隐隐看到当年的标语"打倒日本帝国主义",山腰间有一简陋的石屋,是左权将军的卧室。

从1939年3月到1942年5月,左权为这个兵工厂倾注了大量的心血。他和干部、战士一起攀崖越岭、担土挑石、搬运机器,亲临工地指挥施工。在2平方公里的范围内,建有12栋厂房,安装各种机器40余部,不但能生产步枪、手榴弹,还能制造掷弹筒,兵工厂生产能力最高月产79步

黄崖洞兵工厂原址

黄崖洞地形险要

自造土炮

小知识

"兵工之父"——左权

左权亲手领导创建的黄崖洞兵工厂，是我军在敌后建立的第一个兵工厂。

在物资设备匮乏的条件下，用了不到两个月的时间，这个兵工厂就生产出部队亟须的枪支弹药。

一年之后，这个兵工厂就成为我军在敌后屈指可数的一座大型兵工厂，左权也被称为"兵工之父"，得到朱老总的热烈夸奖。

黄崖洞兵工厂不仅为抗日战争的胜利制造了大量武器，而且在艰难困苦的环境下，锤炼出了一大批工业建设人才。新中国成立后，这些人才奔赴各地，成为各级工业部门的领导骨干。

黄崖洞修械所一角

黄崖洞兵工厂制造的手枪、子弹和手雷

枪430支，掷弹筒200门，50炮弹3000发，每月生产的武器可装备4个营，年产量可装备16个团，仅用了半年时间，便将黄崖洞兵工厂建成八路军在敌后最早、最大的兵工基地。日寇把这个兵工厂看作心腹之患，东京的日本报纸宣称一定要炸掉它。

左权对敌人进攻黄崖洞早有预料，当日军在1941年秋季大扫荡时，左权发出"保卫我们的生命线"的号召，他亲自指挥，组织修筑了多个碉堡工事，并一一编号，调配总部警卫团保卫。他让部队准备好充足的粮食、水源、弹药，命令外围的民兵埋设地雷。11月8日上午，日寇抵临黄崖洞外，径向南口袭来，结果日军在阵地外踏入我军布下的地雷区，被炸死百余人，日军连续3次用尸体铺路，才通过雷区。

第2天，后续日军集中几十门山炮对南口阵地轰击，同时出动号称"钢铁大队"的36师团约5000余人进行冲击，守卫这儿的特务团第3营在左权亲自选择的火力点上，以8挺机枪从左右两侧形成交叉火力，封锁那条陡险的小路。日军冲上一拨便倒下一拨。日军要打下黄崖洞，只有南口路一条。打红了眼的日军决心不惜代价攻夺这个隘口。在连续的炮击中，日军施放了燃烧弹和毒气弹，我军第3营几十个战士被烧伤或中毒阵亡。部分官兵在这种情形下产生了急躁情绪，要求主动反击。情况很快报告到左权那里，左权马上制止："千万不可离开工事反击，日军就是要引诱我们离开阵地。"

11月16日，日军好不容易进入了黄崖洞。可是他们看到的却是空厂房，所有机器设备已被转移。日军士兵无论走到哪儿，都要踏上地雷。他们在山上胆战心惊地过了一夜，得不到食物补给，只得在18日清晨沮丧而退。然而，黄崖洞不是好进也不是好出的，左权已布置4个团的兵力，在日军的必经之地张网待敌，将日寇打得大败而逃。

黄崖洞保卫战，左权将战斗指挥得精确无比，他对地势的利用、兵力配备等基本决胜条件运用到极致，以静制动、以变应变，将敌紧紧"咬"住在阵地前。八路军总部特务团1200人拖住敌人8天8夜，歼灭日军1000多人，我军仅伤亡166人，与日军伤亡比例为1比6，这在中日战况上是前所未有的纪录，被中央军委誉为"1941年以来反'扫荡'的模范战斗"。

尽忠职守　壮烈殉国

1942年春天以来，抗日根据地进入了

击毙阿部规秀的迫击炮

小知识

黄涯洞兵工厂自制迫击炮击毙"名将之花"阿部规秀

1939年11月4日，日"蒙疆驻屯军"最高司令兼独立混成第2旅团旅团长阿部规秀中将，亲率所部企图寻歼晋察冀军区第一军分区主力。阿部是日本侵略军的所谓"名将之花"和"山地战专家"。

11月7日，日军进入位于涞源、易县交界处的黄土岭。第一军分区司令员兼政治委员杨成武统一指挥第一、第三、第二十五团在此将日军包围。

16时许，第一团团长陈正湘、政委王道邦发现在黄土岭与上庄子之间的一座独立家屋附近，有多名腰挂战刀的日军指挥官在活动，便命令配属于该团的分区迫击炮连，对准目标轰击。原来这正是日军的指挥所，独立混成第2旅团旅团长阿部规秀中将当场毙命。

击毙"名将之花"阿部规秀中将的这门82毫米迫击炮是黄崖洞兵工厂自制的，它成抗日"功臣"，被定为国家一级文物，永久陈列在中国军事博物馆中。

开国英模

陈列在中国革命军事博物馆中击毙日军阿部规秀中将的迫击炮。

小知识

黄崖洞兵工厂是著名的"八一式马步枪"的摇篮

为了适应我军山地游击战的需要,便于近战、白刃战的要求,1940年7月底,黄崖洞兵工厂的八路军步枪设计师刘贵福试制出第一支自己设计、标准化的新步枪,其优良性能得到彭德怀副总司令、左权副参谋长等总部首长的肯定和赞扬,时值8月1日,故正式命名为"八一式马步枪"。彭德怀副总司令将该准星誉为"天下第一准星",最突出是它的新式三棱刺刀。

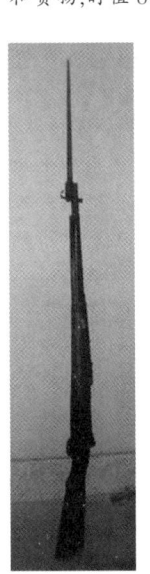

从1940年8月至1945年,八路军各兵工厂共生产了8700多支八一式马步枪。在抗日战争时期八一式马步枪是各根据地制造量最大、使用最广泛、设计性能最优的步枪。

十分艰难的时期。日本侵略者极力推行"总体战",残酷地实行"三光"政策,妄图置敌后军民于死地。其中,华北抗日根据地更是敌人"扫荡"的重点地区。

1942年5月,日军纠集3万余兵力,分5路对太行区抗日根据地进行"铁壁合围"大"扫荡"。当时总部只有2个团守备,情况十分危急。彭德怀、左权召开紧急会议,决定总部机关分路突围,2个团在东西两头阻击掩护。突围战斗由左权统一指挥。24日,机关趁暗夜转移,一个晚上突破了敌人3道封锁线。

5月25日下午,八路军总部终于跳出了合围圈。正当左权在山西辽县东南麻田十字岭上对撤出战斗作最后部署检查时,突遭日军炮击。同志们都脱险了,而左权却倒在了还有几步即可翻过的山梁上……时年37岁。

3名北方局党校的青年学生在突围时看见了牺牲的左权将军,左额、胸部、腿部都被弹片击中,鲜血涂地,右手紧握着一把左轮手枪。他们将左权的手枪取下,把遗体抬到一处荆棘丛中,拿一床军被盖好,又遮盖一些树枝。当彭总听说左权已殉国的消息,并看到跟随左权多年的左轮手枪,难过得转过身去没有接枪……

多年后,彭德怀回忆起左权,深情地

对他的女儿左太北说:"作为职业军人,你爸爸一定知道,那次敌人打的第一颗炮弹是试探性的,第二颗炮弹准会跟着来,躲避一下还是来得及的。可你爸爸为什么没有躲避呢?要知道,当时的十字岭上正集合着无数的同志和马匹,你爸爸不可能丢下部下,自己先冲出去。他是死于自己的职守,死于自己的岗位,死于对革命队伍的无限忠诚啊!"

八路军总部所在地麻田十字岭

名将殉国,噩耗传来,举国皆哀。左权的恩师周恩来当时远在重庆,得到这个不幸的消息时,他开始怎么也不相信,便连夜向延安发电询问。当得知确实情况后,他仰天长叹,热泪横流,彻夜难眠,不胜悲痛,忍悲含泪连夜撰文,亲自在《新华日报》上发表了《左权同志精神不死》的长篇悼念文章,深切缅怀自己亲爱的学生和战友。周恩来称赞左权在革命斗争中,不避艰险,不畏强敌,谋略超群,"沉毅坚忍","不屈不挠",左权将军短暂的一生,实践了他为共产主义奋斗到底的誓言,是党的骄傲,人民军队的光荣,"足以为党的模范"。

左权殉难地纪念亭

左权将军墓正门(位于河北省邯郸市晋冀鲁豫烈士陵园)

朱德总司令为悼念左权作了一首挽诗:"名将以身殉国家,愿拼热血卫吾华。太行浩气传千古,留得清漳吐血花。"

为纪念左权将军,太行人民也创作了脍炙人口的《左权将军之歌》,辽县人民还

左权将军之墓

将县名改为"左权"县。

入湘部队绕道　看望英雄母亲

左权壮烈殉国后,周恩来亲自布置其老母赡养之事。大军南下时,朱总司令命令所有入湘部队都要绕道醴陵看望英雄母亲。

1924年,19岁的左权考取陆军讲武堂远赴广州,母亲对他寄托莫大希望,他自己当时也想:一定在外好好干,让家人过上好日子!然而在黄埔接受了革命思想后,左权决定以天下为己任。他赴苏留学5年,老母在家天天想念自己最疼爱的小儿子。1930年左权回国,被派往苏区工作。他深知革命不免牺牲,便在上海将自己的两箱俄文书寄回老家,同时给母亲写信。信中说:"母亲,我虽回国,但恐十年不能还家。老母赡养,托于长兄毓林。我将全力贡献革命……"

1937年国共合作后,左权出任八路军副参谋长。此时叔父左铭三写信告知他大哥毓林已病故,家中老母孤身一人艰难度日(左权二哥童时即殇),希他能回家看望。左权给叔父回信说:"……我以己任不能不在外奔走,家中所持者全系林哥。不幸林哥作古,家失柱石,使我悲痛万分。叔父!我虽一时不能回家,我牺牲了我的一切幸福为我的事业来奋斗,请你相信这一道路是光明的、伟大的,愿以我的成功的事业报你与我母亲对我的恩爱,报我林哥对我的培养。"

1937年12月3日,左权从百忙中抽时间给慈母写信,信中说:"母亲,亡国灭种惨祸,已临到每一个中国人民的头上。我们决心与华北人民同甘苦共生死。我军将士都有一个决心,为了民族国家的利益,过去没有一个铜板,现在仍是没有一个铜板,过去吃草,准备还吃草。"

就这样,左权从离家到殉国,整整17年没有回家!

1949年,解放军南下解放全中国,朱总司令命令所有入湘部队,都要绕道醴陵去看望左权将军的母亲,第一个去的是四野第四十军军长罗舜初，后来是二野十三军军长……从他们的嘴里，老太太才知道自己日思夜想的"满仔"（意为小儿子）已为国捐躯7年了！

让老太太不解的是，这7年一直有人用"左权"的名字给她寄钱，这些钱解决了她的生活问题，余下的她还给孙媳买了架缝纫机。老太太还保存着一枚金戒指、一两黄金，也是以左权的名义从香港寄来的。

原来，左权殉国后周恩来考虑到其老母赡养之事，专门指示八路军驻重庆办事处的钱之光、刘一清汇款接济。金戒指和金子是叶剑英设法从香港转道寄来的。坚强的老太太没有恸哭，而是请人代笔，撰文悼念儿子。文中说："吾儿抗日成仁，死得其所，不愧有志男儿。现已得着民主解放成功，牺牲一身，有何足惜，吾儿有知，地下瞑目矣！"

新中国成立后，周恩来曾盛赞左权是"一个有理论修养同时有实践经验的军事家"，这是对左权最为准确的评价。

1988年10月，中央军委正式确认左权中国人民解放军军事家。

左权将军纪念碑（醴陵）

小歌剧《母亲》（剧照）：听说儿子早在七年前就已牺牲，左权的母亲悲痛不已。